RECUEIL GÉNÉRAL
DES DÉCRETS
DE L'ASSEMBLÉE NATIONALE
SANCTIONNÉS PAR LE ROI.

CODE FRANÇAIS,

OU

RECUEIL GÉNÉRAL

DES DÉCRETS

DE L'ASSEMBLÉE NATIONALE

SANCTIONNÉS PAR LE ROI.

DIXIÈME PARTIE.

A PARIS;

Chez GŒFFIER, Imprimeur-Libraire, rue du Hure-poix, N° 17.

1791.

CODE FRANÇAIS,

ou

RECUEIL GÉNÉRAL

DES DÉCRETS

DE L'ASSEMBLÉE NATIONALE

SANCTIONNÉS PAR LE ROI.

Dixième Partie.

À PARIS,

Chez Garnery, Imprimeur-Libraire, rue du Mont-poat. IV. N° 17.

1791.

RECUEIL

Des Décrets de l'Assemblée nationale, avec les lettres-patentes du Roi qui les sanctionnent, les proclamations, adresses & déclarations qui y sont relatives.

Loi portant établissement de tribunaux de commerce à Colmar, Annonay, Aubenas & Cherbourg, & augmentation de quatre suppléans à celui de Nantes ; établissement d'une jurisdiction de Prud'hommes pêcheurs dans la ville de Martigues, & union de différentes communes & municipalités.

Donnée à Paris, le 20 avril 1791.

LOUIS, par la grace de Dieu, & par la loi constitutionnelle de l'état, Roi des Français ; à tous présens & à venir ; salut. L'Assemblée nationale a décrété, & nous voulons & ordonnons ce qui suit :

Décret de l'Assemblée nationale, du 16 avril 1791.

L'Assemblée nationale, après avoir entendu le rapport du comité de constitution, sur les pétitions des administrations des départemens du haut Rhin de la Manche, de la Loire inférieure, des bouches du Rhône, des hautes Pyrénées & de l'Arriége, décrete ce qui suit :

Il sera établi des tribunaux de commerce dans les villes de Colmar, Annonay, Aubenas & Cherbourg. Celui formé à Nantes, en exécution de la loi de

Partie X.   A

l'organisation judiciaire, aura quatre suppléans ; il sera incessamment procédé à leur élection, ainsi qu'au remplacement des deux membres qui ont donné leur démission.

Il sera établi dans la ville de Martigues, une jurisdiction de Prud'hommes pêcheurs, pour les communautés des patrons-pêcheurs, dits de la pêche à la tartanne & de l'art-menu, lesquelles n'en formeront qu'une à l'avenir, qui sera régie par les statuts de la communautés des pêcheurs de Marseille.

Les communes des ci-devant fiefs de la Goy, Romany, Saint-Didier, Beauchamp & Canillac, sont réunies aux municipalités & territoire de la ville de Saint-Remy, & seront soumises à son administration.

Les communes de Héhac, la Graffe, Soube-Clause & Barbayan composeront ensemble une seule municipalité, à la formation de laquelle il sera incessamment procédé dans le lieu de Soube-Clause.

La municipalité qui s'est formée dans le bourg de Saint-Quitterie est supprimée & réunie à celle de Tarascon ; en conséquence les citoyens actifs de ces deux lieux s'assembleront dans cette ville, pour procéder à l'élection d'une nouvelle municipalité.

Mandons, &c. *Signé* LOUIS. *Et plus bas*, **M. L. F.** *Duport.* Et scellées du sceau de l'Etat.

LOI portant que le tarif général des droits de traites sera exécuté à compter du 15 avril.

Donnée à Paris, le 10 avril 1791.

LOUIS, par la grace de Dieu, & par la loi constitutionnelle de l'Etat, Roi des Français : à tous présens & à venir ; salut. L'Assemblée nationale a décrété, & nous voulons & ordonnons ce qui suit :

Décret de l'Assemblée nationale, du 25 mars 1791.

L'Assemblée nationale décrete, que le tarif général des droits qui seront perçus àtoutes les entrées & sorties du royaume , & qu'elle a décrété les 31 janvier , 8 février , 8 & 2 mars ; fera exécuté à compter du 15 avril prochain.

Mandons , &c. *Signé* LOUIS. *Et plus bas* , *M. L. F. Duport. Et scellées du sceau de l'Etat.*

Loi qui autorise le directoire du district de Clermont en Beauvoisis , à louer les bâtimens nécessaires à son établissement , & à y faire les arrangemens convenables.

Donnée à Paris , le 10 avril 1791.

LOUIS , par la grace de Dieu , & par la loi constitutionnelle de l'Etat , Roi des Français : à tous présens & à venir ; salut. L'Assemblée nationale a décrété , & nous voulons & ordonnons ce qui suit :

Décret de l'Assemblée nationale , du 4 avril 1791.

L'Assemblée nationale , ouï le rapport de son comité d'emplacement , autorise le directoire du district de Clermont en Beauvoisis , département de l'Oise , à louer , à dire d'experts , aux frais des administrés , le principal corps de logis de la maison conventuelle de St-André de cette ville , & la cour qui conduit audit corps de logis , pour y placer le district & le bureau de conciliation ; les autorise également à faire faire , aussi aux frais des administrés , les arrangemens intérieurs nécessaires. Décrete au surplus que tous les autres corps de bâtimens , emplacemens & jardins en dépendans , seront mis en vente & aliénés dans les formes prescrites par les décrets de l'Assemblée nationale pour la vente des biens nationaux , à la charge par l'adjudicataire de ne pouvoir élever aucuns murs , ni faire des constructions qui puissent ôter les jours , & qu'à une distance de vingt pieds au moins du susdit corps de bâtiment principal.

L'Assemblée nationale autorise également le directoire du district de Dol , département de l'Ille & Vilaine , à louer aux frais des administrés , le palais épiscopal , & d'y faire faire les réparations & arrangemens intérieurs nécessaires pour y placer le district , les tribunaux de district & de

A ij

paix, fans que la dépenfe puiffe excéder la fomme fixée par le décret de l'Affemblée nationale du 2 feptembre dernier. Décrete au furplus que la baffe-cour, le parterre, le jardin potager, le bâtiment de l'officialité & la maifon du fonneur, feront vendus dans les formes prefcrites par les décrets de l'Affemblée nationale pour l'aliénation des biens nationaux.

L'Affemblée nationale, fur le rapport du même comité d'emplacement, autorife auffi le directoire du diftrict de Dieppe département de la Seine inférieure, à louer à dire d'experts, aux frais des adminiftrés, la maifon des minimes de Dieppe, pour y placer le corps adminiftratif du diftrict, & le tribunal civil & de commerce, & à faire faire tous les arrangemens intérieurs néceffaires à leur emplacement.

Excepte de la location ci-deffus autorifée, le jardin, lequel fera vendu dans les formes prefcrites par les décrets de l'Affemblée nationale pour la vente des biens nationaux, à la charge néanmoins de diftraire trente pieds de terrein dudit jardin pour être réfervés avec ladite maifon & dépendances.

Mandons, &c. *Signé* LOUIS. *Et plus bas*, M. L. F. *Duport*. Et fcellées du fceau de l'Etat.

Loi relative à la commiffion chargée de furveiller, dans toute l'étendue du royaume, la fabrication des monnoies.

Donnée à Paris, le 10 avril 1791.

LOUIS, par la grace de Dieu, & par la loi conftitutionnelle de l'Etat, Roi des Français : à tous préfens & à venir ; falut. L'Affemblée nationale a décrété, & nous voulons & ordonnons ce qui fuit :

Décret de l'Affemblée nationale, du 3 avril 1791.

L'Affemblée nationale décrete ce qui fuit :

(5)

Article Premier.

La commission qui sera chargée, conformément à l'article neuf du titre quatre du décret sur l'ordre judiciaire, de surveiller la fabrication des especes & de pourvoir à la décharge définitive des directeurs des monnoies, sera composée du ministre de l'intérieur, de huit commissaires d'un secrétaire général, & d'un garde des dépôts, qui sera comptable, & qui fournira caution. Le ministre de l'intérieur & les commissaires rendront compte, chaque année, au corps législatif, ainsi qu'il sera statué.

II. La commission sera présidée par le ministre de l'intérieur; en son absence, elle le sera par un vice-président qui sera choisi au scrutin par les commissaires, à la majorité absolue des suffrages. Le vice président sera élu chaque année; il ne pourra être continué plus de trois ans, qu'après un an au moins d'intervalle. Il jouira d'un logement convenable dans l'enceinte de l'hôtel des monnoies.

III. Les commissaires, le secrétaire général & le garde des dépôts seront nommés par le Roi, conformément aux dispositions du décret ci-devant énoncé.

IV. Le garde des dépôts de la commission sera chargé des registres & papiers qui la concerneront, ainsi que des procès-verbaux, jugemens & décisions relatifs à la comptabilité, desquels il délivrera *gratis* toutes expéditions requises & nécessaires; il sera pareillement chargé du dépôt des especes & feuilles servant aux jugemens de fabrication & décision de comptabilité, de la recette des poinçons & matrices fournis par le graveur général, & de leur livraison ou envoi aux commissaires du Roi dans les hôtels des monnoies, & de tous les détails relatifs, tant à l'approvisionnement du dépôt des réactifs & substances, qui sera établi en exécution de l'article 13, que de leur distribution.

V. La commission tiendra ses séances à l'hôtel des monnoies, aux jours & heures qui seront indiqués; le vice-président aura le droit de convoquer extraordinairement la commission, lorsqu'il le jugera nécessaire.

VI. Elle fera chargée de la rédaction des tarifs qui détermineront le titre & le poids d'après lesquels les especes & matieres d'or & d'argent feront reçues au change; elle fera procéder en conféquence, toutes les fois qu'elle le jugera convenable, à la vérification du titre des especes étrangeres nouvellement fabriquées, afin d'obferver les variations qu'il pourroit éprouver; elle rendra publics les réfultats de ces vérifications, pour que le commerce en ait connoiffance; mais elle ne pourra, dans aucun cas, changer les difpofitions des tarifs actuels, ni en publier de nouveaux, fans y avoir été autorifée par un décret du corps légiflatif, fanctionné par le Roi.

VII. Elle fera parvenir aux changeurs les tarifs & décifions d'adminiftration intérieure qui leur feront néceffaires; elle ftatuera fur les difficultés qui pourroient s'élever entre eux & les directeurs des monnoies, relativement à la recette des produits du change; elle pourra les révoquer s'ils fe rendent coupables de quelque malverfation dans l'exercice de leurs fonctions.

VIII. Elle prendra connoiffance des contraventions que pourroient commettre les fonctionnaires prépofés, foit à la fabrication des efpeces, foit à la furveillance du travail de cette fabrication dans les hôtels des monnoies, relativement à l'exercice de leurs fonctions feulement, elle pourra les révoquer dans les cas qui feront déterminés par la loi; & lorfqu'il y aura lieu à des reftitutions & amendes, ou à quelque peine, autre que la révocation, elle fera remettre au commiffaire du Roi établi, près le tribunal du diftrict dans l'arrondiffement duquel l'hôtel de la monnoie fe trouvera fitué, une expédition du procès-verbal qui conftatera ces contraventions, à l'effet d'en pourfuivre le jugement, dont elle furveillera l'exécution.

IX. Elle furveillera la fabrication des poinçons & matrices néceffaires au monnoyage des efpeces; il ne pourra en être fabriqué que par fes ordres & conformément aux décrets du corps légiflatif, fanctionnés par le Roi. Elle commettra un de fes membres pour être préfent à la remife qui en fera faite à fon dépôt par le graveur général; ce com-

missaire visera les récipissés qui en seront délivrés, &
s'assurera de la livraison ou de l'envoi desdits poinçons &
matrices aux monnoies auxquelles ils seront destinés.

X. Les commissaires du Roi qui seront établis dans chaque monnoie, seront tenus de rendre compte à la commission de l'exécution des réglemens concernant la recette des
matieres apportées au change, la fabrication & la déli-
vrance des especes.

XI. Elle fera vérifier deux fois par an, en la maniere qui
sera ci-après déterminée, le titre des especes fabriquées
dans chacun des hôtels des monnoies. Cette vérification se
fera, quant aux especes fabriquées pendant les six premiers
mois de l'année, dans les trois mois qui suivront l'expiration de ce premier semestre; les especes fabriquées pendant
le cours du dernier semestre seront vérifiées dans les trois
premiers mois de l'année suivante.

XII. Les especes qui seront soumises aux vérifications
prescrites par l'article précédent, seront prises dans la circulation; elles seront préalablement examinées par le graveur général & l'inspecteur général des essais, à l'effet de
s'assurer qu'elles ne sont ni fausses, ni contrefaites.

XIII. Pour obvier aux inconvéniens qui pourroient résulter de la différence des réactifs & substances employés
aux essais, il sera établi, près de la commission, un dépôt
de ces réactifs & substances, où tous les essayeurs des monnoies seront tenus de se pourvoir. La qualité desdits réactifs & substances sera vérifiée par trois membres de l'académie des sciences, en présence, tant de l'inspecteur général des essais, que des trois membres de la commission
nommés à cet effet, & il en sera dressé procès-verbal. Les
réactifs & substances qui seront employés pour les vérifications prescrites par l'article XI, seront pareillement pris
au dépôt.

XIV. La commission fera procéder, conformément aux
dispositions des anciens réglemens, au jugement du travail des directeurs pour l'année 1790 & les précédentes,

fur lequel la cour des monnoies n'auroit pas encore ſtatué, à l'exception des eſpeces d'or fabriquées dans les années 1786 & 1787, dont il ſera parlé dans l'article ſuivant. Les eſpeces qui ſeront ſoumiſes aux eſſais, ſeront priſes dans la circulation ; les deniers emboités ne ſerviront que pour la vérification du poids, & ils ſeront remis au commis aux fonctions du tréſorier général, auſſitôt que cette vérification ſera faite, & qu'il en aura été dreſſé procès-verbal.

XV. Le titre des eſpeces d'or fabriquées depuis le premier janvier 1786 juſqu'au 31 décembre 1787 incluſivement, ayant été vérifié en préſence des commiſſaires nommés par l'arrêt du conſeil du premier mars 1788, le travail des directeurs pendant le cours des années 1786 & 1787, ſera jugé d'après les réſultats de cette vérification, ou d'après ceux des nouveaux eſſais auxquels la commiſſion pourra faire procéder, ſans avoir égard aux jugemens que la cour des monnoies pourroit avoir déja rendus ſur quelque partie de ce travail. Le commis aux fonctions du tréſorier général des monnoies ſera tenu de faire compter les directeurs, ſoit d'après le procès-verbal des eſſais faits en 1788, dont il lui ſera remis à cet effet une expédition en forme, ſoit d'après les réſultats des nouveaux eſſais auxquels la commiſſion auroit jugé convenable de faire procéder.

XVI. Le poids des eſpeces d'or fabriquées en la monnoie de Paris pendant le cours des années 1786 & 1787, ſera jugé, ſoit d'après le réſultat de la peſée qui en a été faite en préſence des commiſſaires nommés par l'arrêt du conſeil du premier mars 1788, ſoit d'après le réſultat de la nouvelle vérification, à laquelle il ſera libre à la commiſſion du faire procéder, & ce ſans avoir égard aux jugemens que la cour des monnoies pourroit avoir rendus ſur quelques parties de ce travail. Le poids des eſpeces fabriquées dans les autres monnoies ſera jugé conformément aux diſpoſitions des anciens réglemens, avec cette différence ſeulement, que les eſpeces qui ont été peſées en préſence deſdits commiſſaires, tiendront lieu de deniers courans, & qu'en conſéquence les réſultats de leurs peſées concourront ſeuls, avec ceux des peſées des deniers emboités, au jugement du poids des eſpeces d'or fabriquées par chacun des directeurs desdites monnoies pendant les années ci-devant énoncées.

XVII. Pour parvenir aux jugemens prescrits par les articles précédens, le greffier en chef de la cour des monnoies & tous autres dépositaires seront tenus de remettre les deniers réservés, pour servir au jugement du travail, & toutes les pieces & procès-verbaux y relatifs, au garde des dépôts de la commission. Cette remise se fera en présence de trois de ses membres nommés à cet effet ; il en sera dressé procès-verbal, dont l'expédition sera délivrée au greffier en chef, ou autre dépositaire, pour lui servir de décharge.

XVIII. La commission nommera trois de ses membres pour se transporter au greffe de la cour des monnoies, à l'effet d'y procéder, en présence du greffier en chef de ladite cour, ou de tout autre dépositaire, au récolement ou inventaire des ustensiles & effets servant au jugement du travail de fabrication, dont il sera dressé procès-verbal. Ces effets seront remis ensuite au garde de dépôts de la commission, qui les fera transporter à l'hôtel des monnoies ; il délivrera une expédition du procès-verbal au greffier en chef, ou tout autre dépositaire, pour lui servir de décharge.

XIX. Les commissaires nommés en exécution de l'article précédent feront procéder, également en présence du greffier en chef de ladite cour, ou de tout autre dépositaire, au récolement ou inventaire des lingots, especes, ouvrages & matieres d'or & d'argent, de billon & cuivre existant au greffe, dont il sera dressé procès-verbal ; ces objets seront remis au garde des dépôts de la commission ; il délivrera une expédition du procès-verbal de remise au greffier en chef ou autre dépositaire, pour lui servir de décharge.

XX. Les lingots, especes & matieres, ensemble les ouvrages saisis, dont confiscation auroit été prononcée, seront essayés, si fait n'a été, en présence desdits commissaires & de l'inspecteur général des essais ; ils seront ensuite portés au change de la monnoie, pour y être livrés aux prix fixés par les tarifs, & le produit en être versé au trésor public par le directeur de la monnoie. Il sera dressé procès-verbal de toutes ces opérations, auquel signeront les essayeurs & directeurs qui y auront concouru, pour servir de décharge au garde des dépôts.

XXI. Les ouvrages déposés par suite de saisies, & sur lesquels il n'auroit pas encore été statué, ensemble ceux dont la confiscation n'auroit été ordonnée que par un jugement de contumace, dont les délais ne seroient pas expirés, resteront au dépôt de la commission jusqu'au moment où la remise en sera ordonnée par le tribunal compétent, soit sur la requête des parties, soit sur celle du commissaire du Roi.

XXII. Le pouvoir exécutif donnera les ordres nécessaires pour qu'il soit procédé par les administrateurs des directoires des départemens, à l'inventaire des greffes des juridictions des monnoies supprimées. Les registres & papiers qui concernent uniquement l'administration, seront envoyés au dépôt de la commission, qui déterminera l'usage qu'il conviendra d'en faire; ceux qui seront relatifs à la police des corps & communautés seront déposés au greffe du tribunal de district, ainsi que les effets & ouvrages sur la saisie desquels il n'auroit pas encore été statué; les lingots, ouvrages & matieres dont la confiscation auroit été ordonnée, seront envoyés au dépôt de la commission, qui les fera essayer & porter au change, en observant les formalités prescrites par l'article XX.

XXIII. La commission se fera représenter les états de fabrication & les inventaires de caisse, qui, en exécution de l'édit de septembre 1778, doivent avoir été adressés à l'administration par les directeurs des monnoies dans le cours du mois de janvier dernier, à l'effet de constater la situation de chacun de ces officiers à l'époque du premier du même mois, & d'en rendre compte au corps législatif.

XXIV. Elle se fera pareillement représenter les expéditions des arrêts de la cour des monnoies portant condamnation des restitutions & amendes contre quelques directeurs & autres officiers des monnoies, relativement au jugement du travail de la fabrication; elle fera dresser un état de celles dont le paiement n'a pas encore été effectué, & elle remettra au corps législatif une expédition de cet état, auquel elle joindra ses observations sur les mesures à prendre pour en accélérer le recouvrement.

XXV. La commission rendra compte au corps législatif, dans les trois premiers mois de chaque année, des résultats de ses opérations pendant le cours de l'année précédente, & principalement de ceux de la vérification du travail des directeurs des monnoies; elle lui remettra en même temps un état de la quantité des especes de différentes natures qui auront été fabriquées.

XXVI. L'Assemblée nationale charge ses comités des finances & des monnoies de lui proposer leurs vues sur le traitement qu'il convient d'accorder aux membres qui composeront la commission des monnoies.

Mandons, &c. *Signé* LOUIS. *Et plus bas ,* M. L. F. *Duport.* Et scellées du sceau de l'Etat.

Loi qui maintient provisoirement les professeurs de théologie du collége de Rhodès, nommés par la délibération du 8 mars.

Donnée à Paris , le 10 avril 1791.

LOUIS , par la grace de Dieu , & par la loi constitutionnelle de l'Etat, Roi des Français : à tous présens & à venir; salut. L'Assemblée nationale a décrété , & nous voulons & ordonnons ce qui suit :

Décret de l'Assemblée nationale, du 26 mars 1791.

L'assemblée nationale décrete que les professeurs de théologie du collége de Rhodès, nommés par le bureau de ce collége, en vertu d'une délibération du 8 mars dernier , seront maintenus provisoirement jusqu'à ce qu'il ait été statué sur ce qui regarde l'enseignement public.

Mandons , &c. *Signé* LOUIS. *Et plus bas ,* M. L. F. *Duport.* Et scellées du sceau de l'Etat.

Loi concernant l'exécution des décrets relatifs à la contribution patriotique.

Donnée à Paris, le 10 avril 1791.

LOUIS, par la grace de Dieu & par la loi constitutionnelle de l'Etat, Roi des Français : à tous présens & à venir ; salut. L'Assemblée nationale a décrété, & nous voulons & ordonnons ce qui suit :

Décret de l'Assemblée nationale, du 10 mars 1791.

L'Assemblée nationale décrete que le président sera chargé de se retirer pardevers le Roi, pour le prier de donner les ordres les plus précis pour l'exécution des décrets relatifs à la contribution patriotique.

Mandons, &c. *Signé* LOUIS. *Et plus bas*, M. L. F. **Duport.** Et scellées du sceau de l'Etat.

Loi qui autorise le directoire du département de la Creuse, à acquérir les bâtimens nécessaires à son établissement, aux conditions y énoncées.

Donnée à Paris, le 17 avril 1791.

LOUIS, par la grace de Dieu, & par la loi constitutionnelle de l'Etat, Roi des Français : à tous présens & à venir ; salut. L'Assemblée nationale a décrété, & nous voulons & ordonnons ce qui suit :

Décret de l'Assemblée nationale, du 12 avril 1791.

L'Assemblée nationale, ouï le rapport de son comité d'emplacement, autorise,

1°. Le directoire du département de la Creuse à acquérir, aux frais des administrés, & dans les formes prescrites

(13)

par les décrets de l'Assemblée nationale pour la vente des biens nationaux, la maison des récollets de la ville de Guéret, pour y placer les corps administratifs du département & du district. Excepte néanmoins de la présente permission d'acquérir le jardin du côté du nord desdits bâtimens, de la contenance de douze cent trente toises quarrées, le pré qui est à la suite, de cinq cent soixante-seize toises, & un autre jardin du côté du midi, de sept cent soixante-dix-sept toises trois pieds, pour être lesdits jardins & pré vendus séparément dans les formes ci-dessus prescrites, sans que cela puisse nuire au jour dont le bâtiment a besoin.

2°. Autorise le directoire du département de la Coreze à acquérir, aux frais des administrés, dans les formes prescrites par les décrets de l'Assemblée nationale pour la vente des biens nationaux, la maison des Feuillans, jardins & bâtimens en dépendant, contenant, en totalité, un arpent ou environ, pour y placer l'administration du département. Autorise pareillement le directoire à faire faire les réparations & arrangemens intérieurs, nécessaires pour lesdits emplacemens, d'après les devis estimatifs qui ont été dressés des ouvrages à faire, à l'adjudication au rabais desquels il sera procédé, & le montant supporté par les administrés.

3°. Autorise enfin le directoire du district de Sens, département de l'Yonne, à acquérir aux frais des administrés, & dans les formes prescrites par le décret de l'Assemblée nationale pour la vente des biens nationaux, les bâtimens de la bibliotheque du ci-devant chapitre de Sens & dépendances, ainsi qu'ils sont désignés sur le plan qui sera joint à la minute du présent décret ; l'autorise pareillement à faire faire les réparations & arrangemens intérieurs portés au devis estimatif qui en a été dressé le vingt-cinq mars dernier, d'après l'adjudication au rabais qui en sera faite en la maniere accoutumée, & dont le montant sera supporté par lesdits administrés.

Mandons, &c. *Signé* LOUIS. *Et plus bas,* M. L. F. *Duport.* Et scellées du sceau de l'Etat.

Loi relative à la circonscription des paroisses de la ville de Metz.

Donnée à Paris, le 17 avril 1791.

LOUIS, par la grace de Dieu, & par la loi constitution-nelle de l'Etat, Roi des Français : à tous présens & à venir, salut. L'Assemblée nationale a décrété, & nous voulons & ordonnons ce qui suit.

Décret de l' Assemblée nationale, du 13 avril 1791.

L'Assemblée nationale, sur le compte qui lui a été ren-du par son comité ecclésiastique, des délibérations du con-seil général de la commune de Metz, au sujet des circons-criptions, unions & suppressions des paroisses de cette ville ; du plan sur lequel se trouve tracée la démarcation de celles desdites paroisses que la commune a jugées néces-saires à la décence du culte & à la commodité des fideles, du refus de l'évêque de concourir aux opérations prélimi-naires, pour ce requises ; de l'avis du directoire du district & de l'arrêté du département de la Mozelle, le tout en date des 4, 5 & 9 février, & 2 mars dernier, décrete ce qui suit :

ARTICLE PREMIER.

Les paroisses de la ville de Metz, au nombre de cinq, seront desservies, savoir : la paroisse du centre dans l'église cathédrale ; celle d'outre-Mozelle dans l'église Saint-Vin-cent ; celle de Mozelle dans l'église Sainte Segolene ; celle de Seille dans l'église Saint Maximin ; & celle d'outre-Seille dans l'église Saint-Martin.

II. Les paroisses seront circonscrites, ainsi qu'il est ex-pliqué dans l'avis du directoire du district & dans le plan joint ; en conséquence, la paroisse épiscopale sera circons-crite par la rue des Cazernes-Saint-Pierre, celles de Saint Staneul, de Chevremont & des petits-Carmes, la place Sainte-Croix, la rue de la Fouderie, l'escalier du haut de

Sauluerie , la rue du Pont failly , jufqu'à la fortie dudit pont ; la riviere de Seille , en remontant jufqu'à l'abreuvoir , près l'hôtel des monnoies , dite *rue de l'abreuvoir* ; la place Saint-Louis , les rues du grand cerf , de Chaplirue , des vieilles Boucheries , de Sefpinoife , de la promenade d'Armentieres , jufqu'à l'angle méridional de la citadelle , les remparts extérieurs de ladite citadelle , le bras de la Mozelle , qui , du pied de fes murs , paffe derriere la comédie ; le ci-devant hôtel de l'intendance jufqu'à l'angle de l'ifle de l'ancien hôtel du Palais-Royal , & jufqu'à l'entrée exclufivement de la partie gauche de la rue des Cazernes-Saint-Pierre , point du départ.

La paroiffe Saint-Vincent comprendra la ville neuve du fort de la double couronne de Mozelle , l'ifle de Sauluy ou pré Saint-Nicolas , l'ifle formée par la Mozelle , en partant du bras de la digue des Pucelles jufqu'à la pointe orientale de l'ifle de Chambriere , & en remontant jufqu'au haut de la digue.

La paroiffe Sainte Segolene fera circonfcrite par le bras de la Mozelle qui paffe derriere les cazernes Saint-Pierre , à commencer de la premiere maifon defdites cazernes , vis-à-vis l'ancien hôtel du Palais-Royal , & embraffe les maifons du pont Saint-George , & des grilles baffes jufqu'à l'embouchure de la Seille ; & remontant ladite riviere , le moulin de la baffe Seille , ainfi que les maifons bâties fur le pont Sailly ; fera auffi circonfcrite par la rue dudit pont Sailly , celle de Sauluerie , & remontant l'efcalier , au haut de cette rue , par celle derriere les récollets , celle de la Fonderie , la place Sainte-Croix , les rues des Trinitaires , des petits-Carmes , de Chevremont , de Staneul , & des cafernes Saint-Pierre jufqu'au point du départ.

La paroiffe Saint-Maximin comprendra l'ifle formée par le bras de la Seille , qui , des éclufes de la haute Seille , entre dans la ville , & par le bras extérieur de ladite riviere qui , des mêmes éclufes , paffe derriere les portes de Mozelle & des Allemands.

La paroiffe Saint Martin fera bornée , en tenant toujours la droite par la promenade d'Armentieres , en partant de l'angle de Ste. Goffingue , par les rues Sefpinoife , des vieilles Boucheries , de Chaplirue , du grand Cerf , la place St. Louis , & la rue derriere la monnoie ; le bras de la Seille à commencer de l'abreuvoir , près l'hôtel des monnoies , en remontant jufqu'aux éclufes de la haute Seille , & le pourtour des fortifications jusqu'à la promenade d'Armentieres, point du départ.

III. Les églises du collége de Saint-Simon & de Saint-George seront conservées comme oratoires des paroisses dont elles dépendent, d'après leurs démarcations respectives.

IV. Il en sera de même, mais provisoirement seulement, de l'église de Saint-Eutaise, laquelle servira d'oratoire à la paroisse de Saint-Maximin, jusqu'à la translation de cette même paroisse dans l'emplacement actuel du couvent de la visitation.

V. Il sera envoyé dans chacun de ces oratoires, les dimanches & fêtes, par les curés respectifs dans le territoire desquels ils se trouvent, un vicaire, lequel y célébrera la messe, y fera les instructions spirituelles, mais ne pourra exercer aucunes fonctions curiales.

VI. Les autres paroisses de la ville de Metz sont supprimées.

Mandons, &c. *Signé* LOUIS. *Et plus bas*, M. L. F. *Duport*. Et scellées du sceau de l'Etat.

Loi relative aux qualités nécessaires pour être président & accusateur public du tribunal criminel.

Donnée à Paris, le 17 avril 1791.

LOUIS, par la grace de Dieu, & par la loi constitutionnelle de l'Etat, Roi des Français: à tous présens & à venir; salut. L'Assemblée nationale a décrété, & nous voulons & ordonnons ce qui suit:

DECRET de l'Assemblée nationale, du 30 mars 1791.

L'Assemblée nationale décrète ce qui suit:

Le

Les qualités pour être président & accusateur public du tribunal criminel seront les mêmes que celles qui ont été prescrites pour les juges des tribunaux de district.

Mandons, &c. *Signé* LOUIS. *Et plus bas,* M. L. F. Duport. *Et scellées du sceau de l'Etat.*

Loi relative aux places vacantes par mort, démission ou autrement, dans les directoires de département.

Donnée à Paris, le 17 janvier 1791.

LOUIS, par la grace de Dieu, & par la loi constitutionnelle de l'Etat, Roi des Français : à tous présens & à venir ; salut. L'Assemblée nationale a décrété, & nous voulons & ordonnons ce qui suit.

Décret de l'Assemblée nationale, du 12 avril 1791.

L'Assemblée nationale décrete que jusqu'aux prochaines assemblées des conseils de départemens & de districts, les places qui sont actuellement ou qui deviendront vacantes par mort, démission ou autrement, dans leurs directoires respectifs, seront remplies par ceux des membres desdits conseils qui seront nommés à cet effet par les membres restans desdits directoires.

Mandons, &c. *Signé* LOUIS. *Et plus bas,* L. M. F. Duport. *Et scellées du sceau de l'Etat.*

Partie X. B

Loi portant circonscription des paroisses de la ville de Rennes, de celles de Bourges, de Moulins, de Senlis, de Gien & de Guerche.

Donnée à Paris, le 6 avril 1791.

LOUIS, par la grace de Dieu, & par la loi constitutionnelle de l'Etat, Roi des Français : à tous présens & à venir ; salut. L'Assemblée nationale a décrété, & nous voulons & ordonnons ce qui suit :

Décret de l'Assemblé nationale, du 1er. avril 1791.

L'Assemblée nationale, sur le compte qui lui a été rendu par son comité ecclésiastique.

1°. Des délibérations prises sur la nouvelle circonscription des paroisses de la métropole du nord-ouest, par le conseil général de la commune de Rennes, le 10 février dernier ; par le directoire du district de la même ville, le 22 janvier précédent ; & par le directoire du département d'Ille & Vilaine, le 21 mars suivant ; enfin de la réquisition faite à l'évêque de Rennes, le 10 janvier dernier, de concourir au travail préparatoire de cette circonscription.

2°. Des délibérations prises sur la nouvelle circonscription des paroisses de la métropole du centre, par le directoire du district de Bourges, le 25 février 1791 ; par le directoire du département du Cher, le 17 mars dernier ; & de la réquisition faite à l'évêque de Bourges, le 9 février précédent, de concourir au travail préparatoire de cette circonscription ; enfin des délibérations prises, les 18 janvier & 20 mars 1791, par les marguilliers & habitans des paroisses de S. Médard & de Sainte Croix de la ville de Bourges, & du mémoire qu'ils ont présenté relativement à cette circonscription ;

3°. De la délibération prise de concert le 23 du mois de mars dernier, relativement à la circonscription des paroisses de la ville de Moulins, par les commissaires de la municipalité & du directoire du district de Moulins, & par ceux du directoire du département de l'Allier, ainsi que par l'évêque de ce département;

4°. Des délibérations prises, relativement à la nouvelle circonscription des paroisses de Senlis, par la municipalité de cette ville, les 16 février & 9 mars 1791; par le directoire du district de Senlis, le 10 mars suivant, par le directoire du département de l'Oise, le 23 du même mois; enfin de l'avis de l'évêque, du 21 mars suivant;

5°. Des délibérations prises sur la conscription des paroisses de la ville de Gien, par le conseil général de la commune de Gien, le 24 février dernier; par le directoire du district de Gien, & par le commissaire délégué de l'évêque d'Orléans, le 27 du même mois; enfin par le directoire du département de Loiret, le 16 mars dernier;

6°. Des pétitions des municipalités de la Guerche & de Rannée, & des délibérations du directoire de district de la Guerche, & du directoire du département d'Ille & Vilaine, concernant la translation de l'église paroissiale de Rannée, en l'église de la ci-devant collégiale de la Guerche, décrete :

ARTICLE PREMIER.

VILLE DE RENNES.

Il y aura pour la ville de Rennes, & pour les campagnes environnantes, six paroisses; savoir :

1°. La paroisse cathédrale, dans l'église ci-devant abbatiale de Saint Melaine; 2°. la paroisse de Toussaints; 3°. la paroisse de Saint Pierre, dans l'église ci-devant cathédrale de Saint Pierre, actuellement en reconstruction; 4°. la paroisse de Saint Augustin, dans l'église ci-devant conventuelle des Augustins; enfin les paroisses de Saint Hellier & de Saint Laurent, lesquelles seront considérées, quant au traitement des curés & vicaires, comme paroisses de campagne, quoiqu'elles fassent partie de la municipalité de Rennes.

II. Lesdites paroisses seront circonscrites, ainsi qu'il est expliqué dans la délibération du directoire du département d'Ille & Vilaine, du 21 mars 1791.

III. Les autres paroisses de la ville de Rennes & de ses fauxbourgs, sont supprimées.

IV. Jusqu'à l'achévement de l'église de Saint Pierre, le service de cette paroisse se fera provisoirement dans la chapelle de la ci-devant paroisse de Saint Sauveur.

VILLE DE BOURGES.

V. Il y aura pour la ville de Bourges, & pour les campagnes environnantes, quatre paroisses; savoir, la paroisse cathédrale, sous l'invocation de Saint Étienne, celle de Saint Pierre-le-Guillard, de Saint Pierre-le-Marché, & de Saint Bonnet.

VI. Lesdites paroisses seront circonscrites ainsi qu'il est expliqué dans la délibération du département du Cher, ci-dessus datée, à l'exception que la paroisse de Saint Austregesile du château, & l'arrondissement que lui assigne ladite délibération feront partie de la paroisse de Saint Étienne.

VII. Les autres paroisses de la ville & des fauxbourgs de Bourges sont supprimées.

VIII. L'église de Saint Austregesile du château & celle d'Asnières sont conservées comme oratoires des paroisses dont elles dépendent. Il sera envoyé dans chacune, les fêtes & dimanches, un vicaire pour y célébrer la messe, & y faire les instructions spirituelles sans y exercer aucunes fonctions curiales.

VILLE DE MOULINS.

IX. Il n'y aura que trois paroisses dans la ville de Moulins, la paroisse cathédrale, celle de Saint Pierre qui sera desservie dans l'église ci-devant conventuelle des carmes, & celle de Saint Nicolas dans l'église ci-devant conventuelle des dominicains; elles seront circonscrites ainsi qu'il est expliqué dans la délibération sus-datée du directoire du département de l'Allier : les autres paroisses de ladite ville seront supprimées.

VILLE DE SENLIS.

X. Il n'y aura pour la ville de Senlis, qu'une seule paroisse, qui sera l'église Notre-Dame ci-devant cathédrale: les autres paroisses de Senlis sont supprimées.

XI. Les églises de Saint Etienne & de Saint Martin seront conservées provisoirement comme oratoires, il sera envoyé par le curé de Senlis, les dimanches & fêtes, un vicaire dans chacune pour y célébrer la messe & y faire les instructions spirituelles, sans y exercer les fonctions curiales.

VILLE DE GIEN.

XII. Il n'y aura dans la ville de Gien, qu'une seule paroisse sous l'invocation de Saint Louis, & qui sera desservie dans l'église ci-devant collégiale de ladite ville; elle comprendra tout le territoire des anciennes paroisses de la ville de Gien.

L'église de Saint-Louis sera conservée comme oratoire; le curé sera tenu d'y envoyer les dimanches & fêtes, un de les vicaires pour y célébrer l'office divin & y faire les instructions spirituelles.

VILLE DE LA GUERCHE.

XIII. Il y aura pour la ville de la Guerche, une paroisse qui sera desservie dans l'église ci-devant collégiale de cette ville.

XIV. La paroisse & la municipalité de Rannée sont supprimées & réunies à celle de la Guerche.

XV. L'église de Rannée sera conservée provisoirement comme oratoire, & le curé de la Guerche y enverra, les fêtes & dimanches, un vicaire y célébrer la messe & y faire les instructions spirituelles, sans pouvoir y exercer les fonctions curiales.

Mandons, &c. *Signé* LOUIS. *Et plus bas*, M. L. F. Duport. Et scellées du sceau de l'Etat.

Proclamation du Roi, pour le service des messageries nationales, coches & voitures d'eau.

Du 19 avril 1791.

L'Assemblée nationale ayant fixé par ses décrets des 6, 7 & 8 janvier 1791, sanctionnés par le Roi, les principales conditions du nouveau service des messageries ordonné par la loi du 29 août 1790, & sa majesté voulant que le public jouisse constamment des avantages que ces décrets ont eu pour objet de lui procurer, elle a jugé à propos d'en réunir toutes les dispositions dans une proclamation qui sera placée dans le lieu le plus apparent des bureaux des messageries & voitures d'eau, afin que les obligations des fermiers résultant de ces dispositions & des charges & conditions de leur bail, étant parfaitement connues, l'exécution en soit plus facile à maintenir. En conséquence, le Roi a ordonné & ordonne ce qui suit.

ARTICLE PREMIER.

Le service des messageries nationales & voitures d'eau sera sous l'inspection & surveillance du directoire des postes & messageries.

II. Conformément à la loi du 19 janvier 1791, tous les droits de messageries par terre, les droits de coches, bacs, bateaux sur les rivières & canaux navigables, compris dans la dénomination générale de voitures d'eau, possédés par des particuliers, communautés d'habitans, ou états des ci-devant provinces, à quelque titre que ce soit, sont abolis à compter du premier avril 1791, sauf l'indemnité que pourront prétendre les concessionnaires engagistes & échangistes de semblables droits, dépendant du domaine de l'état; & à compter de la même époque, ces exploitations feront partie de la ferme générale des messageries. Toutes les autres de la même nature, dépendant du domaine public, & qui n'ont pas été comprises jusqu'ici dans le bail de la ferme générale des messageries, y seront réunies.

III. Le service des messageries nationales & voitures d'eau sera établi d'après les principes de la loi du 29 août 1790, qui porte abolition du droit de permis & de celui du transport exclusif des voyageurs & marchandises; & qui accorde à tout particulier la faculté de conduire ou faire conduire librement les voyageurs & marchandises, en se conformant aux formalités prescrites par l'article III de ladite loi, sans qu'il soit permis néanmoins à aucun particulier ou compagnie, autres que les fermiers des messageries nationales & voitures d'eau, d'annoncer des départs à jour & heure fixes, ni d'établir des relais; non plus que de se charger de reprendre & de conduire des voyageurs qui arriveroient en voitures suspendues, si ce n'est après un intervalle du jour au lendemain entre l'époque de l'arrivée desdits voyageurs, & celle de leur départ.

IV. Les fermiers des messageries nationales & voitures d'eau auront seuls le droit de départ à jour & heure fixes, & de l'annonce desdits départs; ainsi que de celui de l'établissement de relais à des points fixes & déterminés. Leurs voitures, chevaux, harnois, servant à l'usage du service public, ne pourront être saisis dans aucun cas & sous quelque prétexte que ce soit.

V. Les fermiers jouiront, comme en ont joui ou dû jouir les précédens fermiers, des ports & terreins sur le bord des rivières nécessaires à l'exploitation des voitures d'eau.

VI. Tous les établissemens des messageries existant seront entretenus par les nouveaux fermiers; ils seront en outre obligés d'établir des voitures sur les nouvelles routes lorsqu'elles seront achevées, & de desservir les chefs-lieux de département, de district & de juridiction, conformément à la nouvelle division du royaume, lorsqu'ils en seront requis, d'après les demandes qui en seront faites au pouvoir exécutif par les directoires de département.

VII. Le service actuel des diligences faisant 25 à 30 lieues par jour, & deux lieues à l'heure, sera entretenu sur toutes les routes où la nouvelle division du royaume & les intérêts du commerce l'exigeront; mais à partir du premier octobre 1792, s'il n'est pas possible avant cette époque, les fermiers ne pourront plus employer que des diligences légères & commodes, dont aucune ne pourra être chargée de plus de huit quintaux, non compris le paquet de chaque voyageur fixé à 15 livres.

VIII. Les diligences seront commodes & légères, & à cet effet elles seront à quatre ou six places, dans l'intérieur de la voiture. Elles seront montées sur quatre roues, & attelées d'un nombre suffisant de chevaux, relayés de manière à être conduites régulièrement au train de poste à raison de deux lieues par heure. Les stations seront établies dans les villes, afin que les voyageurs trouvent plus facilement toutes les commodités désirables.

A dater du premier juillet prochain, toutes les voitures employées au service des messageries, & conduites, soit par les chevaux des maîtres de poste, soit par ceux appartenant aux fermiers, sous-fermiers & entrepreneurs de relais, seront marquées sur les portières d'une fleur de lys, avec ces mots au-dessus : *messageries nationales.* Défenses sont faites aux maîtres de poste, même à ceux qui auront traité de gré à gré avec le fermier des messageries, de conduire, pour leur compte, & pour celui du fermier des messageries, des voitures qui ne seroient pas marquées & désignées ainsi qu'il est dit ci-dessus.

IX. Les fermiers entretiendront en même-temps sur les principales routes & sur celles de communication, des carrosses, fourgons & autres voitures destinées au transport des marchandises, ballots & paquets qui leur seront confiés. Ces voitures seront attelées d'un nombre suffisant de chevaux, avec les relais nécessaires pour faire quinze à vingt lieues par jour sur les routes où cette célérité sera nécessaire & praticable.

X. Il ne pourra être exigé pour le transport des voyageurs & marchandises dans les voitures de terre & d'eau, d'autres prix que ceux fixés par le tarif annexé à la présente proclamation. Le prix des places dans les voitures de terre sera réglé par lieue, lequel prix sera également suivi pour les établissemens qui auront lieu par augmentation de service, ou sur de nouvelles routes ou communications, en observant que les diftances feront comptées par lieue de 2283 toifes, & non par lieues de pofte. Les fermiers pourront en outre faire partir des voitures extraordinaires à la volonté des voyageurs, dont le prix pourra être réglé de gré à gré avec eux.

XI. Les voitures d'eau feront foumifes à la vifite des experts nommés par la municipalité de la ville de Paris, quant à ce qui concerne les voitures dont le départ eft fixé à Paris, & par les municipalités des lieux pour les autres voitures d'eau, pour affurer leur folidité, & veiller à ce qu'elles foient conduites par des hommes expérimentés & en nombre fuffifant, avec les chevaux néceffaires pour remonter les rivières, de manière à ce que tous les accidens foient prévenus. Se réferve fa majefté de pourvoir, par une proclamation particulière, à l'exactitude du fervice & à la police des voitures d'eau.

XII. Les fermiers & fous fermiers ne pourront, fous aucun prétexte, diminuer le nombre des départs & retours de leurs voitures; mais ils pourront les augmenter. Ils ne pourront non plus avancer ni reculer les jours & heures fixés defdits départs, ni en changer les points fixes & déterminés, fans l'autorifation du directoire des poftes & meffageries, & qu'après en avoir inftruit le public au moins quinze jours d'avance par des affiches multipliées.

XIII. Conformément à ce qui eft ftatué par la loi du 29 août 1790, les affemblées & directoires de département & de diftrict, les municipalités, ni les tribunaux, ne pourront ordonner aucun changement dans l'organifation, le fervice, & la marche des meffageries & voitures d'eau.

XIV. Les voyageurs retiendront leurs places quelques jours avant le départ des voitures, en payant les arrhes fuivant l'ufage, & en faifant enregiftrer leurs noms: il leur en fera délivré une reconnoiffance qu'ils produiront en montant dans la voiture.

XV. Les ballots ou paquets feront enregiftrés avec déclaration de leur contenu, après avoir été pefés, numérotés & timbrés en préfence de ceux qui les apporteront.

XVI. Il fera abfolument néceffaire d'affranchir les volailles, gibiers & comeftibles de toute efpèce, & généralement tous les objets fufceptibles de dépériffement & de corruption par laps de temps : il en fera de même de tous les objets dons la valeur réelle ne pourra équivaloir les frais de tranfport.

XVII. Les balots, paquets ou effets qui n'auront pu être délivrés par mauvaife adreffe, ou faute d'être réclamés, feront dépofés & gardés dans un endroit à ce deftiné, & il en fera tenu regiftre. Et fi, après deux années de garde, lefdits ballots, paquets ou effets ne font pas retirés par ceux qui en auront droit, ils feront vendus publiquement & à l'enchère ; le produit en fera verfé au tréfor public en déduction des frais de tranfport, & procès-verbal en fera fait & confervé pour fervir en tant que de befein, en cas de réclamation.

XVIII. Seront néanmoins exceptés les comeftibles & généralement tous les objets fufceptibles de corruption & de dépériffement. Les fermiers font autorifés à jeter lefdits objets, dès qu'ils cefferont de pouvoir être gardés, & fans être tenus à aucun dédommagement ; il en fera néanmoins également tenu regiftre.

XIX. Le conducteur de chacune des voitures fera porteur d'une feuille de départ, qui fera vifée par les infpecteurs établis de diftance en diftance, dans laquelle feront fpécifiés les objets qui doivent être dépofés dans chaque bureau de direction ; le tout conforme à l'enregiftrement du lieu du départ.

XX. Chaque directeur fera tenu d'enregiftrer tous les objets qu'il aura reçus, & il ne pourra les délivrer qu'après avoir tiré valable décharge des perfonnes auxquelles ils feront adreffés.

XXI. Tous les regiftres employés à l'exploitation des meffageries & voitures d'eau feront numérotés par première & dernière page, & paraphés ; & les fermiers des meffageries & voitures d'eau feront tenus d'en donner communication au directoire des poftes & meffageries à chaque requisition. Les fermiers se conformeront au surplus, en ce qui concerne leur exploitation, aux dispositions de la loi du timbre, sans que, sous prétexte des frais que l'exécution de cette loi leur occasionnera, ils puissent exiger du public d'autres droits que ceux fixés par le tarif annexé à la présente proclamation, & ce à peine de concussion.

XXII. Les fermiers seront responsables de tous les paquets, ballots, marchandises & espèces qui leur seront confiés, jusqu'à valable décharge; ils seront également responsables de tous les effets perdus ou endommagés par leurs fautes; & les dédommagemens auxquels ils seront condamnés, à raison de cette responsabilité, seront directement acquittés par eux, sauf leur recours contre leurs sous-fermiers & autres employés quelconques, du fait desquels ils répondent.

XXIII. Les dédommagemens prononcés contre les fermiers seront proportionnés à la valeur des effets, d'après la déclaration désignative desdits effets, qui aura été faite lors de l'enregistrement, &, à faute de ladite déclaration, ils ne seront tenus qu'à un dédommagement de 150 livres.

XXIV. Ne seront tenus lesdits fermiers de répondre des événemens occasionnés par force majeure & causes impossibles à prévoir, ainsi que par défaut d'emballage & de précautions quelconques qui dépendent des particuliers intéressés, & dont mention devra être faite en leur présence dans l'enregistrement.

XXV. Les fermiers ne pourront se charger du transport d'aucuns papiers, si ce n'est de procédures en sacs ou registres, à moins qu'ils n'en aient obtenu la permission du directoire des postes & messageries. Ils seront tenus néanmoins, sur la requisition, & dans le cas de surcharge des couriers des malles, de faire le transport des ballots de papiers ou d'imprimés d'après un prix convenu de gré à gré, afin que la remise desdits objets aux lieux de leur destination ne puisse éprouver de retard notable.

XXVI. Les fermiers défendront expressément à leurs préposés, sous peine d'interdiction & de révocation en

cas de récidive , & sous la garantie des fermiers, de porter
& de remettre aucune lettre missive , & aucuns papiers
autres que ceux relatifs à leur service.

XXVII. I! est aussi expressément défendu aux entrepreneurs & couriers des malles , de prendre, dans leurs voitures, aucun voyageur, ni de porter aucune marchandise
ou ballot au préjudice des messageries, sans y être autorisés par un ordre signé du président du directoire des postes
& messageries, lequel ordre ils seront tenus de représenter
à chaque inspecteur des messageries qui le requerra ; & ce
sous peine d'interdiction & de révocation en cas de récidive,
pour les couriers, & de résiliation des traités pour les
entrepreneurs des malles.

XXVIII. Et pour assurer l'exacte observation des deux
articles ci-dessus , les voitures des messageries seront soumises aux visites des contrôleurs des postes, à l'endroit de
leurs stations. Lorsque les fermiers des messageries auront
connoissance que les couriers d'une route portent des paquets à leur préjudice , ils en donneront avis au directoire
des postes qui autorisera par écrit un contrôleur des messageries à visiter le courier à un endroit indiqué , & les procès-verbaux de ces visites seront adressés au président du
directoire des postes.

XXIX. Les fermiers des messageries nationales & voitures d'eau pourront sous-fermer telle partie de leur exploitation qu'ils voudront , sous la clause expresse de la responsabilité du service de leurs sous-fermiers. Lesdits fermiers pourront traiter de la conduite de leurs voitures avec
les maîtres de poste de gré à gré, ou avec tels entrepreneurs
qu'ils jugeront à propos, pourvu néanmoins que lesdits
sous-baux & traités n'excèdent pas la durée de leur bail.

XXX. Les maîtres de poste qui auront traité avec les
fermiers & sous-fermiers des messageries , auront des chevaux particulièrement destinés pour ce service, lesquels
ne pourront être compris dans le nombre de ceux entretenus pour la poste , & pour chacun desquels il leur est accordé 30 livres de gratification, en remplacement des
priviléges.

(29)

XXXI. Il est défendu aux maîtres de poste , sous peine de privation de leurs brevets, de faire aucune entreprise ni marché avec des particuliers ou compagnies, pour la conduite des voitures faisant le transport des voyageurs & des marchandises, si ce n'est avec les fermiers des messageries nationales & voitures d'eau, & avec leurs sous-fermiers; & ils seront tenus de conduire & de venir prendre les voitures de messageries aux bureaux & auberges choisis par l'administration des messageries.

XXXII. Les fermiers ou leurs préposés pourront requérir les commandans de la gendarmerie nationale , de faire escorter, par deux cavaliers ou plus, s'il est nécessaire, les voitures des messageries , toutes les fois que cette précaution leur paroîtra indispensable. Ce service extraordinaire sera aux frais des fermiers , & acquitté par eux sur le pied fixé par le réglement du premier juin 1775 , & par l'ordonnance de 1778 , & ils en seront remboursés dans le cas où les frais d'escorte seroient occasionnés par des transports pour le compte du gouvernement.

XXXIII. Les fermiers seront tenus, sur la requisition des corps administratifs ou des commissaires du Roi près les tribunaux, de transporter les prisonniers aux lieux qui leur seront indiqués dans les ordres par écrit qui leur seront donnés. Les prisonniers seront conduits dans des voitures commodes & sûres , & dans lesquelles les fermiers ne pourront introduire que les personnes employées à la garde desdits prisonniers : ils les traiteront avec tous les égards & la décence que leur situation & l'humanité doivent inspirer, & ils seront responsables , jusqu'à leur arrivée à leur destination, de tous les événemens qui, par suite de négligence ou de séduction de leurs préposés , pourroient faciliter l'évasion desdits prisonniers , ou qui tendroient, d'une manière quelconque, à s'opposer au cours de la justice. Le prix du transport desdits prisonniers sera acquitté par le trésor public , ou il en sera tenu compte aux fermiers sur le prix de leur bail , en représentant les mémoires visés par le directoire du lieu de la destination, ou par le commissaire du Roi du tribunal, & en représentant également l'ordre du départ , lequel ordre indiquera l'espèce de voiture qui sera employée au transport de chaque prisonnier , de manière que le prix du transport soit facilement déterminé.

XXXIV. Les fermiers des messageries seront tenus de faire remettre à leur destination, par leurs facteurs, suivant l'usage ordinaire, dans les vingt-quatre heures de leur arrivée, les paquets apportés par les diligences, messageries & fourgons, en laissant cependant au public la liberté de les retirer ou de les faire retirer, en le présentant au bureau dans lesdites vingt-quatre heures, & muni de lettre d'avis.

XXXV. Toutes les plaintes & contestations qui pourront s'élever entre les particuliers & les fermiers, ou entre les fermiers & sous-fermiers, seront adressées au pouvoir exécutif, qui fera faire ensuite les vérifications nécessaires par les directoires de département, sauf le renvoi, en cas de contestation judiciaire, devant les tribunaux ordinaires, conformément à la loi du 29 août 1790.

XXXVI. Les précédens réglemens sur le fait des messageries, seront exécutés en tout ce à quoi il n'est pas dérogé par la présente proclamation.

Tarif pour les voitures de terre.

Le prix de chaque place par lieue de 2283 toises, dans les diligences, sera de 12 sous.

Dans les cabriolets des diligences, tant qu'ils existeront, 8 s.

Dans les carosses, 8 s.

Dans les paniers des carosses & dans les fourgons, 4 s.

Chaque voyageur pourra faire transporter avec lui un sac de nuit ou porte-manteau, du poids de 15 livres, pour lequel il ne payera aucun port.

Or & argent.

Le transport de l'or & de l'argent monnoyé ou non monnoyé, sera de 30 s. par 1000 liv & par vingt lieues, au lieu de 40 s. prix actuel. Cette réduction du quart aura lieu sur les autres sommes, ci 30. s.

Le prix des bijoux, galons, objets précieux, dont la valeur sera déclarée, sera le même que celui de l'or & de l'argent.

Le port des papiers de procédure & d'affaires fera double de celui des marchandifes.

Le port des bagages & marchandifes par les diligences, ne pourra excéder le prix actuel de 6 deniers par livres, par dix lieues, ou 25 livres par quintal pour cent lieues.

Le port des mêmes objets par les carroffes & fourgons ne pourra excéder 15 livres du quintal par cent lieues, & à proportion pour les autres diftances.

Les paquets au-deffous de 10 livres, paieront comme s'ils pefoient dix livres.

Le port des paquets de 15 livres & au-deffous, chargés fur les carroffes & fourgons, fera le même que celui fixé pour les diligences.

Les fommes au-deffous de 500 livres, paieront comme pour 500 livres.

Les transports faits à moins de dix lieues, feront comptés comme pour dix lieues; & au-deffus de dix lieues, l'augmentation proportionnelle du port aura lieu de cinq lieues en cinq lieues.

Tarif pour les voitures d'eau.

Le prix des places de Paris à Auxerre, fera réduit à 7 livres 10 fous, au lieu de 9 livres 7 f. 6 deniers.

Le port du quintal à 5 livres, au lieu de 9 liv. 7 f. 6 den.

Le prix des places de Paris à Montargis, fera réduit à 4 livres, au lieu de 5 livres un fou 3 den.

Le port du quintal à 2 livres 15 fous, au lieu de 5 liv. un fou 3 den.

Le prix des places de Paris à Nogent-fur-Seine, fera réduit à 5 livres 10 fous, au lieu de 6 liv. 18 fous.

Le port du quintal à 3 livres 15 fous, au lieu de 6 liv. 18 fous.

Le prix des places & du transport des marchandifes dans les autres voitures d'eau, ne fera point augmenté.

Le prix des places & du transport des marchandifes, fera proportionnel pour les diftances intermédiaires comptées par eau, entre Paris & les villes d'Auxerre, Montargis & Nogent-fur-Seine.

Ce prix proportionnel, attendu les fractions qui en réfultent, fera calculé par lieue pour les diftances inter-

médiaires entre Paris & les villes d'Auxerre, Montargis
& Nogent-sur-Seine,

à 2 sous 6 deniers pour les voyageurs,
& à un sou 6 den. pour le quintal des marchandises.

A Paris, le 10 avril 1791. *Signé* Louis, *& plus bas*,
De Lessart.

---

*Loi qui ordonne qu'il sera payé par la caisse de l'extraor-
dinaire une somme de vingt huit millions, pour liquidation de divers offices y énoncés.*

Donnée à Paris, le 20 avril 1791.

Louis, par la grace de Dieu, & par la loi constitutionnelle de l'Etat, Roi des Français : à tous présens
& à venir ; salut. L'Assemblée nationale a décrété, &
nous voulons & ordonnons ce qui suit :

Décret de l'Assemblée nationale, du 14 avril 1791.

L'Assemblée nationale, après avoir entendu le rapport de son comité général des liquidations, qui lui a
donné lecture du résultat des opérations du commissaire
du Roi dont l'état y est joint, décrete que, conformément audit résultat, il sera payé par la caisse de l'extraordinaire la somme de vingt-huit millions huit cent
quarante-deux mille cent quatre-vingt-quatorze livres
quinze sous cinq deniers ; à l'effet de quoi les reconnoissances de liquidation seront expédiées aux officiers
liquidés, en satisfaisant, par eux, aux formalités prescrites par ses précédens décrets.

Mandons, &c. *Signé* Louis. *Et plus bas*, M. L. F.
Duport. Et scellées du sceau de l'Etat.

Loi

Loi portant qu'il y a lieu accusation contre les sieurs Fonta-reche , d'Entraigues & autres , présidens & commissaires des assemblées des soi-disant catholiques de Nismes & d'Uzès , & les renvoie par devant le tribunal établi provisoirement à Orléans.

Donnée à Paris, le 10 avril 1791.

LOUIS, par la grace de Dieu , & par la loi constitution-nelle de l'Etat, Roi des Français : à tous présens & à venir ; salut. L'Assemblée nationale a décrété , & nous voulons & ordonnons ce qui suit :

Décret de l'Assemblée nationale , du 2 avril 1791.

L'Assemblée nationale déclare qu'il y a lieu à accu-sation contre les sieurs Fontareche d'Entraigues-de-Cabane , de la Reyranglade , Velut , Froment , Fernel , Folacher , Michel & Gaussard , relativement aux délibé-rations prises dans l'assemblée des soi-disant catholiques de Nismes & d'Uzès , les vingt avril , deux mai & pre-mier juin 1790 , dont ils ont été les président & com-missaires , aux signatures qu'ils ont apposées & à l'envoi qu'ils ont fait de ces délibérations à un grand nombre de municipalités , & aux diverses corporations d'artisans de plusieurs villes du royaume , & les renvoie par-devant le tribunal provisoire établi à Orléans.

L'Assemblée prenant en considération les rétractations faites par les sieurs Ribens , Melquioud l'aîné , Lapierre , Gueydon , Faure , Vigne , Robin , Layrac , Borie & Puget , desdites délibérations & des signatures qu'ils y avoient apposées , déclare qu'il n'y a lieu contre eux à aucune délibération ultérieure.

Mandons , &c. *Signé* LOUIS, *Et plus bas* , M. L. F. *Duport.* Et scellées du sceau de l'Etat.

LOI relative aux acquits à caution ci-devant délivrés pour empêcher la fraude des droits de traites.

Donnée à Paris, le 6 avril 1791.

LOUIS, par la grace de Dieu, & par la loi conftitutionnelle de l'Etat, Roi des Français : à tous préfens & à venir, falut. L'Affemblée nationale a décrété, & nous voulons & ordonnons ce qui fuit :

Décret de l'Affemblée nationale, du 6 avril 1791.

L'Affemblée nationale, après avoir entendu le rapport de fon comité d'agriculture & de commerce fur la néceflité d'accélérer la reddition du compte général des anciens droits de traites, décrete que les acquits à caution délivrés pour empêcher la fraude des droits de traites à la circulation font annullés, & les foumiflionnaires déchargés des foumiffions par eux fournies. Demeurent également déchargés les fourniffeurs de la marine de rapporter les paffe-ports qui n'avoient pour objet que l'affranchiflement des mêmes droits de circulation.

Mandons, &c. *Signé* LOUIS. *Et plus bas,* M. L. F. *Duport.* Et fcellées du fceau de l'Etat.

LOI relative aux rentes & autres redevances dues fur les biens nationaux, aux hôpitaux, maifons de charité & fondations pour les pauvres, &c.

Donnée à Paris, le 10 avril 1791.

LOUIS, par la grace de Dieu, & par la loi conftitutionnelle de l'Etat, Roi des Français : à tous préfens & à venir ; falut. L'Affemblée nationale a décrété, & nous voulons & ordonnons ce qui fuit :

Décret de l'Assemblée nationale, du 5 avril 1791.

L'Assemblée nationale décrete ce qui suit :

ARTICLE PREMIER.

Les rentes sur les biens nationaux dont jouissoient les hôpitaux, maisons de charité & fondations pour les pauvres, en vertu de titres authentiques & constatés, continueront à être payées à ces divers établissemens, aux époques ordinaires où ils les touchoient, dans les formes & d'après les conditions indiquées ci après, & ce provisoirement jusqu'au premier janvier 1792.

II. Il sera de même à l'égard des dîmes dont jouissoient ces établissemens & dont la valeur leur sera payée conformément aux baux antécédemment faits, & sous la déduction des charges dont elles étoient grevées.

III. Ceux de ces divers établissemens qui étoient dans l'usage d'adjuger les dîmes annuellement à la criée, ou autrement, recevront pour l'année 1791, la valeur d'une année commune, prise sur les quatorze dernieres années en retranchant les deux plus fortes & les deux plus foibles.

Ceux de ces établissemens dont les baux portoient la valeur des dîmes indistinctement réunie avec celle d'autres, biens, recevront la valeur d'une année de leurs dîmes, d'après la ventilation qui sera faite en conséquence.

IV. Cette ventilation sera faite par les préposés des directoires de districts où sont situés ces biens, revue par les directoires eux mêmes, approuvée & certifiée par les directoires de département.

V. Les hôpitaux, maisons de charité & fondations pour les pauvres, recevront également aux mêmes titres, & toujours provisoirement pour l'année 1791 seulement, l'équivalent des pertes annuelles qu'ils éprouvent par la suppression des droits de havage, minage, brassage sur les boissons, des droits de contrôle, des droits de péage.

VI. La valeur de ceux de ces droi s payés en nature ,
sera estimée par les ordres du directoire sur une année
commune , évaluée comme il est dit à l'article III , &
payée en compensation , en espèces courantes.

VII. Les états qui constateront les indemnités dues
aux hôpitaux , maisons de charité , fondations pour les
pauvres , en conséquence des articles précédens , seront
présentés aux districts par les municipalités , certifiés par
les directoires de districts , visés par ceux de départemens & envoyés par eux au ministre de l'intérieur , qui en
fera présenter la demande à l'assemblée nationale , par
un ou plusieurs états. L'assemblée nationale décretera
les sommes nécessaires , qui seront en conséquence fournies par le trésor public au trésorier des districts chargé
des paiemens.

VIII. Le comité de trésorerie sera autorisé sous sa responsabilité , à ordonner provisoirement & avant le décret
de l'Assemblée , l'avance pour les hôpitaux de la moitié
des sommes reconnues d'après les délibérations des municipalités , districts & départemens , dues en indemnité
à ces établissemens.

Mandons, &c. *Signé* LOUIS. *Et plus bas* , *M. L. F.*
Duport. Et scellées du sceau de l'Etat.

Loi relative aux partages des successions ab intestat.

Donnée à Paris , le 15 avril 1791.

LOUIS , par la grace de Dieu , & par la loi constitutionnelle de l'Etat, Roi des Français : à tous présen
& à venir ; salut. L'Assemblée nationale a décrété , &
nous voulons & ordonnons ce qui suit :

Décret de l'Assemblée nationale, du 8 avril 1791.

L'Assemblée nationale décrete ce qui suit :

ARTICLE PREMIER.

Toute inégalité ci-devant résultant , entre héritiers *a*

intestat, des qualités d'aînés ou puînés, de la distinction des sexes ou des exclusions coûtumieres, soit en ligne directe, soit en ligne collatérale, est abolie ; tous héritiers en égal degré, succéderont par portions égales aux biens qui leur sont déférés par la loi : le partage se fera de même par portions égales, dans chaque souche, dans les cas où la représentation est admise.

En conséquence, les dispositions des coutumes ou statuts qui excluoient les filles ou leurs descendans, du droit de succéder avec les mâles ou les descendans des mâles, sont abrogées.

Sont pareillement abrogées les dispositions des coutumes qui, dans le partage des biens, tant meubles qu'immeubles, d'un même pere ou d'une même mere, d'un même ayeul ou d'une même ayeule, établissent des différences entre les enfans nés de divers mariages.

II. La représentation aura lieu à l'infini, en ligne directe descendant dans toutes les coutumes, savoir : dans celles qui la rejettent indéfinitivement, à compter du jour de la publication du présent décret, & dans celles qui la rejettent seulement pour les personnes & les biens ci-devant nobles, à compter du jour de la publication du décret du 15 mars 1790.

III. Les étrangers, quoiqu'établis hors du royaume, sont capables de recueillir en France lés successions de leurs parens, même François ; ils pourront de même recevoir & disposer par tous les moyens qui seront autorisés par la loi.

IV. Les dispositions des articles un & trois ci-dessus auront leur effet dans toutes les successions qui s'ouvriront après la publication du présent décret, sans préjudice des institutions contractuelles ou autres clauses qui ont été légitimement stipulées soit par contrat de mariage, soit par articles de mariage dans les pays où ils avoient force de contrats, lesquelles seront exécutées conformément aux anciennes loix.

V. Seront pareillement exécutées dans les successions directes & collatérales, mobiliaires & immobiliaire, les exceptions contenues dans la seconde partie de l'article

XI du titre premier du décret du 15 mars 1790, en faveur des perſonnes mariées ou veuves avec enfans ; & ces exceptions auront lieu pour toutes les eſpeces de biens.

VI. Leſdites exceptions ne pourront être réclamées que par les perſonnes qui, à l'ouverture des ſucceſſions, ſe trouveront encore engagées dans des mariages contractés avant la publication du préſent décret du 15 mars 1790, s'il s'agit de biens ci-devant féodaux, ou autres ſujets au partage noble ; & avant la publication du préſent décret, s'il s'agit d'autres biens, ou auxquelles il reſtera des enfans ou petits-enfans iſſus de mariages antérieurs à ces époques reſpectives.

VII. Lorſque ces perſonnes auront pris les parts à elles réſervées par leſdites exceptions, leurs cohéritiers partageront entr'eux le reſtant des biens en conformité du préſent décret.

VIII. Le mariage d'un puîné, ni ſa viduité avec enfans, ne pourront ſervir de titre à ſon cohéritier aîné, non marié ni veuf avec enfans, pour jouir du bénéfice deſdites exceptions.

IX. Nul puîné devenu aîné depuis ſon mariage, contracté même avant la publication, ſoit du préſent décret, ſoit de celui du 15 mars 1790, ne pourra réclamer, en vertu deſdites exceptions, les avantages dont l'expectative étoit, au moment où il s'eſt marié, déférée par la loi à ſon cohéritier préſomptif aîné.

Mandons, &c. *Signé* LOUIS. *Et plus bas*, M. L. F. *Duport.* Et ſcellées du ſceau de l'État.

Loi relative aux troubles qui ont eu lieu à Cayenne.

Donnée à Paris, le 15 avril 1791.

LOUIS, par la grace de Dieu, & par la loi conſtitutionnelle de l'État, Roi des Français : à tous préſens & à venir ; ſalut. L'Aſſemblée nationale a décrété, & nous voulons & ordonnons ce qui ſuit :

Décret de l'Assemblée nationale, du 9 avril 1791.

L'Assemblée nationale, après avoir entendu le rapport qui lui a été fait au nom de son comité des colonies ;

Déclare que les sieurs Leblond, Marhelin, l'Homont, Orban, Bec, Taffot & Comte, embarqués par l'effet des troubles qui ont eu lieu à Cayenne, les neuf & dix août de l'année derniere, sans qu'il y ait eu contr'eux aucun jugement légal, seront libres de retourner à Cayenne, ainsi que les sieurs Greutz, Chapel & Romain, illégalement emprisonnés pour être également embarqués à la premiere occasion, lesquels seront remis en liberté, si fait n'a été, les uns & les autres devant y jouir de toute la protection des loix, comme tous citoyens.

Décrete qu'il leur sera fourni sur les fonds du tréfor public, une somme suffisante pour les frais de leur séjour en France, & de leur retour à Cayenne.

Décrete en outre que, par les commissaires du Roi qui doivent se rendre à Cayenne, il sera pris les informations les plus précises, relativement aux événemens qui se sont passés dans cette colonie, les neuf & dix août, pour, sur le compte qui en sera rendu à l'Assemblée, être pris tel parti qui conviendra.

Mandons, &c. *Signé* LOUIS. *Et plus bas*, M. L. F. *Duport.* Et scellées du sceau de l'Etat.

LOI relative à l'hôpital des Quinze-vingts.

Donnée à Paris, le 15 avril 1791.

LOUIS, par la grace de Dieu, & par la loi constitutionnelle de l'Etat, Roi des Français : à tous présens & à venir ; salut. L'Assemblée nationale a décrété, & nous voulons & ordonnons ce qui suit :

Décret de l'Assemblée nationale, du 7 avril 1791.

L'Assemblée nationale décrete ce qui suit :

ARTICLE PREMIER.

L'hôpital des Quinze-vingts sera adminiftré conformément à la loi du 5 novembre 1790.

II. Les adminiftrateurs de ladite maifon rendront compte de leur adminiftration, en conformité de l'article XIV du même titre de la même loi.

III. L'Affemblée nationale déclare nuls tous les arrêts du confeil, rendus fur l'adminiftration des Quinze-vingts, poftérieurement aux lettres-patentes qui autorifoient la vente de l'enclos des Quinze-vingts ; en conféquence, leurs anciens adminiftrateurs, les adminiftrés, les acquéreurs de l'enclos des Quinze-vingts, & tous autres réclamans, pourront fe pourvoir par-devant les tribunaux, ainfi qu'ils aviferont.

Mandons, &c. *Signé* LOUIS. *Et plus bas,* M. L. F. *Duport.* Et fcellées du fceau de l'Etat.

LOI relative à l'exercice de la pharmacie, & à la vente & diftribution des drogues & médicamens.

LOUIS, par la grace de Dieu, & par la loi conftitutionnelle de l'Etat, Roi des Français : à tous préfens & à venir, falut. L'Affemblée nationale a décrété, & nous voulons & ordonnons ce qui fuit.

Décret de l'Affemblée nationale, du 14 avril 1791.

L'Affemblée nationale, après avoir entendu fon comité de falubrité, fur un abus qui s'introduit dans l'exercice de la pharmacie, confidérant l'objet & l'utilité de cette profeffion, décrete :

Que les loix, ftatuts & réglemens exiftans au 2 mars dernier, relatifs à l'exercice & à l'enfeignement de la pharmacie, pour la préparation, vente & diftribution de drogues & médicamens, continueront d'être exécutés fuivant leur forme & teneur, fous les peines portées par lefdites loix &

réglemens, jusqu'à ce que, sur le rapport qui lui en sera fait, elle ait statué définitivement à cet égard ; en conséquence, il ne pourra être délivré de patentes pour la préparation, vente & distribution des drogues & médicamens, dans l'étendue du royaume, qu'à ceux qui sont ou qui pourront être reçus pour l'exercice de la pharmacie, suivant les statuts & réglemens concernant cette profession.

Mandons, &c. *Signé* Louis. *Et plus bas*, M. L. F. *Duport.* Et scellées du sceau de l'Etat.

Loi relative au sieur antoine Piquet, officier municipal de la ville de Douai.

Donnée à Paris, le 17 avril 1791.

Louis, par la grace de Dieu, & par la loi constitutionnelle de l'Etat, Roi des Français : à tous présens & à venir ; salut. L'Assemblée nationale a décrété, & nous voulons & ordonnons ce qui suit :

Décret de l'Assemblée nationale, des 11 & 12 *avril* 1791.

L'Assemblée nationale, après avoir entendu son comité des rapports :

Considérant que le sieur Antoine Piquet, officier municipal de la ville de Douai, a justifié qu'il n'avoit point assisté aux séances de la municipalité, dans la journée du 16 mars, & qu'il étoit à cette époque retenu hors de la ville par une mission particuliere, comme commissaire des travaux publics ; déclare que le sieur Antoine Piquet ne sera point compris dans le décret du 19 mars dernier, qui ordonne l'arrestation des officiers municipaux de la ville de Douai, & que ce décret n'aura aucune exécution à son égard.

Décrete, en outre, que ledit sieur Piquet est réintégré dans les fonctions d'officier municipal, & qu'il les exercera conjointement avec les huit commissaires nommés, en vertu dudit décret du 19 mars, pour remplacer la municipalité de ladite ville.

Mandons, &c. *Signé* Louis. *Et plus bas*, M. L. F. *Duport.* Et scellées du sceau de l'Etat.

LOI explicative de celle qui accorde aux officiers ministériels les intérêts de leur remboursement, à compter du premier juillet 1790.

Donnée à Paris, le 15 avril 1791.

LOUIS, par la grace de Dieu, & par la loi constitutionnelle de l'Etat, Roi des Français : salut. L'Assemblée nationale a décrété, & nous voulons & ordonnons ce qui suit :

Décret de l'Assemblée nationale, du 10 avril 1791.

L'Assemblée nationale, après avoir ouï son comité de judicature, & voulant prévenir les extensions qui pourroient être données au décret par lequel elle a fait courir les intérêts du remboursement accordé aux officiers ministériels, à compter du premier juillet mil sept cent quatre-vingt-dix;

Déclare que ledit décret n'est applicable qu'à ceux des officiers ministériels qui sont dénommés dans celui des 21 & 24 décembre dernier.

Mandons, &c. *Signé* LOUIS. *Et plus bas,* M. L. F. *Duport.* Et scellées du sceau de l'Etat.

LOI relative à la liquidation de différentes sommes faisant partie de la dette arriérée de l'Etat.

Donnée à Paris, le 15 avril 1791.

LOUIS, par la grace de Dieu, & par la loi constitutionnelle de l'Etat, Roi des Français : à tous présens & à venir; salut. L'Assemblée nationale a décrété, & nous voulons & ordonnons ce qui suit :

Décret de l'Assemblée nationale, du 10 avril 1791.

L'Assemblée nationale, ouï le rapport de son comité

central de liquidation , qui a rendu compte des vérifications & rapports faits par le directeur général de la liquidation , & en exécution de ses précédens décrets sur les liquidations & le paiement de la dette de l'Etat , décrete qu'il sera payé aux personnes ci-après dénommées & pour les causes qui seront désignées , les sommes suivantes ; savoir :

PREMIER ETAT.

1°. *Ponts & chaussées : arriéré de 1789.*

GENERALITE D'ALENÇON.

A Denys du Long	692l	11s	6d
François Dumas	141.	17.	9.
Pierre des Chandeliers	2,665.	12.	4.
Le même	2,293.	6.	8.
Sébastien Aubert	533.	6.	8.
Nicolas Tremier	156.	13.	4.
Jacques Ameline	395.	».	».
Julien Lainé	1,161.	».	»
Antoine Touronde	297.	».	»
Jacques Gondouin	234.	13.	4.
Mathieu Lefévre	1,458.	».	».
Gille Fouquet	2,641.	».	».
Julien Lainé 2°.	473.	2.	3.
François Desoches	1,521.	10.	8.
François Dumas 2°.	1,572.	11.	3.
Jean Paimbert	860.	».	».
Gille Foucquet 2°.	64.	18.	».
Pierre Foucquet	64.	12.	».
Pierre Deschandeliers 2°.	566.	».	».
François Desroches 2°.	1,000.	».	».
Le même 3°.	1,754.	12.	»
Gilles Fouquet 3°.	409.	15.	».
Pierre Fouquet 2°.	241.	16.	4.
Le même 3°.	99.	.	.
André Orfray	56.	1.	6.
Le même 2°.	945.	11.	6.
Jacques Gondouin 2°.	1,203.	2.	10.
André Orfray 3°.	638.	6.	9.
Total de la généralité d'Alençon	24,142.	2.	8.

GENERALITÉ DE PERPIGNAN.

A Louis Pons	21,660. 1. 8.
Le même	415. 6. »
Total de la généralité de Perpignan.	2 ,075. 7. 11.

GENERALITÉ DE MONTPELLIER.

A Hortus pere & fils	95. ». ».
Verdagués l'aîné.	42 . 18. 10.
Total de la gén. de Montpellier.	5616. 18. 10.

GENERALITÉ DE BESANÇON.

A Pierre Amondru.	9,169. 14. 6.
Somme par soi.	

GENERALITE DE GRENOBLE.

A Jean-Baptiste Charvet	44,276. 13. 3.
Veuve Guillaume Rey-Girault.	7,229 8. ».
Jean Jacques Bruyas	1,593. 17. 1.
François Hottelard	6,256 15. ».
François Cousin	266 13. 4.
Jean-Jacques Bruyas 2°.	56 17. 4.
Joseph Riondet	9,973 14. ».
Paul Morand	9,776. 1. 11.
Claude Jay	839. 16. 7.
Guillaume Raynaud	8,4 0. 12. 1.
Julles Girond	6,306. 2. 9.
Jean Lemoine	87,770. 11. 2.
Le même, qui ne pourra toucher la somme ci-contre, qu'en présence du sieur Babois ou ses ayans-cause.	22,045. ». ».
Le même 3°.	57,944. 4. 3.
Jean-Jacques Bruyas 3°.	6,3 9. ». 10.
Le même 4°.	4,108. 8. 2.
Jean Armand.	670. 10. ».
Paul morand 2°.	2,981. 16. 6.
Julles Girond 2°.	2,959. 12. 2.

Julles Girond 3°.	4,040.	11.	10.
Joseph Riondet 2°.	114.	18.	1.
Jean Degron	328.	18.	4.
Jean Arnaud 2°., comme subrogé à Guillaume Rey-Giraud	5,082.	».	».
Louis Riondet	1,128	3.	10.
Joseph Riondet 3°.	43,900.	12.	2.
Louis Ribau	15,389.	12.	5.
Louis Riondet 2°.	1,821.	11.	».
Jean-Jeacques Bruyas 5°., subrogé à Claude Fort.	17,674.	13.	11.
Jean Degron 2°.	3,023.	12.	3.
Joseph Riondet 4°.	1,117.	».	».
Jean Degron 3°.	3,868.	10.	2.
Total de la gén. de Grenoble	375,315.	18.	5.
Total de cette partie de l'arriéré des ponts & chaussées.	431,220.	2.	4

2°. *Arriéré du département des finances, offices à rembourser.*

A Louis-Camille de Maupassant-Valmont, en rapportant les deux arrêts de correction & décharge de débet mentionné en son certificat de quittus, le certificat de radiation des intérêts de la somme ci-après, & la main-levée de l'opposition formée par François Magdeleine le Couteulx, la somme de cent cinq mille livres pour completter le remboursement de la charge de payeur des rentes dont il étoit pourvu.

A Alexandre-Joseph de Maupassant-Vilboue, la somme de cent vingt-cinq mille sept cents livres, pour completter le remboursement de la charge de payeur des rentes dont il étoit pourvu.

A la veuve Brochant, étant au droit de Pierre Sallier, la somme de soixante mille livres;

A la succession d'Espinasse-Lengeac, la somme de quarante mille livres;

Au sieur de Champcenets, étant aux droits du sieur Paris de Montmartel, la somme de cinquante mille livres;

avec les intérêts defdites trois fommes , à compter du 19 mars dernier ;

Pour le montant des fommes affectées fur les brevets de retenue accordés au feu maréchal de Richelieu , fur le gouvernement & lieutenance-générale de la ci devant province de Guienne , lefquelles affectations ont été confirmées par lettres-patentes du 5 février 1759 , enregiftrées en la chambre des comptes le 23 mars fuivant , & du 14 mai 1757 , enregiftrées en la chambre des comptes le 13 juin fuivant.

3°. Arriéré du département de la maifon du Roi , pour l'année 1789.

CHAMBRE AUX DENIERS.

La veuve Thirion , crémire	58,253 l	7 f	6 d
Louis Jofeph Regnault, épicier	27,563.	12.	».
Louis Thierry, boulanger	35,036.	4.	2.
Michel Drouault , poêlier	10,679.	3.	».
Pierre-Nicolas Simonnet , commis au commiffariat général.	2,351.	1.	».
Marie-Jofeph Mautgué , régiffeur de la pourvoirie	133,207.	4.	3.
François-Charles Bazin , fayancier	20,185.	19.	».
Jean - Robert Galleran & Anne-Urbin Galleran , entrepreneurs des charrois	154,922.	14.	».
Total de cette partie de l'arriéré de la chambre aux deniers.	443,199.	4.	11.

Fourniffeurs & perfonnes attachées au fervice de la maifon du Roi.

Au fieur Tulleberg , poêlier	386.	8.	».
Au fieur Maffon , l'un des paumiers du Roi	4,000.	».	».
Au fieur Pajou , fculpteur , en deux ordonnances	2,000.	».	».
Au fieur de Bonnaire , & aux quinze autres valets de chambre du Roi,			

dénommés dans un état particulier joint aux empliations de deux
ordonnances du 31 décembre
1788 & premier janvier 1789.   11,700l f d

A Elifabeth - Louife Lenoir de
Soucy, fous-gouvernante des en-
fans de France.   2,000.   »   »

A la dame Mackau , fous-gouver-
nante des enfans de France.   1,875.

A la dame Mackau de Soucy , fous-
gouvernante des enfans de France.   1,875.

Total de cette partie de l'arriéré
due aux fourniffeurs & perfonnes

attachées au fervice du roi.   23,836.   8.   »

*Arriéré du paiement de la conftruction des écuries de M. d'Ar-
tois , fuivant les ordonnances fignées du Roi & contrefignées
Guignard , pour travaux faits de 1773 à 1789.*

A Hunont , couvreur.   23,478. 10   »
Bertholini , poêlier.   300.   »   »
Delor charpentier.   6,216.   6. 10.
Doueftan , tourneur.   61. 15.   »
De Bœuf , ferblantier.   131.   9.   5.
Lefcartes , couvreur.   1,000.   »   »
Mauffel , menuifier.   1,000.   »   »
Corbel , marbrier.   1,783.   5.   6.
Chevalier, peintre d'impreffion.   1,193. 14.   »
Le Clerc , menuifier.   5,400.   »   »
Héritiers Houet , peintre d'impreffion.   7,977. 19.   »
Perrant , maçon.   3,500.   »   »
Brian , charpentier.   1,000.   »   »
Jacquin , ferrurier.   18,000.   »   »
Jallaquier , vitrier.   2,000.   »   »
Lucas & Gondouin , plombiers.   9,000.   »   »
Brunet freres , maçons.   26,000.   »   »
Jubault , ferrurier.   8,500.   »   »

Total de cette partie de l'arriéré de

la conftruction des écuries d'Artois.   116,542. 19.   9.

SECOND ÉTAT.

Arriéré des ponts & chauffées. 1789.

GENERALITÉ DE METZ.

A Claude-Louis Trouffey & Compagnie.	1,365. l. 2. f. ». d
Jacques-Antoine Fifcal.	645. 16. 5.
Jean-Pierre Jaunez.	15,275. 1. 6.
Louis Drefch.	5,135. 13. 8.
Jean-Pierre Jaunez 2°.	3,186. 12. 9.
Claude Lallemand	1,123. 16. 8.
Silveftre Jaunez.	1,490. » »
Dominique Vagues.	800. » »
Jean Pierre Calabrerre.	4,727. 8. 3.
Paul Mefquin.	1,477. 11. »
Jacques-Antoine Fifcal 2°.	1,974. » »
Nicolas Doify.	155. » »
Jean-Pierre Jaunez 3°.	2,599. 10. »
Paul Mefquin 2°.	1,328. 19. »
Jean Pierre Jaunez 4°.	3,946. 7. 8.
Jean-Pierre Calabrerre 2°.	12,703. 8. 11.
Total dans la généralité de Metz.	57,934. 7. 10.

PORT DE DUNKERQUE.

A Louis le Quefne, François Louvet & Compagnie.	833 l. 6 f. d
Somme par foi.	

GENERALITÉ DE NANCY.

A Louis Breg.	1,620. 7. »
Louis Georgin.	6,123. 12. 4.
Louis Breg 2°.	4,474. 3. 5.
Jean-Baptifte Henrion.	10,246. 4. 7.
Chriftophe Arnould.	2,863. 2. 7.
Michel Carbonnard.	2,370. 15. 6.

Claude

Claude-Antoine Marc.	540.l.	9.f.	7.d
Louis Breg 3°.	2,822.	14.	6.
Claude-Antoine Marc 2°.	1,202.	15.	4.
Jean Maugin.	2,986.	4.	9.
Michel Carbonnard 2°.	1,306.	5.	4.
Le même 3°.	4,043.	17.	9.
Louis Breg 4°.	5,870.	4.	»
Honoré François.	99,909.	13.	8.
Jean-Baptiste Henrion 2°.	4,017.	4.	3.
Le même 3°.	571.	7.	10.
Claude-Antoine Marc 3°.	502.	14.	10.
Michel Carbonnard 4°.	444.	13.	4.
Christophe Arnould 2°.	1,572.	6.	».
Jean Maugin 2°.	337.	13.	6.
Honoré François 2°.	1,047.	6.	3.
Le même 3°.	2,800.	»	»
François Parmentier.	4,286.	2.	6.
Jacques Vivenot.	1,201.	11.	3.
Nicolas Flamerion.	3,880.	16.	7.
Jean Maugin 3°.	1,910.	7.	8.
Richard Pierson.	1,280.	»	»
Jean-Baptiste Henrion 3°.	945.	2.	7.
Total de la généralité de Nancy.	**171,177.**	**16.**	**11.**

TOURS.

Turcies & Levées.

A Léonard Perault.	88,187.	3.	7.
Pierre Barais.	57,692.	16.	5.
Louis Hubert.	28,024.	3.	4.
Michel Bouchet , subrogé à François Cordier.	44,225.	14.	4.
Jean-Jacques Maupassant.	53,312.	14.	11.
Joseph Moreau.	159,052.	15.	6.
François de Rouel.	24,236.	5.	10.
François Villedier.	20,878.	17.	1.
Jean Ripault.	2,774.	5.	»

Partie X.   D

ORLEANS.

	l.	s.	d.
A Edme Moreau.	5,010	14	11
Benoît le Brun.	34,749	1	»
Dyé Gendrier.	312	13	4
Simon Auriouſt.	5,521	14	7
Charles Gendrier.	4,425	11	2
Edme Moreau , 2°. ſubrogé à Gabriel Bancheton.	3,366	13	6
Dyé Gendrier 2°.	758	1	1
Le même 3°.	4,972	8	»
Benoît le Brun 2°.	20,035	13	»
Charles Gendrier.	817	7	»
Antoine Beguin.	4,828	16	6
Dyé Gendrier 4°.	1,210	2	»
Edme Moreau 3°.	7,084	18	3
Benoît le Brun 3°.	22,353	16	9
Le même 4°.	9,559	8	11

MOULINS.

	l.	s.	d.
François Conſſoy.	8,898	11	7
Paullin de Bauville.	16,676	8	3
Antoine Beguin.	10,709	1	»

BOURGES.

	l.	s.	d.
Héritiers Pierre Frochot.	7,513	2	8
Gabriel Baucheton.	8,860	2	5
Total de l'arriéré des Turcies & Levées.	656,049	1	11

Addition aux états de l'arriéré de la généralité de Paris.

	l.	s.	d.
A André Orfray.	7,641	4	11
François Prévoſt.	70,895	14	7
Lécluze.	131,731	9	2

Chéradame.	64,088 l. 6 f. 1. d.
Total de l'addition.	274,356. 14. 9.

Arriéré des dépenses du jardin du Roi, faites fous l'inten-
dance de M. de Buffon.

Au fieur Biard, paveur.	23,405. 2. 10.
Connétable, carrefeur.	2,513. 12. ".
Cottini, poêlier.	12,818. 6. ".
Damas, menuifier.	35,840. 10. 9.
De la Planche, fculpteur.	4,304. 2. 10.
Farey, plombier.	20,203. 6. 2.
Forget, toifeur.	1,152. 15. ".
Gaudelet, couvreur.	9,417. 17. 1.
Jérôme, vitrier.	12,340. 6. 11.
Pecquerié, peintre.	11,787. 8. 2.
Thury, fondeur.	9,358. 7. 4.
Tirel, charpentier.	155,962. 9. 10.

Total de cette partie de l'arriéré du jardin du Roi.	299,104. 4. 11.

Remboursement de droit d'échange.

Aux fieur & dame de Vintimille, repré-fentant les fieur & dame Delys, & la dame la Jaune.	550.	"	"
Poret Blaffeville.	300.	"	"
Comblet.	150.	"	"
Louis le Couteulx.	700.	"	"
Defcorches.	150.	"	"
Dame de Béringhen.	200.	"	"
Rondel, fubrogé au fieur Guiranne.	200.	"	"
La Borde de Méreville, fubrogé aux fieurs de Fourcy & Micault d'Harvelay.	900.	"	"
Defplanches.	250.	"	"
Vergniol.	450.	"	"
Viou.	400.	"	"
Baugy.	200.	"	"

Du Buquet, repréſentant Pierre-Paul Coignet.	150. l.
Roſtaing.	200.
Ayant cauſe de Trudaine.	1,000.
Segunt Brillac.	350.
Bourienne.	150.
Ayant-cauſe Bignon.	250.
Guillebon, en rapportant par lui les originaux de ſes quittances de finance, dûment déchargées du contrôle général.	250.
Rouvière.	990.
Frottier de la Meſſelière.	540.
Deſperriers.	60.
Bremontier des Haut-champs.	150.

Total des rembourſemens des droits d'échange.	8,540.

Engagement du domaine de Pujandran.

A Jean-François-Michel Polaſtron la Hillière, pour rembourſement de ſa finance dudit engagement, la ſomme de trois mille ſix cents liv.   3,600. l.

Avec les intérêts, à compter du premier janvier 1789, à la charge, par tous les dénommés aux deux états ci deſſus, de ſe conformer aux loix de l'état pour l'obtention des reconnoiſſances de liquidation & mandats ſur la caiſſe de l'extraordinaire.

Mandons, &c. *Signé* LOUIS. *Et plus bas*, M. L. F Duport. Et ſcellées du ſceau de l'Etat.

Loi relative au paiement de diverses sommes, pour entre-prises & travaux, faisant partie de l'arriéré du départe-ment des ponts & chauffées.

Donnée à Paris, le premier avril 1791.

LOUIS, par la grace de Dieu, & par la loi conftitu-tionnelle de l'Etat, Roi des Français : à tous préfens & à venir ; falut. L'Affemblée nationale a décrété, & nous voulons & ordonnons ce qui fuit :

Décret de l'Affemblée nationale, du 27 mars 1791.

L'Affemblée nationale, ouï le rapport de fon comité central de liquidation, qui a rendu compte des vérifica-tions de faits & rapports faits par le directeur général de la liquidation, décrète qu'en conformité de fes précé-dens décrets fur le rembourfement de la dette de l'état, il fera payé, pour les caufes qui vont être déterminées, aux perfonnes qui feront pareillement dénommées, les fommes fuivantes: favoir.

1°. Pour entreprifes & travaux dans les ponts & chauf-fées, faifant partie de l'arriéré du département des ponts & chauffées des ci-devant généralités.

De Paris.

	l.	f.	d.
A Léonard le Grand . . .	106,601	9	10
Jean Beziers	25,203	5	11
Charles Lefueur . . .	1,446	3	1
Edme Raimont . . .	4,327	15	10
Renault Lombart . . .	26,644	5	8
Denis Drouet . . .	7,225	12	0
Bernard Riobé . . .	3,813	8	9
Pierre Doberefle . . .	35,903	6	6
Etienne Pefcheux . . .	122,954	8	3
Laurent Marchant . . .	26,701	12	1
Bernard Duplan . . .	21,641	5	5
Jean Millet	40,602	15	9

D iij

	l.	s.	d.
Mammés Moreau	21,381	15	4
Raphaël Maillefert	15,114	3	0
Claude-Joseph Durandeau	11,968	18	8
Pierre le Tellier	343,446	13	0
Jacques-Clément Fromentin } Adrien Laversine	43,560	12	5

Total dans la ci-devant généralité de Paris . **858,517 11 6**

De Soissons.

	l.	s.	d.
A Nicolas le Tellier	2,245	9	11
Joseph Douet	80	16	11
Roch Rello	6,438	15	9
Antoine-René Houlliez	237	10	5
Guillaume Douet	19,417	12	7
Jean-Baptiste Guilbert	879	5	9
Pierre le Tellier	822	19	8

Total dans la ci-devant généralité de Soissons **30,322 11 0**

D'Amiens.

	l.	s.	d.
A Jean-Baptiste Racine	34,454	0	4
Jacques-Louis Hue	69,061	0	11
Charles Papin	114,013	16	6
Roch-Lubin Hardouin	14,954	13	8
Benoît Lebrun	25,840	17	2
Charles-Jean Driez	2,530	4	1

Total dans la ci-devant généralité d'Amiens **260,854 12 4**

De Bourges.

	l.	s.	d.
A Christophe-Félix le Fevre	1,009	5	0
Louis le Seve	2,861	18	10

	l.	s.	d.
Pierre-Denis Baucheton	907	17	6
Nicolas Bonneau	14,067	10	1
Total dans la ci-devant généralité de Bourges	18,846	11	5

De Lyon.

	l.	s.	d.
A Pierre Martin	200	0	0
André Porte	1,144	0	0
Joseph Cazié	930	0	0
François Vicart	2,723	6	4
Pierre Rochebillard	3,475	1	0
Jean Perpinet	5,538	0	0
Fleuri David	750	0	0
Antoine Tollet	156	0	0
Pierre Chalard	666	0	0
Benoît Chibolard	311	16	9
Jean Poze	1,190	0	0
Simon Flandre	375	0	0
Antoine Perragu	1,800	0	0
Jean-Baptiste Bourriez, 1°.	3,918	0	0
Antoine Tollet	1,367	12	3
Jean-Baptiste Bourriez, 2°.	942	0	0
Misson	424	0	0
Buisson	62	0	0
Roche	20	5	0
Jean-Baptiste Bourriez, 3°.	4,289	0	6
Forrobert	3,651	1	4
Benoît Chibolon, pour ne toucher cette partie qu'en présence ou du consentement de Perragu	85	8	0
Joseph Crose, pour ne toucher que sous la même condition	78	13	0
Gaude Mourot	56,453	5	3
Jean	837	0	0
Rompa	17,977	8	0
Total dans la ci-devant généralité de Lyon	109,364	17	5

De la Rochelle.

A Jean Pollin, 1°. . . . . . . 1,214 l. 14 f. 4 d
Pierre-François Ravel 2,764 0 0
Mathieu Boucheron, 1°. 2,417 0 0
Mathieu Boucheron, 2°. 174 18 10
Jean Mouzilleau 471 19 0
Mathieu Boucheron, 3°. 998 18 0
Auguftin Chaurot 955 12 8
Jean Pollin, 2°. 2,710 8 4
Jean Pollin, 3°. 5,323 2 1
Jean Pollin, 4°. 742 8 0
Henri Tourneur, 1°. 17,878 10 1
Henri Tourneur, 2°. 31,776 16 5

Total dans la ci-devant généralité de la
Rochelle 67,418 15 9

De Moulins.

A Antoine Defcombes, 1°. . . . 4,170 4 3
Etienne Moulins 221 14 5
Antoine Defcombes, 2°. 734 15 4
Jean-Antoine Foulon de Bauville, 1°. 915 0 0
Jean-Antoine Foulon de Bauville, 2°. 4,142 2 4
Philippe Moret 671 7 2
Antoine Defcombes, 3°. 188 11 1

Total dans la ci-devant généralité de
Moulins 21,043 14 7

De Riom.

A Jacques Delmat 25,101 13 10

De Limoges.

A François Alluau 51,079 12 8

Total général 1,432,550 0 6

2°. Pour remboursement de greffes domaniaux engagés, savoir ;

A Philippe-Louis Rousseau & consorts, pour les greffes du ci-devant bailliage & siége présidial de Laon, quatre-vingt-trois mille deux cent vingt-deux livres dix-sept sous quatre deniers, ci . . 83,222 l. 17 s. 4 d.

Avec les intérêts à cinq pour cent, à compter du premier janvier dernier.

A Alexandre Louis-François de Bayser, pour le greffe du ci-devant bailliage de Lille, la somme de quarante-un mille cinq cent dix-neuf livres huit sous trois deniers, ci . . . . 41,519 l. 8 s. 3 d.

Avec les intérêts à cinq pour cent, à compter du 8 mars présent mois.

3o. Pour remboursement de quittances de finances de droit d'échange acquis du roi, supprimé par décret du 3 mai 1790, sanctionné le 9 du même mois, remboursable au terme de l'article LVIII dudit décret, la somme de quatre mille neuf cents livres.

SAVOIR :

A M. de Bacqueville, pour les droits d'échange à Bacqueville, la somme de sept cents livres . . .   1.   700

Pour les droits d'échange à Gonneville, cinquante livres, ci . . . 50

Pour les droits d'échange à Cottenvrare, deux cent cinquante livres, ci . . 250

Pour les droits d'échange à la Salle, cinquante livres, ci 50

Avec les intérêts desdites sommes, à compter du 5 février dernier.

A Claude de Guiry, pour les droits d'échange à Guiry & au Percher, cent cinquante livres, ci 150

Avec les intérêts, à compter du 8 février dernier.

A Antoine-Pierre de la Mouche, à cause de Magdeleine Thoré, sa femme, pour les droits d'échange à Charonne, trois cents livres, ci 300

Avec les intérêts, à compter du 28 février dernier.

A M. de Mathan, à cause des droits d'échange à Auffray & fiefs en dépendans, la somme de six cents livres, ci . . . . 600 l.

Avec les intérêts, à compter du 25 janvier dernier.

A MM. de Bernardin & Anne-Louis de Mathan, pour les droits d'échange à Mathan, Longvilliers & fiefs en dépendans, la somme de deux cent cinquante livres, ci . . . 250

Avec les intérêts, à compter du 25 janvier dernier.

A M. Gachet, cessionnaire de M. Viart de Pimel, pour les droits d'échange à Argentenay & au Coin, la somme de cent cinquante livres, ci 150

Avec les intérêts, à compter du 21 janvier dernier.

A Pierre-Charles-Laurent de Villedeuil, étant aux droits de la demoiselle de Viatart, pour les droits d'échange à Villemenou & Bombon, la somme de cent livres, ci . 100

Avec les intérêts, à compter du 21 janvier dernier.

A Elisabeth-Pauline Gandmerodes de Montmorency, femme de M. Brancas Lauraguais, étant aux droits de feu maréchal d'Isenghien, pour les droits d'échange à Lassigny, trois cents livres, ci 300

Avec les intérêts, à compter du 21 janvier dernier.

A Pierre-Robert le Roux d'Enneval, pour les droits d'échange à Grenouville, deux cent cinquante livres, ci. 250

Au même, pour les droits d'échange à Cailleville, mille livres, ci. . . 1,000

Au même, pour les droits d'échange à Acquigny, trois cents livres, ci . . 300

Avec les intérêts desdites sommes, à compter du 21 février dernier.

A François-Antoine de Courcy-Montmorin,

(59)

pour les droits d'échange à Magny-la-Cam-
pagne, ci . . . . 100 l.

Avec les intérêts, à compter du 21 janvier
dernier.

A M. Duret, pour les droits d'échange à
Laplane, la somme de cent cinquante livres,
ci 150

Avec les intérêts, à compter du 4 février
dernier.

A M. Toustain, à cause des droits d'échange
à Canappeville, la somme de deux cents livres,
ci 200

Avec les intérêts, à compter du 29 janvier
dernier.

Total. 4,900

4°. Pour remboursement d'un droit de golnée à Valenciennes, cédé à titre d'engagement par le Roi, le 14
janvier 1712, moyennant la somme de vingt mille cinq
cents livres, liquidé à la même somme par arrêt du conseil
du 3 avril 1782, supprimé par décret de l'Assemblée
nationale du 15 mars 1790, sanctionné le 28, & dont
le remboursement a été ordonné par l'article XXXVI
dudit décret, à Charles-Antoine Remont d'Arzincourt,
la somme de vingt mille cinq cents livres, avec les intérêts, à compter du 17 février dernier. A l'égard du surplus des sommes réclamées par ledit Remont, à cause de
la suppression du droit de golnée, l'Assemblée déclare,
en conformité de l'article XXVI dudit décret du 22
novembre dernier, sanctionné le premier décembre suivant,
n'y avoir lieu à payer lesdites sommes.

5°. Pour remboursement d'office de payeur des rentes
à François-Hilaire Bouron, fils, héritier de François
Bouron, la somme de cent mille livres, restante à payer
de la finance de l'office de payeur des rentes, supprimé
par édit du mois de mai 1772.

6°. Pour remboursement de quittances de finance ou
brevets de retenue de commissaires des guerres & autres,
savoir :

A Alexandre-Denis-Joseph de Pujol de Mortry, ci-
devant commissaire des guerres, la somme de soixante
& dix mille livres, pour le montant d'un brevet de retenue

fur fa charge de commiſſaire des guerres , aujourd'hui fupprimée , avec les intérêts , à compter du 2 mars préſent mois.

A Jean-Etienne Fombert de Villers , ci-devant commiſſaire des guerres , pour même cauſe que le précédent , pareille fomme de foixante & dix mille livres , avec les intérêts , à compter du 7 mars préſent mois.

A Jean-François-Eliſabeth Sutaine , comme ci-devant commiſſaire des guerres , pour même cauſe que les précédens , pareille fomme de foixante & dix mille livres , avec les intérêts , à compter du 26 février dernier.

A Daniel Augier du Rouſſeau , étant aux droits de Pierre-Etienne Augier de la Jallet , ci-devant commiſſaire des guerres , pour même cauſe que les précédens , pareille fomme de foixante & dix mille livres , avec les intérêts , à compter du 23 février dernier.

A Charles-Eugène-Gabriel de la Croix de Caſtries , maréchal de France , la fomme de deux cent vingt-cinq mille livres , pour le montant du brevet de retenue à lui accordé le 20 avril 1788 fur le gouvernement général de la Flandre & du Hainaut , avec les intérêts , à compter du 26 janvier dernier.

A Marie-Louis de Caillebot de la Salle , la fomme de cent mille livres , avec les intérêts , à compter du 17 janvier dernier , pour le brevet de retenue à lui accordé le 15 juin 1752 , fur le gouvernement lieutenance générale de la haute & baſſe-Marche. A l'égard d'un ſecond brevet de retenue accordé au même fur le même gouvernement , le 8 mai 1759 , pour la fomme de vingt-cinq mille livres , l'Aſſemblée déclare n'y avoir lieu à aucune indemnité pour ledit brevet.

A Louis-Hercule-Timoléon de Coſſé-Briſſac , la fomme de cent mille livres pour le montant d'un brevet de retenue à lui accordé le 12 février 1775 , fur le gouvernement lieutenance générale de la ville , ci-devant prévôté & vicomté de Paris , avec les intérêts , à compter du 8 février dernier.

Seront , les intérêts ci-deſſus alloués , payés à raiſon de cinq pour cent , ſous la déduction des impoſitions ; & feront les paiemens , tant des capitaux que des intérêts faits à chacun des ſuſnommés , à la charge par eux de ſe conformer aux loix de l'Etat , tant pour obtenir leur reconnoiſſance de liquidation, que pour obtenir les mandats ſur la caiſſe de l'extraordinaire.

A l'égard de la ſomme de cent mille livres réclamée par Louis-Jules Barbon Mazarini-Mancini, ci-devant duc de Nivernois, pour indemnité d'un brevet de retenue à lui accordé le 12 octobre 1768, ſur le gouvernement lieutenance générale du duché de Nivernois, l'Aſſemblée déclare, en conformité de l'article III du décret du 24 novembre dernier, ſanctionné le premier décembre ſuivant, n'y avoir lieu au paiement de ladite indemnité.

Mandons, &c. *Signé* Louis. *Et plus bas*, M. L. F. *Duport*. Et ſcellées du ſceau de l'Etat.

Loi relative à la tréſorerie nationale.

Donnée à Paris, le 17 avril 1791.

Louis, par la grace de Dieu, & par la loi conſtitutionnelle de l'Etat, Roi des Français : à tous préſens & à venir ; ſalut. L'Aſſemblée nationale a décrété, & nous voulons & ordonnons ce qui ſuit :

Décret de l'Aſſemblée nationale, du 14 avril 1791.

L'Aſſemblée nationale décrete que l'établiſſement formé par le décret des 10 & 27 mars dernier, pour la réunion de toutes les recettes & de toutes les dépenſes, portera à l'avenir le nom de tréſorerie nationale.

Mandons, &c. *Signé* Louis. *Et plus bas*, M. L. F. *Duport*. Et ſcellées du ſceau de l'Etat.

Loi relative aux invalides.

Donnée à Paris , le 17 avril 1791.

Louis, par la grace de Dieu , & par la loi conſtitutionnelle de l'Etat, Roi des Français: à tous préſens & à venir;
ſalut. L'Aſſemblée nationale a décrété, & nous voulons &
ordonnons ce qui ſuit :

Décret de l'Aſſemblée nationale , du 28 mars 1791.

L'Aſſemblée nationale décrete ce qui ſuit :

ARTICLE PREMIER.

Il ne ſera reçu déſormais à l'hôtel des invalides , conformément à l'édit de création , que des militaires qui
auroient été eſtropiés ou qui auroient atteint l'âge de caducité , étant ſous les armes au ſervice de terre ou de
mer , & qui n'auroient d'ailleurs aucun moyen de ſub-
ſiſter.

Ceux qui ſont actuellement à l'hôtel ſeront les maîtres
d'y reſter ; ceux qui voudront en ſortir auront pour pen-
ſion de retraite, ſavoir :

	l.	ſ.	d.
Les lieutenans-colonels.	1,200	»	»
Les commandans de bataillons.	1,000	»	»
Les capitaines.	800	»	»
Les lieutenans.	600	»	»
Les maréchaux-des-Logis en chef.	422	3	4
Tous les ſous-officiers.	300	10	»
Tous les ſoldats.	227	10	»

II. L'état-major de l'hôtel eſt ſupprimé ; l'adminiſtration ſera réformée. Le comité militaire préſentera inceſſamment ſes vues ſur cet objet , ainſi que ſur les
moyens de conſerver quelques compagnies détachées de
vétérans.

Mandons , &c. *Signé* Louis. *Et plus bas,* M. L. F.
Duport. Et ſcellées du ſceau de l'Etat.

Loi relative au respect dû aux juges & à leurs jugemens.

Donnée à Paris, le 17 avril 1791.

LOUIS, par la grace de Dieu, & par la loi constitutionnelle de l'Etat, Roi des Français : à tous présens & à venir ; salut. L'Assemblée nationale a décrété, & nous voulons & ordonnons ce qui suit.

Décret de l'Assemblée nationale, du 28 février 1791.

L'Assemblée nationale décrete ce qui suit :

ARTICLE PREMIER.

La souveraineté étant une, indivisible, & appartenant à la nation entiere, aucune administration de département ou de district, aucune municipalité, aucun tribunal, aucune commune ou section de commune, aucune assemblée primaire ou électorale, non plus qu'aucune section du peuple ou de l'empire, sous quelque dénomination que ce soit, n'a le droit & ne peut exercer aucun acte de souveraineté ; mais chaque citoyen à le droit de pétition, dont il pourra faire usage suivant les formes qui sont ou qui seront décrétées.

II. Les citoyens qui assisteront aux audiences des juges de paix, à celles des tribunauux de districts, des tribunaux criminels, de ceux de police & de commerce, se tiendront découverts, dans le respect & le silence. Tout ce que les juges ordonneront pour le maintien de l'ordre sera exécuté ponctuellement à l'instant même.

III. Si un ou plusieurs des assistans interrompent le silence, donnent des signes publics d'approbation ou de désapprobation, soit à la défense des parties, soit au jugement, causent ou excitent du tumulte de quelque maniere que ce soit ; & si, après l'avertissement des huisfiers , ils ne rentrent pas dans l'ordre fur le champ , il leur fera enjoint de fe retirer ; & dans le cas où quelqu'un oppoferoit à cette injonction la moindre réfiftance , les réfractaires feront faifis auſſitôt , & dépoſés dans la maiſon d'arrêt , où ils demeureront vingt-quatre heures.

IV. Si quelques mauvais citoyens oſoient outrager ou menacer les juges ou les officiers de juſtice dans l'exercice de leurs fonctions , les juges feront faifir à l'inſtant les coupables , qui de fuite feront dépoſés dans la maiſon d'arrêt. Les juges les interrogeront publiquement dans les vingt-quatre heures , & pourront les condamner , par voie de police correctionnelle juſqu'à huit jours de détention , felon la nature des circonſtances.

V. Si les outrages étoient d'une telle gravité qu'ils méritaſſent peine afflictive ou infamante , les coupables faifis & interrogés dans les vingt-quatre heures , feront renvoyés dans la maiſon d'arrêt , pour fubir les épreuves de l'inſtruction criminelle ; & s'ils font convaincus , ils feront punis felon toute la rigueur des loix.

VI. Les aſſemblées délibérantes des municipalités & des adminiſtrations, s'il s'y trouve quelques aſſiſtans étrangers, exerceront dans le lieu de leurs féances les mêmes fonctions de police qui viennent d'être attribuées aux juges. Après avoir fait faifir les perturbateurs , aux termes des articles III & IV ci-deſſus , les membres de ces aſſemblées dreſſeront procès-verbal du délit , & le feront parvenir au tribunal qui fuivra , pour l'interrogatoire & le jugement , ce qui eſt preſcrit dans les articles IV & V.

VII. Toute rebellion des citoyens , avec ou fans armes , contre l'exécution des mandemens de juſtice , faifies , exécutions , ordonnances de priſe de corps , contraintes par corps autorifées par la loi , & ordonnées par jugement ou mandement de juſtice , toute violence exercée & tout mouvement populaire excité contre les officiers municipaux, adminiſtrateurs, juges, officiers miniſtériels , dépoſitaires de la force publique en fonctions , feront pourfuivis contre les prévenus par la voie criminelle , & punis felon toute la rigueur des loix.

VIII.

VIII. Les officiers ministériels chargés de l'exécution des jugemens, mandemens, saisies, ordonnances & contraintes par corps contre un citoyen, lui présenteront une baguette blanche, en le sommant d'obéir. Aussitôt après l'apparition de ce signe de la puissance publique, toute résistance sera réputée rebellion.

IX. Si les fonctionnaires publics, ou officiers ministériels d'exécution, sont insultés, menacés, ou attaqués dans l'exercice de leurs fonctions, ils prononceront à haute voix ces mots : *Force à la loi.* A l'instant où ce cri sera entendu, les dépositaires de la force publique, & même tous les citoyens, sont obligés par la constitution de prêter main-forte à l'exécution des jugemens & contraintes, de régler leur action sur l'ordre de l'homme public, qui seul demeurera responsable.

X. Si un fonctionnaire public, administrateur, juge, officier ministériel d'exécution, exerçoit, sans titre légal, quelque contrainte contre un citoyen ; ou si même, avec un titre légal, il employoit ou faisoit employer des violences inutiles, il sera responsable de sa conduite à la loi, & puni sur la plainte de l'opprimé, portée & poursuivie selon les formes prescrites.

XI. Le présent décret sera lu & publié aux prônes de toutes les églises paroissiales & succursales, pendant trois dimanches consécutifs, par les curés, vicaires ou autres ecclésiastiques. Il sera solemnellement proclamé & affiché aux portes des églises, à l'entrée des maisons communes, dans les rues, carrefours & places publiques, par ordre des officiers municipaux. Il sera & demeurera affiché dans les auditoires de justice, de police & de commerce, dans les maisons des juges de paix, & dans les lieux d'assemblées des municipalités, conseils généraux des communes, administrations & directoires de département & de district. Il sera lu de nouveau, chaque année, aux prônes des paroisses, publié & affiché.

Mandons, &c. *Signé* Louis. *Et plus bas*, *M. L. F. Duport.* Et scellées du sceau de l'Etat.

PROCLAMATION du Roi, *pour le service des coches & voitures d'eau.*

Donnée à Paris, le 24 avril 1791.

Le Roi par l'article X de sa proclamation du 10 de ce mois, concernant le service des messageries, s'est réservé de pourvoir particuliérement au service des coches & voitures d'eau, ainsi qu'au bon ordre & à la police qui doivent y être observés pour la tranquillité & la sûreté des voyageurs. En conséquence, le Roi a ordonné & ordonne ce qui suit :

ARTICLE PREMIER.

Les dispositions de la proclamation du Roi, du 10 de ce mois, concernant le service des messageries nationales, seront également exécutées en tout ce qui est relatif au service des coches & voitures d'eau, & ce conformément aux décrets de l'Assemblée nationale, des 26 août 1790, 6 & 7 janvier 1791, sanctionnés par le Roi.

II. Le tarif des places & du transport des marchandises dans les coches & voitures d'eau, fixé par lesdits décrets & annexé à ladite proclamation du 10 de ce mois, sera également annexé à la présente proclamation.

III. Le prix des places & du transport des marchandises sera proportionnel pour les distances intermédiaires comptées par eau entre Paris & les villes d'Auxerre, Montargis & Nogent-sur-Seine ; & attendu les fractions de deniers qui résultent de ce prix proportionnel, calculé par lieue, il sera fixé à deux sous six deniers pour les voyageurs, par lieue, & à un sou six deniers pour le quintal des marchandises aussi par lieue. Il sera joint à la suite du tarif mentionné en l'article précédent, un tableau de développement dudit tarif, indicatif de ce qui sera à payer par les voyageurs & pour les marchandises pour toutes les distances intermédiaires entre Paris & les villes d'Auxerre, Montargis & Nogent-sur-Seine.

IV. Accepte sa majesté l'offre faite par les sous-fermiers de la haute & basse Seine, de réduire les prix fixés par les tarif & tableau annexés à la présente proclamation, en faveur des nourrices, soldats, mariniers, moissonneurs, & ouvriers sarcleurs. En conséquence, & du consentement volontaire desdits sous-fermiers, il sera ajouté au tableau ci-dessus désigné, un tarif particulier du prix des places pour les nourrices, soldats, mariniers, moissonneurs & ouvriers sarcleurs. Sont compris seulement sous le nom de soldats, les militaires soldés & faisant partie des troupes de ligne.

V. Les voitures d'eau seront soumises à la visite des experts nommés par la municipalité de Paris, pour les voitures dont le départ est fixé à Paris, & par les municipalités des lieux de départ pour les autres voitures d'eau, afin d'assurer leur solidité. Elles seront distribuées de maniere que les voyageurs y trouvent toutes les commodités nécessaires. Elles seront conduites par des hommes expérimentés, certifiés capables & en nombre suffisant, avec les chevaux nécessaires pour remonter les rivieres.

VI. Aucuns bateaux, coches & voitures d'eau ne pourront être employés par les sous-fermiers, qu'ils ne soient de bon échantillon, de longueur & largeur suffisantes, & qu'ils n'aient été reconnus bons & en bon état, par procès-verbal fait par les personnes commises à cet effet.

VII. Les sous-fermiers auront dans chaque coche un commis reçu à serment, à l'effet de dresser procès-verbal dans les cas nécessaires, lequel procès-verbal devra être signé de deux autres personnes, soit voyageurs ou mariniers; & il en sera remis copie au fermier général des messageries nationales, pour en référer au directoire des postes en tant que de besoin.

VIII. Les sous-fermiers seront tenus d'avoir leurs bateaux & coches prêts aux jours fixés pour leur départ au port hors Tournelle, affecté à l'exploitation desdits

coches, pour y recevoir les personnes qui se présense-
ront pour y entrer, savoir, depuis le soleil levant jusqu'à l'heure à laquelle ils doivent démarer. Ils seront
tenus aussi d'avoir des planches larges au moins d'un pied
& demi sur trois pouces d'épaisseur & d'un seul plat-
bord, portées sur des tréteaux depuis le bord de la riviere jusqu'à leurs bateaux & coches, pour l'entrée &
la sortie de ceux qui se serviront desdits coches & bateaux ; & ils ne pourront démarer qu'après avoir retiré
ou jeté bas lesdites planches. Il est défendu très-expres-
sément à toutes personnes, hors les commis & mariniers des coches & bateaux, d'ôter lesdites planches ;
& à tout gagne-denier ou fort, d'aller au-devant des
coches, & d'y entrer sans être appelés par les commis
desdits coches.

IX. Les sous fermiers auront des registres en bonne
forme, sur lesquels ils inscriront les marchandises ou
hardes qui leur seront données à voiturer, & ils en
demeureront responsables en cas de perte ou d'avarie,
conformément aux articles du bail général des messageries
nationales, & à la proclamation du Roi, du 10 de ce
mois.

X. Lesdits sous-fermiers auront un nombre suffisant de
gagne-deniers ou forts, pour le service du chargement
& déchargement, soit de terre à bateau, soit de bateau à terre ; & ils observeront de charger lesdits bateaux
& coches, de maniere à ce que les voyageurs & pas-
sagers ne courent aucun danger.

XI. Les sous-fermiers jouiront comme en ont joui ou
dû jouir ceux qui les ont précédés, des ports & terrains vagues sur le bord des rivieres qui seront nécessaires à leur exploitation, sans toutefois y causer ni em-
barras ni dégradation.

XII. Il est défendu de faire aucun tumulte ni bruit
dans les coches, d'y jurer ou tenir des conversations mal-
honnêtes, d'y chanter des chansons obscenes, enfin
d'y rien dire ou rien faire de contraire à la décence,
d'y jouer à aucuns jeux, de fumer dans les chambres
des coches, ni sur le tillac, à cause du danger du feu.

XIII. Les foldats, ou autres perfonnes ayant des armes, feront tenus avant d'entrer dans les coches de les dé-pofer entre les mains des commis defdits coches, qui les enfermeront & donneront un numéro pareil à celui qui fera attaché à chaque arme, & elles ne feront ren-dues à ceux qui les auront dépofées, que lorfqu'ils quit-teront le coche, & fur le vu du numéro qu'ils auront reçu.

XIV. Aucune perfonne ne pourra s'introduire dans les coches ou bateaux, fous prétexte d'y vendre & débiter des marchandifes, merceries ou comeftibles, à moins qu'elle ne foit avouée & agréée par les fermiers ou commis des coches.

XV. Les fous-fermiers des voitures par eau fe con-formeront de plus dans tout ce qui pourra les concerner, aux articles de la proclamation générale du Roi, du 10 de ce mois.

Tarif pour les voitures d'eau.

Le prix des places de Paris à Auxerre, fera réduit à fept livres dix fous, au lieu de neuf livres fept fous fix deniers.

Le port du quintal à cinq livres, au lieu de neuf livres fept fous fix deniers.

Le prix des places de Paris à Montargis, fera réduit à quatre livres, au lieu de cinq livres un fou trois deniers.

Le port du quintal à deux livres quinze fous, au lieu de cinq livres un fou trois deniers.

Le prix des places de Paris à Nogent-fur-Seine, fera réduit à cinq livres dix fous, au lieu de fix livres dix-huit fous.

Le port du quintal à trois livres quinze fous, au lieu de fix livres dix-huit fous.

Le prix des places & du transport des marchandifes dans les autres voitures d'eau, ne fera point augmenté.

Le prix des places & du transport des marchandifes, fera proportionnel pour les diftances intermédiaires comp-tées par eau entre Paris & les villes d'Auxerre, Montargis & Nogent-fur-Seine.

E iij

Ce prix proportionnel , attendu les fractions qui en résultent , sera calculé par lieue pour les distances intermédiaires entre Paris & les villes d'Auxerre , Montargis & Nogent-sur-Seine , à deux sous six deniers pour les voyageurs.

Et à un sou six deniers pour le quintal des marchandises.

A Paris , ce vingt-quatre avril mil sept cent quatre-vingt-onze. *Signé* LOUIS. *Et plus bas , de Lessart.*

***

LOI qui autorise le directoire du département de la haute-Loire , à acquérir les bâtimens nécessaires à son établissement.

Données à Paris, le 27 avril 1791.

LOUIS, par la grace de Dieu , & par la loi constitutionnelle de l'Etat , Roi des Français: à tous présens & à venir ; salut. L'Assemblée nationale a décrété , & nous voulons & ordonnons ce qui suit :

Décret de l'Assemblée nationale , du 29 mars 1791.

L'Assemblée nationale , ouï le rapport de son comité d'emplacement , autorise le directoire du département de la haute-Loire à acquérir , aux frais des administrés , & dans les formes prescrites par les décrets de l'Assemblée nationale pour la vente des biens nationaux, la maison des Capucins de la ville du Puy , & le jardin potager en dépendant , ainsi que le tout est désigné au tracé qui restera joint à la minute du présent décret, pour y placer les corps administratifs , à la charge de louer le jardin au profit des administrés.

Mandons , &c. *Signé* LOUIS. *Et plus bas ,* M. L. F. *Duport.* Et scellées du sceau de l'Etat.

LOI relative à la dépense du culte pour l'année 1790, au traitement des ecclésiastiques pensionnés pour les six premiers mois de ladite année, & aux dépenses particulieres à l'année 1791, énoncées dans l'article IV du décret du 18 février dernier.

Donnée à Paris, le 27 avril 1791.

LOUIS, par la grace de Dieu & par la loi constitutionnelle de l'Etat, Roi des Français : à tous présens & à venir, salut. L'Assemblée nationale a décrété, & nous voulons & ordonnons ce qui suit.

Décret de l'Assemblée nationale, du 17 avril 1791.

L'Assemblée nationale, ouï le rapport de ses comités des finances & de la caisse de l'extraordinaire, arrête ce qui suit :

ARTICLE PREMIER.

La dépense du culte de l'année entiere 1790, & les six premiers mois de ladite année du traitement des ecclésiastiques pensionnés, seront payés par la caisse de l'extraordinaire, sur les revenus des biens ecclésiastiques & sur les dîmes de l'année 1790.

II. La caisse de l'extraordinaire fera l'avance des sommes qui seront nécessaires pour acquitter lesdits paiemens sans délai, sauf à les reprendre sur les revenus qui lui rentreront, & dont elle pressera le recouvrement ; en cas d'insuffisance desdits revenus, la caisse de l'extraordinaire y suppléera.

III. Les dépenses énoncées dans l'article IV du décret du 18 février dernier, sous le nom de dépenses particulieres à l'année 1791, seront remboursées au trésor public par la caisse de l'extraordinaire.

IV. L'Affemblée nationale fixera par un décret, au commencement ou dans le cours de chaque quartier, la fomme qui devra être verfée au tréfor public pour acquitter lefdites dépenfes.

Mandons, &c. *Signé* LOUIS. *Et plus bas*, *M. L. F. Duport*. Et fcellées du fceau de l'Etat.

LOI relative aux jurandes & maîtrifes.

Donnée à Paris, le 27 avril 1791.

LOUIS, par la grace de Dieu, & par la loi conftitutionnelle de l'Etat, Roi des Français : à tous préfens & à venir ; falut. L'Affemblée nationale a décrété, & nous voulons & ordonnons ce qui fuit.

Décret de l'Affemblée nationale, du 2o avril 1791.

L'Affemblée nationale décrete ce qui fuit :

ARTICLE PREMIER.

Dans un mois, à compter de la publication du préfent décret les fyndics des corps & communautés créés par l'édit d'août 1776, & autres fubféquens, formeront un état qui contiendra le nom & l'époque de la réception des particuliers qui compofent le premier tableau defdits corps & communautés, ou qui exercent en vertu de brevets dont la finance a été verfée au tréfor public, en obfervant de n'y point comprendre les maîtres qui ont renoncé à l'exercice de leur profeffion ou commerce avant le 1er. avril 1789. Cet état fera remis aux officiers municipaux qui, après l'avoir certifié, l'adrefferont au commiffaire du Roi, chargé de la liquidation de la dette publique.

II. Les particuliers qui ont obtenu des maîtrifes, & dont la finance a été verfée dans la caiffe de l'école gratuite de deffin à Paris, à la décharge du tréfor public, feront rembourfés dans les formes, & fuivant les proportions déterminées par les articles III & IV du décret du 2 mars qui abolit les jurandes.

III. La déduction du trentieme par année de jouissance, sur le prix des jurandes & maîtrises, dont le remboursement est ordonné par l'article IV du décret du 2 mars, n'aura lieu que jusqu'au 4 août 1789.

IV. Les particuliers habitant le faubourg Saint-Antoine de la ville de Paris, qui étoient autorisés à payer le prix de la maîtrise dans le cours de dix ans, seront remboursés des à comptes qu'ils justifieront avoir payés, en se conformant aux dispositions de l'article IV du décret du 4 mars.

Mandons, &c. *Signé* LOUIS. *Et plus bas*, M. L. F. *Duport.* Et scellées du sceau de l'Etat.

Loi relative à la contribution patriotique.

Donnée à Paris, le 27 avril 1791.

LOUIS, par la grace de Dieu, & par la loi constitutionnelle de l'Etat, Roi des Français : à tous présens & à venir salut. L'Assemblée nationale a décrété, & nous voulons & ordonnons ce qui suit :

Décret de l'Assemblée nationale, du 20 avril 1791.

L'Assemblée nationale considérant,

1°. Que parmi les dons qui ont précédé la contribution patriotique, plusieurs ont été faits en contrats de rentes sur l'état ; qu'en établissant la contribution patriotique, il a été permis à ceux qui avoient fait des dons de cette nature, de les offrir en paiement de la totalité ou de partie de cette contribution ;

2°. Que le plan de libération des dettes nationales a été en partie établi sur le produit de la contribution patriotique ; que cette contribution devient absolument nécessaire pour l'exécution de ce plan ;

3°. Que les circonstances, qui avoient fait exiger le

paiement en argent, ou en effets exigibles, de la contribution patriotique, ne font plus aussi impérieuses ; que déja
par cette raison les brevets de retenue & les décomptes anciens de pensions ont été admis, par décret du 23 janvier en paiement de cette contribution ;

4°. Qu'il est de l'intérêt de la nation d'en accélérer & faciliter le paiement, & d'employer tous les moyens qui
peuvent tendre à la libération des créances dont le trésor
national acquitte les intérêts annuels, décrete ce qui suit :

Les créanciers de rentes, employés sur les états de paiemens pour en recevoir annuellement les intérêts, pourront
les donner en paiement de leur contribution patriotique,
non-seulément pour les arrérages échus, mais encore pour
le montant des capitaux évalués sur le pied du produit net
du denier vingt de l'intérêt qu'ils produisent, en rapportant le certificat des payeurs desdites rentes, contenant le
montant des intérêts annuels & la preuve de leur valeur
parmi les rentes payées annuellement pour la nation.

Mandons, &c. *Signé* LOUIS. *Et plus bas, M. L. F.
Duport.* Et scellées du sceau de l'Etat.

---

*Loi additionnelle au décret du 12 mars, relatif à diverses dé-
penses à acquitter par la caisse de l'extraordinaire.*

Donnée à Paris, le 27 avril 1791.

LOUIS, par la grace de Dieu, & par la loi constitutionnelle de l'Etat, Roi des Français : à tous présens
& à venir ; salut. L'Assemblée nationale a décrété, &
nous voulons & ordonnons ce qui suit :

Décret de l'Assemblée nationale, du 12 mars 1791.

ARTICLE ADDITIONNEL

*Au décret du 12 mars, relatif à diverses dépenses à acquitter
par la caisse de l'extraordinaire.*

L'Assemblée nationale décrete ce qui suit :

Les sommes remboursées au trésor public par la caisse de l'extraordinaire, conformément au décret de ce jour, seront imputées sur les fonds qui seront demandés par le trésor public, pour les besoins du mois courant.

Mandons, &c. *Signé* LOUIS. *Et plus bas,* M. L. F. *Duport.* Et scellées du sceau de l'Etat.

LOI qui autorise le directoire du district de Luze, département de la haute-Saône, celui du département des hautes-Alpes, celui du district d'Evaux, département de la Creuse, celui de Saint-Maximin, département de la Creuse, & celui du Quesnoi, département du Nord, à louer les bâtimens nécessaires à leur établissement.

Donnée à Paris, le 27 avril 1791.

LOUIS, par la grace de Dieu, & par la loi constitutionnelle de l'Etat, Roi des Français: à tous présens & à venir; salut. L'Assemblée nationale a décrété, & nous voulons & ordonnons ce qui suit:

Décret de l'Assemblée nationale, du 20 avril 1791.

L'Assemblée nationale, ouï le rapport de son comité d'emplacement, autorise:

1°. Le directoire du district de Luze, département de la haute-Saône, à louer, pour deux ans seulement, aux frais des administrés, la maison canoniale qui étoit ci-devant occupée par l'abbé Daudelau, chanoine du chapitre de Luze, pour y placer le corps administratif du district. Excepte de la présente location, le jardin qui est derriere ladite maison, lequel sera loué séparément, & le prix du loyer versé à la caisse du district.

2°. Autorise le directoire du département des hautes-Alpes, à acquérir aux frais des administrés & dans les formes prescrites par les décrets de l'Assemblée nationale pour la vente des biens nationaux, la maison des jacobins, ainsi qu'elle est désignée au plan qui sera joint à la minute du présent décret, pour y placer le corps administratif du département. Excepte de la présente permission d'acquérir, toutes les autres parties de leur maison & dépendances non désignées audit plan, lesquelles feront vendues féparément & dans les formes ci-deffus preferites.

2°. Autorife le directoire du diftrict d'Evaux, département de la Creufe, à louer, à dire d'experts, aux frais des adminiftrés, pour deux ans feulement, la partie de la maifon prévôtale & abbatiale de Chambons, occupée actuellement par le tribunal de diftrict pour y placer ce même tribunal; l'autorife pareillement à faire faire, auffi aux frais des adminiftrés, les réparations & arrangemens intérieurs vraiement urgens & indifpenfables, à la charge que la dépenfe ne pourra excéder la fomme de quatre cents livres; en outre décrete que le jardin & le furplus de la maifon feront loués, & le prix du loyer verfé dans la caiffe du diftrict.

4°. Autorife le directoire du diftrict de Saint-Maximin, département du Var, à louer aux frais des adminiftrés, moyennant la fomme de deux cents livres, la partie du premier étage du côté de l'eft de la maifon des dominicains, appelée l'Hofpice, pour y placer le corps adminiftratif du diftrict, à la charge de verfer annuellement le prix du loyer dans la caiffe du diftrict.

5°. Autorife enfin le directoire du diftrict du Quefnoy, département du Nord, à louer pour deux ans feulement, aux frais des adminiftrés, les bâtimens du gouvernement, pour y placer le corps adminiftratif du diftrict & le tribunal, à la charge de verfer annuellement le prix du loyer dans la caiffe du diftrict.

Mandons, &c. *Signé* Louis. *Et plus bas,* M. L. F. *Duport. Et* fcellées du fceau de l'Etat.

Loi relative à la tréforerie nationale.

Donnée à Paris, le 27 avril 1791.

Louis, par la grace de Dieu, & par la loi conftitutionnelle de l'Etat, Roi des Français: à tous préfens

& à venir ; salut. L'Assemblée nationale a décrété, & nous voulons & ordonnons ce qui suit :

Décret de l'Assemblée nationale, du 17 avril 1791.

L'Assemblée nationale voulant établir un ordre permanent dans l'administration des finances, & séparer entiérement les dépenses qu'elle a décrétées pour l'année 1791, d'avec les dépenses des années antérieures, ouï le rapport des comités des finances & de l'extraordinaire, décrete ce qui suit :

ARTICLE PREMIER.

Le directeur général du trésor public présentera l'état général de toutes les sommes qui ont été versées avant le premier janvier 1791, provenant tant des recettes ordinaires, que des emprunts, des dons patriotiques, de la contribution patriotique, de la caisse de l'extraordinaire, & autres recouvremens, ainsi que de tous les versemens faits sous ses ordres dans les différentes caisses, & des paiemens faits directement par le trésor public, tant pour les dépenses de l'Etat jusqu'au premier janvier 1791, que pour les intérêts de créances de tout genre jusqu'au premier juillet 1790.

II. Le service la trésorerie nationale dans l'année 1791, sera composé de toutes les dépenses décrétées par l'Assemblée nationale pour être faites depuis le premier janvier 1791 jusqu'au premier janvier 1792, & de tous les arrérages de rentes & pensions, depuis le premier juillet 1790 jusqu'au premier juillet 1791.

III. La somme desdites dépenses & desdits arrérages de rentes & pensions étant fixée par le décret du 18 février dernier, à cinq cent quatre-vingt-deux millions sept cent mille livres pour l'année 1791, le quart de ladite somme montant à cent quarante-cinq millions six cent soixante & quinze mille livres, sera versé à la trésorerie nationale, dans les trois mois de chaque quartier, soit par les revenus ordinaires de l'Etat, soit par la caisse de l'extraordinaire, en vertu des décrets de l'Assemblée nationale.

IV. D'après l'état des recettes ordinaires qui seront effectuées mois par mois, l'Assemblée nationale jugera, à la fin de chaque quartier, des besoins de la trésorie nationale & décrétera des secours s'il y a lieu.

V. L'apperçu des recettes présenté par le directeur du trésor public pour les trois premiers mois de la présente année, ne s'élevant qu'à la somme de soixante-dix millions soixante cinq mille livres, & l'Assemblée nationale ayant décrété par l'article III du décret de cejourd'hui, sur l'acquit des dépenses arriérées, que la trésorerie nationale rendroit à la caisse de l'extraordinaire tout ce qu'elle en avoit reçu depuis le premier janvier dernier, la caisse de l'extraordinaire versera à ladite trésorerie par supplément, celle de soixante-quinze millions six cent dix mille livres.

VI. Le directeur du trésor public sera tenu de fournir, dans le courant de ce mois, l'état exact des sommes qui ont été réellement perçues ; afin que l'excédant de ce qui a été perçu sur ce qui avoit été présumé devoir l'être, soit déduit sur les fonds à fournir à la trésorerie nationale dans le présent trimestre.

Il sera fait un tableau distinct dans cet état des recettes, de celles qui appartiennent à la présente année, & de celles qui appartiennent aux années antérieures, le même ordre sera observé à l'avenir dans chaque trimestre.

Mandons, &c. *Signé* LOUIS. *Et plus bas* M. L. F. Duport. Et scellées du sceau de l'Etat.

LOI relative à divers paiemens à faire par la caisse de l'extraordinaire & par la trésorerie nationale.

Donnée à Paris, le 27 avril 1791.

LOUIS, par la grace de Dieu, & par la loi constitutionnelle de l'Etat, Roi des Français : à tous présens & à venir ; salut. L'Assemblée nationale a décrété, & nous voulons & ordonnons ce qui suit :

Décret de l'Assemblée nationale, du 17 avril 1791.

L'Assemblée nationale, ouï le rapport de ses comités des finances & de la caisse de l'extraordinaire, décrete ce qui suit :

ARTICLE PREMIER.

Toutes les dépenses de l'état faites avant le premier janvier 1791, mais non encore soldées à ladite époque, & les arrérages des rentes & pensions dues par l'état, à l'échéance du premier janvier 1790, non soldés au premier janvier dernier, feront acquittés en masse par la caisse de l'extraordinaire.

II. Les états contenant ce qui restoit dû au premier janvier 1791, desdites dépenses, & au premier juillet 1790, desdites rentes & pensions ; certifiés par les différens payeurs, & visés par les ordonnateurs de la trésorerie nationale, feront remis au commissaire du Roi de la caisse de l'extraordinaire, qui sera tenu d'en faire verser les fonds à la trésorerie nationale, à mesure des besoins.

III. La trésorerie nationale rendra à la caisse de l'extraordinaire les sommes qu'elle lui a versées depuis le premier janvier 1791 ; cette restitution sera faite, soit en nature, soit en récépissés des différens payeurs chargés d'exécuter les paiemens compris dans lesdits états.

IV. Le comité central de liquidation & les commissaires de la caisse de l'extraordinaire, surveilleront l'exécution du présent décret.

V. Le comité central de liquidation & celui de l'extraordinaire réunis feront imprimer, au moins chaque mois, & distribuer à domicile le rapport de ce qu'ils auront fait dans le cours du mois, pour l'exécution des précédens articles.

Mandons, &c. *Signé* LOUIS. *Et plus bas,* M. L. F. *Duport.* Et scellées du sceau de l'Etat.

---

*Loi qui autorise le directoire du district de Gournay, à
acquérir les bâtimens nécessaires à son établissement.*

Donnée à Paris, le 27 avril 1791.

LOUIS, par la grace de Dieu, & par la loi constitutionnelle de l'Etat, Roi des Français : à tous présens
& à venir ; salut. L'Assemblée nationale a décrété, &
nous voulons & ordonnons ce qui suit :

Décret de l'Assemblée nationale, du 26 mars 1791.

L'Assemblée nationale, ouï le rapport de son comité
d'emplacement, autorise le directoire du district de Gournay, département de la Seine inférieure, à acquérir aux
frais des administrés, & dans les formes prescrites par
les décrets de l'Assemblée nationale pour la vente des biens
nationaux, la maison des Capucins & terreins en dépendans, de la contenance d'un arpent quatre perches, renfermés dans les limites figurées sur le tracé du local qui
sera joint à la minute du présent décret. Excepte de la
présente permission d'acquérir, le jardin, verger & étang,
de la contenance de deux arpens vingt-neuf perches, désignés au susdit tracé, pour être ces objets vendus séparément, suivant les formes ci-dessus prescrites.

Mandons, &c. *Signé* LOUIS. *Et plus bas*, M. L. F.
Duport. Et scellées du sceau de l'Etat.

---

*Loi relative aux créanciers des maisons, corps, communautés
& établissement supprimés.*

Donnée à Paris, le 27 avril 1791.

LOUIS, par la grace de Dieu, & par la loi constitutionnelle de l'Etat, Roi des Français : à tous présens &
à venir ; salut. L'Assemblée nationale a décrété, & nous
voulons & ordonnons ce qui suit ;

Décret

Décret de l'Assemblé nationale, des 8, 12 & 14 avril 1791.

L'Assemblée nationale, ouï le rapport qui lui a été fait au nom du comité central de liquidation, décrete ce qui suit :

TITRE PREMIER.

Des créances exigibles.

ARTICLE PREMIER.

Tous les créanciers, sans distinction, pour quelques causes que ce soit, des maisons, corps, communautés & établissemens supprimés, feront tenus, outre les formalités auxquelles ils sont assujettis par le titre IV de la loi du 5 novembre dernier, de soumettre la liquidation de leurs créances au commissaire du Roi, directeur général de la liquidation des créances sur l'état, dans les formes & sous les exceptions & modifications ci-après.

II. Les créanciers pour cause de procédures, continueront de se pourvoir devant le directoire du district dans l'arrondissement duquel étoit le tribunal où elles ont été faites.

III. Les créanciers pour toutes autres causes, se pourvoiront pareillement dans les mêmes formes ; mais ils seront tenus de le faire devant le directoire du district où se trouvera l'établissement débiteur. Ces derniers créanciers pourront néanmoins se dispenser de remettre leurs titres & pieces au directoire susdit, en les déposant dans celui de leur domicile, lequel, après les avoir examinés, en fera passer au directoire du district de l'établissement, les copies ou des extraits certifiés ; le tout sans frais & sans qu'il puisse être perçu aucun droit d'enregistrement, ni qu'on soit assujetti à se servir de papier timbré pour lesdites copies, extraits ou reconnoissances de dépôt seulement.

Partie X.

F

IV. L'Assemblée nationale attribue à la municipalité
& au département de Paris exclusivement, toutes les opérations à faire par les corps administratifs, & tout ce qu'
est prescrit par l'article XXIV du titre IV de la loi du 5 novembre dernier, pour ce qui reste à acquitter des dettes des
ci-devant Jésuites.

L'état ne sera tenu de payer lesdites dettes, que jusqu'à
la concurrence de la valeur des biens qui appartenoient à
ces religieux.

On ne pourra induire le contraire ni de la disposition précédente, ni de la loi du 5 novembre dernier.

Les dettes quelconques des ci-devant Jésuites, en capitaux, intérêts & frais, ne seront payées que suivant l'ordre
de préférence & d'hypothéque des divers créanciers, &
sur le seul produit des biens qui appartenoient à ces religieux : à cet effet, l'administrateur de la caisse de l'extraordinaire fournira à la municipalité & au directoire
du département de Paris, de trois mois en trois mois,
les renseignemens nécessaires pour fixer ce produit, &
en connoître le montant qui sera entré dans ladite caisse.

V. A compter du jour de la publication du présent
décret, les liquidations, vérifications ou arrêtés confiés aux directoires du district & département, par le titre
IV de la loi du 5 novembre dernier, ne sont réputés
que préparatoires, la liquidation définitive sera faite ainsi
qu'il suit :

VI. Chaque créancier enverra au commissaire du Roi
liquidateur général, avec l'arrêté du directoire du département, le mémoire de sa demande & les pieces jus-
tificatives, ou en cas qu'elles ne puissent être déplacées,
un extrait, comme il est dit en l'article III, certifié
par le directoire du district où elles auront été déposées.

VII. Les directoires de département enverront audit
commissaire du Roi, chaque quinzaine, des états de
créances qu'ils auront arrêtées.

VIII. Le commissaire du Roi fera son rapport & donnera son avis motivé au comité central de liquidation

aux termes du décret des 16 & 17 décembre dernier,
fur chacune des créances qui auront été arrêtées par les
directoires de département ; enfuite le comité en fera
rapport au corps légiflatif, pour être décrété ce qu'il
appartiendra.

IX. Pour obtenir leur reconnoiffance de liquidation
définitive, les créanciers feront tenus de donner par eux
ou par leurs fondés de procuration, quittance du montant de leurs créances, à la décharge de l'état, entre
les mains du commiffaire du Roi, & pardevant des notaires de Paris. Ils remettront, avec cette quittance,
les originaux de leurs titres & pieces, & des certificats néceffaires pour conftater qu'il n'y aura pas d'op-
pofition.

X. Les intérêts des créances qui en produifent, cefferont
à l'expiration de la quinzaine de la fanction du décret de
liquidation, conformément à celui du 7 mars dernier ; ils
cefferont pareillement à compter du premier novembre
1791, fi l'on ne s'eft pas pourvu au bureau de liquidation
générale avant cette époque.

XI. Les créanciers en fous-ordre, qui auroient formé
des oppofitions au paiement, feront tenus de les renou-
veler entre les mains des confervateurs des oppofitions
fur les finances, dans deux mois, à compter de la publication du préfent décret ; & pendant ce temps, le
commiffaire du Roi ne délivrera aucune reconnoiffance
de liquidation définitive, fans un certificat de non-oppofi-
tion du receveur du diftrict dans lequel étoit l'établiffement
débiteur.

Les notaires & les confervateurs des oppofitions fur
les finances, ne pourront exiger pour les actes néceffaires
à la liquidation des créances mentionnées au préfent décret, que les taxations fixées par la loi du 10 décembre
1790, pour la liquidation des offices de judicature.

XII. à compter du premier janvier 1792, aucun paiement ne pourra être fait que par la caiffe de l'extraordinaire.

XIII. Les créanciers qui, d'ici à cette époque, parviendront à se faire liquider définitivement sur le rapport du commissaire du Roi, seront payés de leurs capitaux & des intérêts qui leur seront dus par la même caisse.

XIV. A l'égard de ceux qui ne parviendront à se faire liquider comme dessus, avant le premier janvier 1792, ils seront payés des intérêts qui seront reconnus leur être dus, échus, soit pendant l'année 1790 ou auparavant, soit pendant la présente année, par les receveurs du district, en vertu d'une ordonnance du directoire du département, sur l'avis de celui du district auquel ils auront dû adresser le mémoire de leur demande.

XV. Les intérêts des créances qui n'en portent pas de leur nature, courront du jour que les créanciers auront déposé leurs pieces & leur mémoire au directoire du district devant lequel ils doivent se pourvoir.

XVI. Les directoires de département pourront, au surplus, sur l'avis de ceux de district, en vertu de l'article XXXIII du titre IV de la loi du 5 novembre dernier, aussitôt après la vérification par eux faite, ordonner le paiement jusqu'à la concurrence de moitié, des créances qui auront pour cause des salaires d'ouvriers, fourniture de marchandises, ouvrage ou autres causes également urgentes, sauf à se conformer pour le paiement définitif, à tout ce qui est ci-dessus prescrit : les quittances pour cette moitié pourront être admises sous signature privée.

TITRE SECOND.

Des rentes perpétuelles & viageres.

ARTICLE PREMIER.

Les rentes perpétuelles & viageres créées par les maisons, corps, communautés & établissemens supprimés, continueront d'être acquittées aux termes stipulés par les titres justificatifsdesdites rentes.

II. Pour obtenir la reconnoissance desdites rentes au nom de l'état, les propriétaires d'icelles, les directoires de département & le commissaire du Roi, seront tenus d'observer tout ce qui est prescrit par les articles premier, III, IV, V, VI, VII & VIII, du titre premier du présent décret; & pour constater la légitimité, tant desdites rentes que des dettes exigibles mentionnées au même titre, seront observées les régles établies par le titre IV de la loi du 5 novembre dernier.

III. Après la publication de chaque décret qui ordonnera la reconnoissance desdites rentes au nom de l'état, les créanciers de ces rentes seront tenus de faire par eux ou par leurs fondés de procuration, la remise des titres qu'ils auront en leur possession; les créanciers des rentes viageres y joindront l'acte de leur naissance & un certificat de vie en bonne forme.

IV. En échange de cette remise, il sera délivré aux propriétaires de rentes perpétuelles ou viageres, une reconnoissance valant contrat ou titre nouveau, par le commissaire du Roi, liquidateur général stipulant pour l'état; laquelle reconnoissance portera le même capital, le même taux d'intérêts & les mêmes termes de paiement que la rente qui étoit due par l'établissement supprimé. Ce contrat contiendra l'acceptation du créancier ou de son fondé de procuration, & la clause qu'il ne vaudra que d'un seul & même titre avec ceux qui établissoient ladite rente; & il sera sujet au droit d'enregistrement.

V. Les payeurs des rentes dues par l'état, acquitteront les arrérages de celles dont il s'agit, tant perpétuelles que viageres, à compter du premier janvier 1792, & après qu'elles auront été reconnues au nom de l'état.

VI. Les propriétaires de ces mêmes rentes qui en recevoient les arrérages dans les ci-devant provinces, pourront, même après le premier janvier 1792, & lorsqu'elles auront été reconnues au nom de l'état, en être payés dans les districts qu'ils voudront choisir, en se conformant à ce qui est prescrit par les articles VIII, IX & X du décret du 15 août dernier, concernant les

F iij

rentes dues par les ci-devant corps du clergé & les pays d'états.

VII. Jusqu'au jour de la reconnoissance & même après, en cas qu'elle soit faite avant le premier janvier 1792, & jusqu'à cette époque, les créanciers desdites rentes seront payés, soit des arrérages échus en 1790 ou antécédemment, soit de ceux échus ou qui écherront en 1791, par les receveurs des districts de la situation des établissemens débiteurs, en vertu d'une ordonnance du directoire du département sur l'avis de celui du district, conformément à ce qui est prescrit par l'article XIV du titre premier du présent décret.

VIII. Pour l'acquittement des arrérages mentionnés en l'article IX ci-dessus, ainsi que pour les paiemens ordonnés par les articles XIV & XVI du titre premier du présent décret, il sera fait aussitôt que les directoires de département en feront la demande, des fonds suffisans par la caisse de l'extraordinaire, au trésor public; & par celui-ci à chaque receveur de district pour tous les capitaux, & pour les intérêts & arrérages échus en 1790, & antécédemment. Quant aux intérêts & arrérages de l'année 1791, les fonds en seront faits par le trésor public aux receveurs de district, sur ceux ordonnés pour les dépenses de 1791.

IX. Chaque directoire de département enverra au ministre des contributions publiques, de quinzaine en quinzaine, un état des créances exigibles & des rentes perpétuelles & viageres, pour le paiement desquelles il aura délivré des ordonnances. Le ministre fera de suite les demandes nécessaires au comité de la trésorerie, lequel fera passer les fonds du trésor public aux receveurs de district, & adressera le bordereau des mêmes fonds à l'administrateur de la caisse de l'extraordinaire pour faire rembourser le trésor public de tout ce qui concernera l'année 1790, ou les années antérieures.

X. Les receveurs de district enverront incessamment pour les paiemens déjà faits en vertu des précédens décrets, & de quinzaine en quinzaine pour ceux qu'ils feront ci-après, en conféquence du préfent décret, au commiffaire du Roi, liquidateur géneral, un état defdits paiemens, en expliquant la nature des dettes, & les ordondances fur lefquelles ils les auront payées.

XI. La liquidation définitive des arrérages de rentes qui auront été payés par lefdits receveurs, fera faite par le commiffaire du Roi, liquidateur, dans les formes prefcrites ; & après les décrets de liquidation, les paiemens defdits arrérages, ainfi que les paiemens provifoires, tant de la moitié des créances exigibles que des intérêts defdites créances, faits par les receveurs de diftrict, en vertu des articles XIV & XVI du titre précédent, feront portés en dépenfes fur les livres auxiliaires tenus à cet effet par le tréforier de la caiffe de l'extraordinaire.

XII. Aucunes des créances ou rentes perpétuelles & viageres, mentionnées au préfent décret, ne pourront être reçues, quant à préfent, en paiement des domaines nationaux.

XIII. En conféquence, au cas que des receveurs de diftrict en euffent reçu quelques-unes, les paiemens feront regardés comme nuls & non avenus ; les titres feront rendus aux acquéreurs, & ceux-ci feront tenus de faire leurs paiemens en argent, en affignats, ou de toute autre maniere autorifée par les décrets de l'Affemblée, quinzaine après la remife de leurs titres, & aux termes des décrets, finon les biens par eux acquits feront vendus à leur folle enchere. Les receveurs des diftricts ainfi que les adminiftrateurs qui auroient reçu ou ordonné de femblables paiemens, feront garans & refponfables des événemens.

XIV. Tout ce qui eft prefcrit, tant par le préfent décret, que par le titre IV de la loi du 5 novembre dernier, pour les créances fur les maifons, corps, communautés & établiffemens fupprimés, fera obfervé pour les créances tant exigibles que conftituées fur les diocéfes ou chambres diocéfaines : ces créances font également déclarées dettes nationales.

F iv

XV. Les créances exigibles & les rentes qui étoient dues par des établissemens supprimés, ou par des dioceses ou chambres diocésaines, à des établissemens conservés, seront payées à ces derniers, suivant les formalités prescrites par le présent décret, & les distinctions ci-devant établies.

XVI. Les créances & les rentes dues par des établissemens supprimés, ou par des dioceses ou chambres diocésaines, à d'autres établissemens également supprimés, ou à des dioceses ou chambres diocésaines, sont éteintes. Lorsque les administrateurs de district, ou les officiers municipaux recouvreront des titres relatifs à ces mêmes créances ou rentes, ils les enverront, conformément à la loi du 23 janvier dernier, au trésorier de l'extraordinaire, pour être annullés suivant la forme prescrite par cette même loi.

XVII. Tous ceux qui prétendront avoir des pensions sur aucuns des établissemens supprimés, ou des anciens dioceses ou chambres diocésaines, se pourvoiront au comité des pensions de l'Assemblée nationale, pour en être la liquidation faite de la même maniere que pour les pensions à la charge de l'état.

XVIII. Les créances mobiliaires mentionnées en l'article XVII, autres que les arrérages de rentes ou intérêts de capitaux, ne pourront être remboursées aux établissemens conservés, qu'en présence du procureur général-syndic du département, qui veillera à ce qu'il soit fait emploi des capitaux desdites créances.

Mandons, &c. Signé LOUIS. Et plus bas, L. M. F. Duport. Et scellées du sceau de l'Etat.

Loi relative ou tribunal de district établi dans la ville de Guingamp.

Donnée à Paris, le 27 avril 1791.

Louis, par la grace de Dieu, & par la loi constitutionnelle de l'Etat, Roi des Français: à tous présens & à venir; salut. L'Assemblée nationale a décrété, & nous voulons & ordonnons ce qui suit:

Décret de l'Assemblée nationale, du 26 mars 1791.

L'Assemblée nationale, ouï le rapport de son comité d'emplacement, décrete que le siége du tribunal de district établi dans la ville de Guingamg, sera définitivement placé dans la salle basse & chambres y attenantes de la maison commune de cette ville, suivant le plan dressé de ce local, lequel plan sera joint au présent décret. Autorise le directoire de district à faire faire pour ledit emplacement, les réparations & ouvrages jugés nécessaires d'après le devis estimatif qui en a été dressé le dix janvier dernier, & l'adjudication au rabais qui en sera faite, dont le montant sera supporté par les administrés & justiciables dudit district.

Mandons, &c. *Signé* Louis. *Et plus bas,* M. L. F. *Duport.* Et scellées du sceau de l'Etat.

Loi concernant l'avancement du corps de l'artillerie.

Donnée à Paris, le 27 avril 1791.

Louis, par la grace de Dieu, & par la loi constitutionnelle de l'Etat, Roi des Français: à tous présens & à venir; salut. L'Assemblée nationale a décrété, & nous voulons & ordonnons ce qui suit.

Décret de l'Assemblée nationale, du 16 avril 1791.

L'Assemblée nationale, ouï son comité militaire, décrete ce qui suit :

Avancement du corps de l'artillerie.

TITRE PREMIER.

Nomination aux places de sous-officiers.

ARTICLE PREMIER.

(Décrété pour les autres troupes de ligne.) L'on comprendra à l'avenir dans le corps de l'artillerie, sous la dénomination de sous-officiers, les sergens-majors les sergens, les caporaux-fourriers & les caporaux; l'avancement à ces différens grades aura lieu dans les compagnies de canonniers, de mineurs & d'ouvriers, ainsi qu'il suit :

Nomination des caporaux dans les compagnies de canonniers.

II. (Décrété pour les autres troupes de ligne.) Les caporaux dans les compagnies de canonniers, présenteront chacun à leur capitaine, celui des soldats de leur compagnie qu'ils jugeront le plus capable d'être élevé au grade de caporal.

III. (*Idem.*) Le capitaine choisira un sujet parmi ceux qui lui auront été présentés.

IV. (*Idem.*) Il sera formé une liste de tous les sujets choisis par les capitaines.

V. (*Idem.*) Lorsqu'il vaquera une place de caporal dans une compagnie, le capitaine de cette compagnie choisira trois sujets dans la liste.

VI. (*Idem.*) Parmi ces trois sujets, le colonel choisira celui qui devra remplir la place vacante.

VII. (*Idem.*) Lorsque la liste sera réduite au-dessous de moitié, elle sera supprimée, & il en sera fait une nouvelle, en suivant les mêmes procédés.

Nomination des caporaux dans les compagnies de mineurs & d'ouvriers.

VIII. (Particulier à l'artillerie.) Dans les compagnies de mineurs & d'ouvriers, il ne sera point formé de liste pour la nomination aux places de caporal ; & lorsqu'il en vaquera une dans une de ces compagnies, les caporaux de ladite compagnie présenteront chacun à leur capitaine, celui des soldats de la compagnie qu'ils jugeront le plus capable d'être élevé au grade de caporal.

IX. (*Idem.*) Le capitaine choisira parmi les sujets qui lui seront présentés par les caporaux, celui qui devra remplir la place vacante.

Nomination des caporaux-fourriers dans les compagnies de canonniers.

X. (Décrété pour les autres troupes de ligne.) Lorsqu'il vaquera une place de caporal-fourrier dans une compagnie de canonniers, le capitaine de cette compagnie choisira parmi tous les caporaux & tous les soldats du régiment ayant au moins deux ans de service, le sujet qui devra la remplir.

Nomination des caporaux-fourriers dans les compagnies de mineurs & d'ouvriers.

XI. (Particulier à l'artillerie.) Dans les compagnies de mineurs & d'ouvriers, lorsqu'il vaquera une place de caporal-fourrier, le capitaine de la compagnie où la place sera vacante, choisira parmi tous les caporaux & les soldats de sa compagnie ayant au moins deux ans de service, celui qui devra la remplir.

Nomination des sergens dans les compagnies de canonniers.

XII. (Décrété pour les autres troupes de ligne) Les sergens-majors & les sergens dans les compagnies de canonniers, présenteront chacun à leur capitaine, celui des caporaux de la compagnie qu'ils jugeront le plus capable d'être élevé au grade de sergent.

XIII. (*Idem.*) Le capitaine choisira un sujet parmi ceux qui lui auront été présentés.

XIV. (*Idem.*) Il sera formé une liste de tous les sujets choisis par les capitaines.

XV. (*Idem.*) Lorsqu'il vaquera une place de sergent dans une compagnie, le capitaine de cette compagnie choisira trois sujets dans la liste.

XVI. (*Idem.*) Parmi ces trois sujets, le colonel choisira celui qui devra remplir la place vacante.

Nomination des sergens dans les compagnies de mineurs & d'ouvriers.

XVII. (Particulier à l'artillerie.) Dans les compagnies de mineurs & d'ouvriers, il ne sera point formé de liste pour la nomination des sergens; & lorsqu'il vaquera une place de sergent dans une de ces compagnies, les sergens de ladite compagnie présenteront chacun à leur capitaine, celui des caporaux de la compagnie qu'ils jugeront le plus capable d'être élevé au grade de sergent.

XVIII. (*Idem.*) Le capitaine choisira parmi les sujets qui lui seront présentés par les sergens, celui qui devra remplir la place vacante.

Nomination de sergens-majors dans les compagnies de canonniers.

(Décrété pour les autres troupes de ligne).

XIX. Lorsqu'il vaquera une place de sergent major dans une compagnie de canonniers, les sergens-majors du régiment présenteront chacun pour la remplir , un sergent de leur compagnie , & il en sera formé une liste

XX. (*Idem.*) Le capitaine de la compagnie où la place de sergent-major sera vacante , choisira trois sujets sur la liste de ceux qui auront été présentés par les sergens-majors.

XXI. (*Idem.*) Parmi ces trois sujets , le colonel choisira celui qui devra remplir la place vacante.

Nomination de sergens-majors dans les compagnies de mineurs & d'ouvriers.

XXII. (Particulier à l'artillerie.) Dans les compagnies de mineurs & d'ouvriers , lorsqu'il vaquera une place de sergent-major , le capitaine de la compagnie où la place sera vacante , choisira , parmi les sergens de sa compagnie , celui qui devra la remplir.

Nomination des adjudans.

XXIII. (Décrété pour les autres troupes de ligne.) Lorsqu'il vaquera une place d'adjudant , les sept officiers supérieurs réunis nommeront à la pluralité des voix , parmi tous les sergens du régiment , celui qui devra la remplir , & dans le cas où les voix se porteroient sur sept sujets différens , la voix du colonel sera prépondérante.

XXIV. (*Idem.*) Les sergens nommés aux places d'adjudans , concourront du moment de leur nomination avec les seconds lieutenans (sans cependant être brevetés) pour arriver à la lieutenance en premier , ils pourront rester adjudans jusqu'à ce que leur ancienneté les y porte.

XXV. (*Idem.*) Lorsqu'un sergent moins ancien que les adjudans , sera fait second lieutenant , les adjudans jouiront en gratification & par supplément d'appointemens , de ceux de seconds lieutenans.

TITRE II.

Nomination aux places d'officiers.

ARTICLE PREMIER.

Nomination au grade d'officier.

(Décrété pour les autres troupes de ligne.) Il sera pourvu de deux manieres aux emplois de seconds lieutenans, lesquels seront partagés entre les sujets qui auront passé par les grades de canonniers, de mineurs, d'ouvriers & de sous-officiers, & ceux qui arriveront immédiatement au grade d'officier par les examens.

II. (*Idem.*) Sur quatre places de seconds lieutenans vacantes dans un régiment, une compagnie de mineurs ou d'ouvriers, il en sera donné une aux sous officiers.

III. (*Idem.*) Les places de seconds lieutenans destinées aux sous officiers, seront données alternativement à l'ancienneté & au choix.

IV. (*Idem.*) L'ancienneté se prendra dans les régimens sur tous les sergens indistinctement du même régiment, à dater de leur nomination.

(Particulier à l'artillerie.) Dans les compagnies de mineurs & d'ouvriers, sur tous les sergens indistinctement de chacune desdites compagnies, également à dater de leur nomination.

V. (Décrété pour les autres troupes de ligne.) Le choix aura lieu dans les régimens sur tous les sergens du même régiment, & il sera fait par tous les officiers ayant vingt-cinq ans d'âge & par les officiers supérieurs, à la majorité absolue des suffrages ;

(Particulier à l'artillerie.) Dans les compagnies de mineurs, en temps de paix, parmi tous les sergens desdites compagnies, & en temps de guerre, parmi tous les sergens de chacune des compagnies, il sera fait par tous les officiers de ces compagnies ayant vingt-cinq ans d'âge, & par le commandant d'artillerie, à la majorité absolue des suffrages;

Dans les compagnies d'ouvriers, parmi les sergens de la compagnie où l'emploi sera vacant, & il sera fait par les officiers de ladite compagnie ayant vingt-cinq ans d'âge & par le directeur de l'arsenal ou le directeur du parc, à la majorité absolue des suffrages.

VI. (*Idem.*) Quant aux autres places de seconds lieutenans, elles seront données à ceux qui auront été reçus éleves.

Nomination aux places d'éleves.

VII. (*Idem.*) Nul ne pourra être reçu éleve du corps de l'artillerie, qu'il n'ait subi les examens qui seront prescrits pour l'admission au service, & ceux qui sont particuliers à l'école d'artillerie.

Rang des éleves.

VIII. (*Idem.*) Les éleves du corps d'artillerie auront rang de sous-lieutenans.

IX. (*Idem.*) Les éleves du corps de l'artillerie, après avoir satisfait aux examens particuliers à ce corps (lesquels seront conservés ou modifiés s'il y a lieu) parviendront aux emplois des seconds lieutenans, suivant le rang qu'ils auront obtenu par ces examens.

Nomination aux emplois de premiers lieutenans.

X. (Décrété pour les autres troupes de ligne.) Les seconds lieutenans parviendront à leur tour d'ancienneté dans le régiment, dans la compagnie de mineurs ou d'ouvriers dont il font partie, aux emplois de premiers lieutenans.

Nomination aux emplois de capitaines.

XI. (Pariculier à l'artillerie.) Les premiers lieutenans, sans aucune exception, parviendront, en temps de paix, à leur tour d'ancienneté sur tous les corps, aux emplois de capitaine.

A la guerre, les officiers rouleront jusqu'au grade de capitaine-commandant inclusivement, dans le régiment ou bataillon, dans la compagnie des mineurs ou d'ouvriers à laquelle ils sont attachés.

Nomination aux places de quartiers-maîtres

XII. (Décréte pour les autres troupes de ligne.) Les quartier-maîtres seront choisis par les conseils d'administration, à la pluralité des suffrages.

XIII. (*Idem.*) Les quartier-maîtres, pris parmi les sous-officiers, auront le rang de seconds lieutenans; ils conserveront leur rang s'ils sont pris parmi les officiers.

XIV. (*Idem.*) Les quartier-maîtres suivront leur avancement dans les différens grades pour le grade seulement, ne pouvant jamais être titulaires ni avoir de commandant, mais jouissant en gratification, & par supplément d'appointemens, de ceux attribués aux différens grades où les portera leur ancienneté.

Nomination aux emplois de lieutenans-colonels.

XV. (*Idem.*) On parviendra du grade de capitaine à celui de lieutenant-colonel, par ancienneté & par le choix du Roi, ainsi qu'il va être expliqué.

XVI. (*Idem.*) L'avancement au grade de lieutenant-colonel, soit par ancienneté, soit par le choix du Roi, sera, pendant la paix, sur tout le corps; à la guerre, le tour d'ancienneté sera sur le régiment ou bataillon, & sur les compagnies de mineurs ou d'ouvriers employés.

XVII. (*Idem.*) Sur trois places de lieutenans-colonels vacantes, deux seront données aux plus anciens capitaines, & la troisieme, par le choix du Roi, à un capitaine en activité dans ce grade depuis deux ans au moins.

Nomination

Nomination aux emplois de colonels.

XVIII. (*Idem.*) On parviendra du grade de lieutenant-colonel à celui de colonel par ancienneté & par le choix du Roi, ainsi qu'il va être expliqué.

XIX. (*Idem.*) L'avancement au grade de colonel, soit par ancienneté, soit par le choix du Roi, sera, pendant la paix, sur tout le corps; à la guerre, le tour d'ancienneté sera sur le régiment & sur les officiers employés au parc.

XX. (*Idem.*) Sur trois places de colonel vacantes, deux seront données aux plus anciens lieutenans-colonels, & la troisieme par le choix du Roi, sera donnée à un lieutenant colonel en activité dans ce grade depuis deux ans au moins.

Nomination aux places de commandans d'artillerie.

XXI. (*Particulier à l'artillerie*) Les colonels parviendront aux places de commandans d'artillerie par ancienneté.

Nombre d'officiers généraux attachés au corps de l'artillerie.

XXII. (*Idem.*) Le corps de l'artillerie roulera sur lui-même pour les grades d'officiers généraux; en conséquence il y sera attaché, sous le titre d'inspecteurs-géraux, quatre lieutenans-généraux & cinq maréchaux-de-camp, faisant nombre parmi les officiers de ces deux grades conservés en activité dans l'armée.

Nomination au grade de maréchal-de-camp.

XXIII. (*Décrété pour les autres troupes de ligne.*) On parviendra du grade de colonel à celui de maréchal-de-camp, par ancienneté & par le choix du Roi.

(*Idem.*) Sur deux places de maréchal-de-camp vacantes, une sera donnée au plus ancien colonel, & l'autre, par

Partie X.   G

le choix du Roi, sera donnée à un colonel en activité dans ce grade depuis deux ans au moins.

XXIV. (*Idem.*) Si un colonel, que son tour d'ancienneté porteroit à la place d'inspecteur-général, préféroit se retirer avec le grade de maréchal-de-camp, à être employé comme inspecteur-général, il en auroit la liberté, & recevroit la retraite fixée pour les colonels, sans avoir égard au grade de maréchal-de-camp.

XXV. (Décrété pour les autres troupes de ligne.) Le colonel qui préféreroit se retirer avec le grade de maréchal-de-camp, sans y être employé, ne pourroit néanmoins faire perdre le tour d'ancienneté à celui qui le suivroit, & qui, dans ce cas, seroit nommé à la place vacante.

Nomination au grade de lieutenant-général.

XXVI. (*Idem.*) On parviendra du grade de maréchal-de-camp à celui de lieutenant-général, par ancienneté & par le choix du Roi.

Sur deux places de lieutenant-général vacantes une sera donnée au plus ancien maréchal-de-camp, l'autre à un maréchal-de-camp en activité dans ce grade depuis deux ans au moins.

XXVII. (Décrété pour les autres troupes de ligne.) Si un maréchal-de-camp, que son tour d'ancienneté porteroit au grade de lieutenant-général, préféroit se retirer avec ce grade, à y être employé en activité, il en auroit la liberté, & recevroit la retraite fixée pour les maréchaux-de-camp, sans égard à son grade de lieutenant-général.

XXVIII. (*Idem.*) Le maréchal-de-camp qui préféreroit se retirer avec le grade de lieutenant-général, sans y être employé, ne pourroit néanmoins faire perdre le tour d'ancienneté à celui qui le suivroit, & qui dans ce cas, seroit nommé à la place vacante.

XXIX. Dorénavant il n'y aura pour les élèves des corps de l'artillerie & du génie, qu'un même cours d'instruction, un même examen, & les mêmes examinateurs. Les éleves qui seront admis, choisiront, suivant leur rang de promotion, celui des deux corps dans lequel ils voudront servir.

En conséquence, les trois années d'études préliminaires à l'admission dans le corps de l'artillerie, compteront aux éleves de ce corps pour obtenir la décoration militaire & la pension de retraite.

TITRE III.

Du remplacement des officiers réformés.

ARTICLE PREMIER.

Les lieutenans en troisieme, réformés par le décret d'organisation de l'artillerie, rempliront les places de second lieutenant vacantes par la nouvelle organisation.

Ceux de ces officiers qui excéderont le nombre des places à remplir, seront employés comme lieutenans surnuméraires jusqu'à leur remplacement, & ils jouiront dès ce moment des appointemens de lieutenans en second.

II. Ceux des lieutenans en troisieme qui n'auront pas été remplacés, le seront aux emplois de lieutenans qui viendront à vaquer, alternativement avec les éleves, les lieutenans en troisieme ayant le premier tour.

III. Lorsqu'un lieutenant en troisieme sera promu au grade de second lieutenant, il prendra rang parmi les officiers de ce grade, en datant de son premier brevet d'officier; & d'après cette disposition, il suivra son avancement au grade de premier lieutenant, dans lequel il prendra rang de la date de ce nouveau brevet.

IV. Les lieutenans en troisieme qui peuvent ou pourront par la suite justifier, par l'examen d'usage, qu'ils possedent les connoissances théoriques exigées pour l'admission de l'artillerie, prendront rang, même parmi les premiers lieutenans, suivant la date de leur premier brevet d'officier.

V. Ceux qui sont ou seront dans le cas du précédent article, obtiendront des lettres d'examen pour jouir de cet avantage, dès le moment de la présente organisation, ou aux époques des examens réglés pour les élèves de l'artillerie.

VI. Les officiers de tous grades du corps de l'artillerie, ayant plus de vingt ans de service, qui à l'instant de la nouvelle organisation voudront ne pas continuer leurs services, seront libres de se retirer, & obtiendront, pour ce moment seulement, les deux tiers de leurs appointemens pour retraite, à moins que leurs services, d'après les régles fixées par le décret du 3 août dernier, ne leur donnent droit à un traitement plus considérable. Ceux de ces officiers ayant au moins quinze ans de service & au-dessous de vingt-quatre, qui voudront également ne pas continuer leurs services, conserveront néanmoins leur activité pour la décoration militaire.

VII. Le premier choix des neuf inspecteurs généraux de l'artillerie sera fait par le Roi, parmi tous les officiers-généraux de ce corps. Ceux desdits officiers-généraux qui ne seront pas choisis pour remplir les places d'inspecteurs-généraux, recevront des pensions suivant le décret du 3 août dernier, néanmoins ils seront susceptibles de rentrer en activité comme inspecteurs-généraux, dans le nombre de ces places laissé au choix du Roi.

Mandons, &c. *Signé* LOUIS. *Et plus bas*, M. L. F. *Duport*. Et scellées du sceau de l'État.

Loi relative à la liquidation des états de gages arriérés.

Donnée à Paris, le premier mai 1791.

LOUIS, par la grace de Dieu, & par la loi constitutionnelle de l'État, Roi des Français : à tous présens & à venir : salut. L'Assemblée nationale a décrété, & nous voulons & ordonnons ce qui suit :

Décret de l'Assemblée nationale, du 25 avril 1791.

L'Assemblée nationale, ouï le rapport de son comité central de liquidation, qui a rendu compte des vérifications faites par le directeur général de la liquidation, décrète qu'en conformité de ses précédens décrets sur le remboursement de la dette de l'état, il sera payé aux personnes ci-après, & pour les causes qui vont être indiquées, les sommes suivantes :

Arriéré du département de la maison du Roi, pour les années 1777, 1778, 1779, 1780, 1781, 1782, 1783, 1784, 1785, 1786, 1787, 1788, 1789.

Chambre aux deniers.

Aux sieurs Etienne-Jacques-Louis Hevreton, maître-d'hôtel du Roi, pour 1789, sept mille neuf cents livres, ci 7,900 liv.

Louis-Nicolas Chabouillé, contrôleur de la maison du Roi, pour 1788 & 1789, neuf mille quatre-vingts l. un sou trois deniers, ci 9,080 l. 1 s. 3.

Pierre-Nicolas Simonet, premier commis du commissaire général de la maison du Roi, pour 1789, mille livres, ci 1,000 l.

Pierre-Etienne Clémandot, commis au commissariat de la maison du Roi, pour 1789, cinq cent cinquante livres, ci 550 l.

Au sieur André-Alexandre Lafosse, commis en second au commissariat de la maison du Roi, 1789, cinq cent cinquante livres, ci 550 l.

Jean-René-Christophe Roth, contrôleur du gobelet du Roi, pour 1789, six cents livres, ci 600 l.

Jacques Erable de la Brière, huissier ordinaire de la chambre de madame Adélaïde, pour 1788 & 1789, neuf cent deux livres onze sous six deniers, ci 902 l. 11 s. 6 d.

Jean Mars, feutier de madame Elisabeth, pour 1789, onze cent quarante-trois livres dix sous six deniers, ci 1,143 l. 10 s. 6 d.

Vincent-Joseph Hanault, fils, marchand épicier de

la maison du Roi, pour 1789, quinze mille soixante-une livre dix sous, ci 15,061 l. 10 s.

Aux sieurs Louis Leroy, fruitier de la maison du Roi, pour 1789, quatre-vingt-seize mille neuf cent dix-sept l. dix huit sous six deniers, ci 96,917 l. 18 s. 6 d.

Jean-Baptiste Cauthanet-Cléry, valet de chambre de monsieur le Dauphin, pour 1789, sept cent vingt liv. dix-sept sous six deniers, ci 720 l. 17 s. 6 d.

Charles Villette, valet de chambre de monsieur le Dauphin, pour 1789, cinq cent quarante-trois livres treize sous trois deniers, ci 543 l. 13 s. 3 d.

Joseph-Alexandre de Georges, huissier ordinaire de l'antichambre du Roi, pour 1789, seize cent soixante-trois livres un sou trois deniers, ci 1,663 l. 1 s. 3 d.

Pierre-Guillaume Agasse, officier servant du Roi, pour 1789, quatre cent quarante-neuf livres six sous trois deniers, ci 449 l. 6 s. 3 d.

Joseph Missilier, contrôleur de la bouche du Roi, pour 1789, six cent soixante sept livres, 667 l.

A la dame Henriette de la Grange Missilier, femme de chambre de monsieur le Dauphin, pour 1789, mille quatre-vingt-une liv. six s. trois den., ci 1,081 l. 6 s. 3 d.

Jean-Charles-Martin Pichenot, clerc de la chapelle de madame Adélaïde, pour 1789, quatre cent quarante-neuf livres six sous trois deniers, ci 449 l. 6 s. 3 d.

Gabriel Moreau de Servanche, officier ordinaire de la chambre du Roi, pour 1789, onze cent quatre-vingt-une livres un sou, ci 1,181 l. 1 s.

Gabriel-Denis Périnot, huissier du cabinet du Roi, 1789, neuf cent huit livres dix sous, ci 908 l. 10 s.

Charles-Georges Châtelain, contrôleur ordinaire de la maison du Roi, 1789, dix mille cent vingt-une livres dix-sept sous six deniers, ci 10,121 l. 17 s. 6 d.

Aux sieurs Jean-Baptiste Lermuseau, ancien garçon travailleur de la bouche du Roi, 1789, deux cent cinquante livres, ci 250 l.

Jean de Riancourt, écuyer ordinaire de madame Adélaïde, 1789, huit cent quatre-vingt-huit livres quinze sous, ci 888 l. 15 s.

Augustin Dubois, premier valet de garde-robe du Roi, 1786, 1787, 1788, 1789, sept mille deux cent soixante-dix-sept liv. dix-sept sous six den., ci 7,277 l. 17 s. 6 d.

Bernard Bourdet , chirurgien-opérateur du Roi , 1788, 1789 , trois mille six cent neuf livres six sous trois den. , ci 3,609 l. 6 s. 3 d.

Jean-Armand de Roquelaure , premier aumônier du Roi , 1787, 1788, 1789 , douze mille deux cent vingt-deux livres, ci 12,222 l.

Jean-Louis Ricobourg , contrôleur de la maison du Roi , 1788, 1789 , neuf mille quatre-vingt livres un sou. trois deniers , ci 9,080 l. 1 s. 3 d.

Aux sieurs Robert-François-Antoine de Beauterne , porte-arquebuse du Roi , 1789 , dix-neuf cent quatre-vingt-trois liv. treize sous neuf den. , ci 1,983 l. 13 s. 9 d.

Jean-Baptiste Florimond-Joseph de Meffray de Césarges, maître de l'oratoire du Roi , pour 1787 , 1788 , 1789 , neuf mille cinq cinq quatre-vingt-cinq livres , ci 9,585 l.

A Jean Métivel , porte-faix de la chambre de madame Royale , 1789 , trois cent soixante livres huit sous neuf deniers , ci 360 l. 8 s. 9 d.

François Laulanhier , argentier des enfans de France , 1789 , ving-trois mille sept cent quatre-vingt-quinze liv. cinq sous neuf deniers , ci 23,795 l. 5 s. 9 d.

A Jean-Claude Sauger , garçon de la garde-robe du Roi , 1789 , treize cent cinquante-sept livres seize sous trois deniers , ci 1,357 l. 16 s. 3 d.

Aux sieurs Clair-Louis-François Chappuseau de Viéfalées , maître-d'hôtel du Roi , 1787, 1788 , 1789 , vingt-quatre mille six cent huit livres un sou , ci 24,608 l. 1 s.

Geoffroy Blanchet , officier de la bouche des petits appartemens du Roi , 1789 , trois cents livres onze sous , ci 300 l. 11 s.

Jean-Louis le Jariel de Forges , écuyer du Roi , 1787, cinq cent quatre-vingt-quatre livres deux sous, ci 584 l. 2 s.

Jacques-Louis Débonnaire , valet de chambre du Roi , 1789 , neuf cent quinze livres , ci 915 l.

François-Jacques Duparc , valet de chambre du Roi , 1789 , quatre cent soixante livres , ci 460 l.

A Claude Richard , valet de chambre de madame Royale , 1789 , sept cent vingt livres dix-sept sous six deniers , ci 720 l. 17 s. 6 d.

Jacques-Philippe-François Bailles , garçon de feux de la chambre du Roi , 1789 , sept cent soixante-onze livres quatre sous six deniers , ci 771 l. 4 s. 6 d.

A François-Louis Segneret , premier commis de la

seconde division de la bouche du Roi, 1789, onze cents livres; ci 1,100 l.

Au sieur Jean-Jacques Gallet de Mondragon, maître d'hôtel ordinaire du Roi, 1789, soixante mille six cents soixante-douze livres quatorze sous neuf deniers, ci 60,672 l. 14 s. 9 d.

Bâtimens de Versailles. Aux entrepreneurs & fournisseurs de l'hôtel des gardes de la porte, à Versailles, savoir:

Aux sieurs Lagneau, vitrier, 1787, neuf cent quatre-vingt-onze livres sept sous, ci 991 l. 7 s.

Héricourt, ébéniste, 1787, quatre mille sept cent quatre-vingt-quatre livres, ci 4,784 l.

Charmel, couvreur, pour 1787, quatre mille six cent dix-sept livres 6 sous, ci 4,617 l. 6 s.

Charpillon, marbrier, 1787, deux cent treize livres dix sous, ci 213 l. 10 s.

Gilbert, marchand de toile, 1787, trois mille quatre cent quatre-vingt-huit livres, ci 3,488 l.

Courtois, marchand de bois, pour 1787, dix sept cent quarante livres, ci 1,740 l.

Rabet, papetier-coleur, pour 1787, mille quatre-vingt-dix livres dix-huit sous six deniers, ci 1,090 l. 18 s. 6 d.

Bayolle, serrurier du Roi, pour 1787, neuf mille trois cent soixante-trois livres seize sous, ci 9,363 l. 16 s.

Lavau dit Saint-Louis, peintre frotteur, pour 1787, trois cents livres, ci 300 l.

Mepeau, cessionnaire du sieur Vanthier, charpentier, 1787, huit cent sept livres, ci 807 l.

Moreau, carreleur, 1787, deux cent cinquante-trois livres dix-neuf sous six deniers, ci 253 l. 19 s. 6 d.

Creveldin, menuisier, 1787, deux mille cinq cent vingt-quatre livres seize sous, ci 2,524 l. 16 s.

François, ferblantier, 1787, six cent quatorze livres neuf sous, ci 614 l. 9 s.

Au sieur Dutems, peintre-doreur, 1787, deux mille sept cent vingt-trois livres seize sous six deniers, ci 2,723 l. 16 s. 6 d.

Graincourt, tapissier, 1787, trois mille huit cent vingt-cinq livres, ci 3,825 l.

Labussiere, chaudronnier, 1787, douze cent soixante livres, ci 1,260 l.

Tous lesquels ouvriers ont été employés en 1787.

Aux entreprenneurs & fourniſſeurs de l'hôtel des gardes de la porte, à Fontainebleau : ſavoir :

Aux ſieurs Geoffroy le jeune, entrepreneur de menuiſerie, pour 1787, ſept mille quatre cent livres trois ſous neuf deniers, ci 7,400 l. 3 ſ. 9 d.

Rouſſeau, vitrier, 1787, huit cent ſeize livres ſept ſous, ci 816 l. 7 ſ.

Rouſſeau, contrôleur des bâtimens du Roi, pour 1787, quinze cents livres, ci 1,500 l.

Bertholiny, poëlier-fumiſte, 1787, deux cent dix liv., ci 210 l.

Tavernier, marchand de fonte, 1787, cent quatre-vingt-dix-huit livres quatre ſous, ci 198 l. 4 ſ.

Le Peinteur, paveur, 1787, douze cent vingt livres neuf ſous ſix deniers, ci 1,220 l. 9 ſ. 6 d.

Couteau, ferblantier, 1787, ſix cent neuf livres ſept ſous, ci 609 l. 7 ſ.

Gallery, ſculpteur-marbrier, 1787, ſix cent quarante livres, ci 640 l.

Caly fils, plombier, 1787, treize cent ſoixante-treize livres dix-neuf ſous, ci 1,373 l. 19 ſ.

Bourgeois, peintre, 1787, ſeize cent dix-neuf livres quatre ſous, ci 1,619 l. 4 ſ.

A la veuve Duclercq, ſerrurière, pour 1787, quatre mille quatre cent ſept livres huit ſous neuf deniers, ci 4,407 l. 8 ſ. 9 d.

A Piron, entrepreneur de maçonnerie, 1787, vingt-un mille ſix cent ſoixante-une livres dix-neuf ſous dix deniers, ci 21,661 l. 19 ſ. 10 d.

Biet le jeune, couvreur, 1787, deux mille huit cent ſoixante-trois liv. neuf ſous neuf den., ci 2,863 l. 9 ſ. 9 d.

Gauthier, entrepreneur de ſerrurerie, 1787, dix-neuf cent quatre-vingt-huit livres quatorze ſous onze deniers, ci 1,988 l. 14 ſ. 11 d.

Bouillette, entrepreneur de charpente, 1787, cinq mille huit cent ſoixante-trois livres deux ſous cinq deniers, ci 5,863 l. 2 ſ. 5 d.

Tous lesquels ouvriers ont pareillement été employés en 1787.

Autres ouvrages faits à Fontainebleau.

Aux fieurs pelagot, charpentier, pour 1787, trente-trois mille quatre cent foixante-dix livres dix-huit fous quatre deniers, ci 33,470 l. 18 f. 4 d.

Malitor, ébémfte, 1787, quatre mille quarante-neuf livres treize fous quatre deniers, ci, 4,049 l. 13 f. 4 d.

Marcelin, ferrurier, 1782, 1783, 1784, 1785, 1786 & 1787, cinquante-quatre mille cinquante-une livres douze fous quatre deniers, ci, 54,051 l. 12 f. 4 d.

A la veuve Feffard & fon fils, charpentier, pour ou-vrages faits dans le cours des mêmes années, quatre-vingt-dix-neuf mille fept cents livres cinq fous un denier, ci, 99,700 l. 5 f. 1 d.

Aux fieurs Tardif Marchand, pour 1785, 1786, 1787 & 1788, deux mille cinq cent quatre-vingt-fix livres dix fous onze deniers, ci 2,586 l. 10 f. 11 d.

A la veuve Desjardins, fayanciere, 1787 & 1788, deux cent quatre-vingt-une livres onze fous, ci 281 l. 11 f.

Leblanc, peintre & doreur en bâtimens, 1782, 1783, 1784, 1785 & 1786, trente-huit mille neuf cent quarante-fix livres neuf fous trois deniers, ci, 38,946 l. 9 f. 3 d.

David, maçon, pour 1784 & 1785, dix-huit cent qua-torze livres dix-neuf fous quatre deniers, ci, 1,814 l. 19 f. 4 d.

L'Affemblée nationale décrete au furplus qu'il fera pris les renfeignemens néceffaires pour connoître ce que font devenus les effets & fournitures des hôtels des gardes de la porte, tant à Verfaille qu'à Fontainebleau, & quel a été l'emploi des deniers qui font provenus de la vente qui a dû être faite de ces effets & fournitures.

Traitemens, gages, récompenfes.

Aux fieurs de Martel, de Boucher, de Fréville, du Landel, & le Baftier de Rainvillers, écuyers du Roi, pour l'année 1787, deux mille cent cinquante livres, ci 2,150 l.

Barthouilh, concierge de l'appartement de la Reine au Louvre, 1789, deux mille trois cent trente-fix livres un fou huit deniers, ci, 2,336 l. 1 f. 8 d.

Rebourceaux, infpecteur du Louvre, 1789, treize cent livres, ci. 1,300 l.

A la dame Duquenoy, garde-malade des pages du Roi, pour 1787, 1788 & 1789, trois cent soixante livres, ci. 360 l.

Abbé Madier, confesseur de Madame Victoire, tante du Roi, pour 1788 & 1789, huit mille livres, ci. 8,000 l.

Clair-Louis-François Cheppuzeau de Viefvillers, maître d'hôtel du Roi, pour 1787, 1788 & 1789, cent neuf livres dix sous, ci. 109 l. 10 s.

Joseph Alexandre de Georges, huissier ordinaire de l'anti-chambre du Roi, pour 1788 & 1789, cinq cent trente-une livres quinze sous, ci. 531 l. 15 s.

Jacques-Louis Debonnaire, valet de chambre du Roi, pour 1789, cinq cent vingt-une livres, ci. 521 l.

Pierre de Boucheman, valet de chambre du Roi, pour 1789, cinq cent vingt-une livres, ci. 521 l.

A la veuve Jean-Louis le Jariel de Forges, écuyer du Roi, pour les années 1785, 1786 & 1787, sept cent cin-quante-sept livres douze sous six deniers, ci. 757 l. 12 s. 6 d.

Jean-Baptiste Gauthaunet-Clery, valet de chambre de M. le Dauphin, pour l'année 1789, quatre-vingt-dix sept livres sept sous six deniers, ci. 97 l. 7 s. 6 d.

Charles Villette, valet de chambre de M. le Dauphin, 1789, quatre-vingt-seize livres dix-sept sous six deniers, ci. 96 l. 17 s. 6 d.

François Laulanhier, argentier des enfans de France, de madame Elisabeth & de mesdames Adélaïde, & Vic-toire, 1789, treize cent soixante-dix-huit livres treize sous quatre deniers, ci. 1,378 l. 13 s. 4 d.

Aux sieurs François Bruyas de Maison-blanche, clerc de la chapelle de madame Adélaïde, pour 1788 & 1789, cent soixante livres quatre sous, ci. 160 l. 4 s.

Jacques Etable de la Briere, huissier ordinaire de la chambre de madame Adélaïde, pour 1788 & 1789, qua-torze cent vingt-cinq livres six sous huit deniers, ci. 1,425 l. 6 s. 8 d.

Jean-Baptiste-Ferdinand-Joseph de Messeray de Césarges, maître de l'oratoire du Roi, pour 1787, 1788 & 1789, mille huit livres, ci. 1,008 l.

Jean-Louis de Boucher, écuyer du Roi, 1789, quatre mille quatre cent deux livres dix sous dix deniers, ci. 4,402 l. 10 s. 10 d.

Charles-Louis-Emmanuel de la Fond des Essarts, écuyer du Roi, 1789, cinq mille neuf cent deux livres dix sous dix deniers, ci. 5,902 l. 10 s. 10 d.

Aux sieurs François-Claude-Nicolas de Fresne, écuyer du Roi, 1789, quatre mille quatre cent deux livres dix sous dix deniers, ci. 4,402 l. 10 s. 10 d.

Jean-Baptiste d'Aubert de Peyzelinge, écuyer du Roi, pour 1789, trois mille deux cent deux livres dix sous dix deniers, ci. 3,202 l. 10 s. 10 d.

Philippe-Gabriel-Joachim-Jacques-Charles de Martel, écuyer du Roi, 1789, cinq mille neuf cent deux livres dix sous dix deniers, ci. 5,902 l. 10 s. 10 d.

François Barthélemy Pasquier de Salignac, écuyer du Roi, 1789, trois mille deux cent deux livres dix sous dix deniers, ci. 3,202 l. 10 s. 10 d.

Jean-Armand de Roquelaure, premier aumônier du Roi, 1788 & 1789, deux mille cent douze livres, ci. 2,112 l.

Aux sieurs Pierre de la Servolle, médecin du Roi, 1789, deux cent dix-huit livres trois sous quatre deniers, ci. 218 l. 3 s. 4 d.

Pierre-Guillaume Agasse, gentilhomme servant du Roi, 1789, deux cent cinquante-deux livres dix sous dix deniers, ci. 252 l. 10 s. 10 d.

Catherine Henriette de la Grange, femme Missilier, femme de chambre de M. le Dauphin, pour 1789, quatre-vingt-seize livres dix sept sous 6 deniers, ci. 96 l. 17 s. 6 d.

Jean-Charles-Martin Pichenot, clerc de la chapelle de madame Adélaïde, 1788 & 1789, cent soixante livres quatre sous, ci. 160 l. 4 s.

Auguste-François de Fresville, écuyer du Roi, pour 1789, quatre mille quatre cent deux livres dix sous dix deniers, ci. 4,402 l. 10 s. 10 d.

Aux sieurs Gabriel-Denys Pernot, huissier du cabinet du Roi, pour 1789, quatre cent trente-sept livres ci. 437 l.

Charles-Georges Châtelain, contrôleur ordinaire de la maison du Roi, 1788 & 1789, dix-huit cent quatre-vingt-cinq livres six sous huit deniers, ci. 1,885 l. 6 s. 8 d.

Louis-Charles Théodore de Caqueray du Landel, écuyer du Roi, 1789, cinq mille neuf cent deux livres dix sous dix deniers, ci. 5,902 l. 10 s. 10 d.

Jean de Riencourt du Tilloloy, écuyer ordinaire de madame Adélaïde, 1789, neuf cent vingt-quatre livres ci. 924 l.

Bernard Bourder, opérateur ordinaire du Roi, 1789, trois cent vingt-six livres dix sous, ci. 326 l. 10 s.

Aubier de Monteil, gentilhomme ordinaire du Roi, 1787, 1788 & 1789, cinq mille cent cinquante livres, ci. 5,150 l.

Antoine-Jacques Partié, gentilhomme ordinaire du Roi, 1787, 1788 & 1789, cinq mille trois cent livres, ci. 5,300 l.

Gentil de Fontbel, gentilhomme ordinaire du Roi, 1787, 1788 & 1789, cinq mille deux cent livres, ci. 5,200 l.

Maffon de la Motte, gentilhomme ordinaire du Roi, 1787, 1788 & 1789, sept mille deux cent livres, ci. 7,200 l.

Adrien Goujenot de Maffeaux, gentilhomme ordinaire du Roi, 1787, 1788 & 1789, cinq mille quatre cent livres, ci. 5,400 l.

Jean-Baptiste-Emmanuel Roëthiers, gentilhomme ordinaire du Roi, 1787, 1788 & 1789, cinq mille quatre cents livres, ci. 5,400 l.

Aux sieurs Petit de Tracy, gentilhomme ordinaire du Roi, 1787, 1788 & 1789, cinq mille quatre cents livres, ci. 5,400 l.

Leclerc de la Briere, gentilhomme ordinaire du Roi, 1788 & 1789, trois mille six cents livres, ci. 3,600 l.

Gabriel Moreau de Lervanches, gentilhomme ordinaire du Roi, 1788 & 1789, trois mille six cents livres, ci. 3,600 l.

Faget de Quennefer, gentilhomme ordinaire du Roi, 1787, 1788 & 1789, cinq mille quatre cents livres, ci. 5,400 l.

Pierre Bernard de Saint-Julien, gentilhomme ordinaire du Roi, 1788 & 1789, trois mille six cents livres, ci. 3,600 l.

A la dame de Donniffant, dame d'atours de madame Victoire, 1789, quarante-huit mille livres, ci. 48,000 l.

Aux sieurs Larfonneur, cœffeur de Mesdames tantes du Roi, 1789, sept cent vingt livres, ci. 720 l.

Lebrun, aussi cœffeur de Mesdames tantes du Roi, 1789, douze cent soixante livres, ci. 1,260 l.

A la dame de Laval, dame d'atours de madame Adélaïde, 1789, quarante-six mille livres, ci. 46,000 l.

Aux sieurs Favier, chirurgien du palais des Tuileries, 1789, onze cent soixante dix-livres, ci. 1,170 l.

De Laval, conpofiteur des balets du Roi, & maître à danser de la Reine, & des Enfans de France, 1788 & 1789, seize mille neuf cents livres, ci. 16,900 l.

Batimens du Roi dans le département de Paris, pour les années 1777, 1778, 1776, 1780, 1781, 1782, 1783, 1784, 1785, 1786, 1787, 1788 & 1789.

Aux sieurs Pecoul, maçon, pour les années 1783, 1784 & 1785, cent trente cinq mille cent soixante-huit livres dix-sept sous, ci. 135,168 l. 17 s.

A la veuve Roche & son fils, serrurier, 1781, 1782 & 1783, trente-cinq mille six cent cinquante livres deux sous trois deniers, ci. 35,750 l. 2 s. 3 d.

Aux sieurs Thiéry, pompier, 1781, 1782, 1784 & 1786, sept cent trente-une livres seize sous, ci. 731 l. 16 s.

Chevalier, marchand de fer, 1777 & suivantes jusques & compris 1782, dix-huit cent vingt-sept livres dix sous, ci. 1,827 l. 10 s.

François Motard, serrurier, 1787, quatre mille cinq cent deux livres quinze sous huit deniers, ci. 4,502 l. 15 s. 8.

Louis-François Caillot, serrurier, 1787, quatre cent quatre-vingt-quatorze livres treize sous quatre deniers, ci. 494 l. 13 s. 4 d.

Andoche-Alexis Rivet, couvreur, 1782, 1783 & 1784, six mille sept cent vingt-quatre livres trois sous huit deniers, ci. 6,724 l. 3 s. 8 d.

Aux sieurs Pierre Desjardins, menuisier, pour les années 1782, 1783 & 1784, dix-huit cent trente-une livre dix-huit sous dix deniers, ci. 1,831 l. 18 s. 10 d.

Lucas & Gondoin, plombiers, pour 1784 & suivantes jusques & compris 1789, deux cent trente-huit mille neuf cent vingt-quatre livres six sous neuf deniers, ci. 238 m. 924 l. 6 s. 9 d.

Jean-Alexandre Launay, vitrier, pour 1781 & suivantes jusques & compris 1787, quinze mille sept cent vingt-trois livres deux sous huit deniers, ci. 15,723 l. 2 s. 8 d.

Alexandre Genson, marchand de fer, pour 1785 & 1786, cent cinquante-neuf livres huit sous sept deniers, ci. 159 l. 8 s. 7 d.

Arriéré du département de la guerre, pour les années 1788 & 1789. *Lits militaires.*

A Louis-François Desmazures, entrepreneur de la fourniture des lits militaires dans les ci-devant provinces ou généralités d'Auch, Pau, Bordeaux, Bourgogne, Bretagne, Dauphiné, Languedoc, la Rochelle, Limoges, Poitou, Provence, Rouffillon & Touraine, pour fournitures faites en 1789, deux cent mille cinq cent quatorze livres dix-huit fous huit deniers, ci. 200,514 l. 18 f. 8 d.

Plus les intérêts des différentes parties dont ladite fomme totale eft compofée, à compter de époques déterminées par les traités faits entre le miniftre du département de la guerre & ledit fieur Defmazures, & ce, jufqu'à l'époque fixée par le décret du 6 mars dernier.

Finalement la fomme de neuf mille neuf cent cinquante-trois livres trois fous quatre deniers, pour dépenfes extraordinaires faites par ledit entrepenneur pour le compte du Roi, pendant ladite année 1789, deux cent dix mille quatre cent foixante-huit liv. deux fous, ci 210,468 l. 2 f.

Au fieur Acarier, entrepreneur des lits militaires de la ci-devant généralité de Franche-comté, pour logement de fon commis à Verfois, dans l'année 1789, cent vingt livres, ci 120 l.

Au fieur Colas d'Alincourt, pour rétréciffement de lits militaires, faits en 1788 & 1789, dans les places de la Fère, châteaux de Ham & Laon, vingt-un mille foixante-fept livres fix fous fept deniers, ci 21,067 l. 6 f. 7 d.

Au fieur Voyant, pour fournitures extraordinaires de lits d'officiers & de domeftiques, faites dans les pavillons & cazernes de la ville & citadelle de Metz, dans les trois premiers mois de 1789, fept mille deux cent quarante-quatre livres cinq fous, ci 7,244 l. 5 f.

Fortifications.

Au fieur Godefroy, entrepreneur des fortifications de Bordeaux, pour travaux faits au château Trompette en 1788, fauf la retenue des quatre deniers pour livres, treize cent vingt-huit livres un fou quatre deniers, ci 1328 l. 1 f. 4 d.

Hopitaux militaires.

Au fieur Marchand, ancien entrepreneur des hôpitaux militaires des villes de Toulon, Ollioufes & Antibes

la somme de quatre-vingt-dix-neuf mille deux cent soixante une livres sept sous neuf deniers, pour solde du
montant de l'estimation des effets à lui appartenans, pour
le compte du Roi : plus les intérêts de ladite somme,
à compter du premier janvier 1789, époque de la résiliation de l'entreprise, jusqu'à l'époque fixée par le décret
du six mars dernier.

Finalement, dix-sept mille cinq cent quarante-une liv.
dix sous quatre deniers, montant de l'indemnité qui lui
a été accordée.

Somme totale liquidée, cent seize mille huit cent
deux livres dix-huit sous un denier, ci 116,802 l. 18. 1 d.

*Arriéré du département des finances, depuis 1785. Offices
à rembourser.*

Aux héritiers du sieur Tronchin, la somme de quatre-
vingt-dix mille livres, pour solde de cinq cent mille livres,
prix de la finance de l'office de trésorier général du marc
d'or, liquidé par arrêt du conseil du 12 août 1785,
ci 90,000 l.

Au sieur Dagier, la somme de soixante mille quatre
cent quarante-une livres, pour le montant de la délégation
faite à son profit le 30 septembre 1790, par les héritiers
du sieur Mouchard, sur la somme de sept cent mille liv.,
prix de la finance de son office de receveur général des
finances, ci 60,441 l.

Brevets de retenue.

A Antoine-César de Choiseul Praslin, ci-devant lieutenant-général du gouvernement de Bretagne, la somme
de cent soixante mille livres, montant du brevet de retenue
à lui accordé le 8 janvier 1786 sur ladite charge, avec
intérêts, à compter du 19 janvier dernier, jusqu'à l'é-
poque fixée par le décret du 6 mars, ci 160,000 l.

A Louis-François-Joseph de Bourbon Conti, ci-devant
gouverneur & lieutenant-général de la province de Berry,
la somme de cent mille livres, montant du brevet de
retenue à lui accordé le 19 juin 1771 sur ladite charge,
avec intérêts, à compter du 18 février dernier, jusqu'à
l'époque fixée par le même décret, ci 100,000 l.

A Victor-Maurice Riquet Caraman, ci-devant lieutenant-général de la province de Languedoc, la somme de deux cent cinquante mille livres, montant du brevet de retenue à lui accordé le 15 février 1775, avec intérêts, à compter du 8 février dernier, jusqu'à l'époque déterminée par ledit décret du 7 mars dernier, ci 250,000 l.

A Emery-Loüis Roger de Rochechouart, ci-devant gouverneur & lieutenant-général de l'Orléanois, la somme de dix-huit mille sept cent cinquante livres, montant du brevet de retenue à lui accordé sur ladite charge le 27 novembre 1784, avec intérêts, depuis le 21 janvier dernir, jusqu'à l'époque prescrite par le décret du 6 mars aussi dernier, ci 18,750 l.

A la charge par tous les dénommés auxdits états ci-dessus, de se conformer aux loix de l'état, pour l'obtention des reconnoissances de liquidation & mandats sur la caisse de l'extraordinaire.

L'assemblée déclare que la rente viagère de cinq mille livres, accordée par le Roi au sieur Sage, pour la cession de son cabinet de minéralogie & de métallurgie, en 1783, lui sera continuée ; en conséquence, le directeur-général de la liquidation demeure autorisé à lui délivrer reconnoissance de ladite rente viagère, à la charge toutefois par lui de remettre aux archives nationales, un inventaire signé de lui, contenant la description détaillée des objets par lui cédés, & sauf audit sieur Sage la faculté de demander le rétablissement de sa pension de douze cents livres, s'il y a lieu.

A l'égard de la réclamation de Marguerite Ranc, veuve de Benoît Soldini, premier commis du secrétaire général de l'intendance des postes, tendant à être payée d'une somme de dix-neuf cent vingt livres, qu'elle prétend être due au feu sieur son mari par l'administration des postes ;

L'assemblée déclare qu'il n'y a lieu à accorder la somme demandée, & que le paiement n'en doit pas être fait ; sauf à ladite veuve Soldini à se pourvoir, s'il y a lieu, ainsi & contre qui il appartiendra.

L'Assemblée nationale, ouï son comité central de liquidation, décrète ce qui suit :

1°. Sur les fonds par elle destinés à l'acquittement de l'arriéré, l'administrateur de la caisse de l'extraordinaire remettra à l'ordonnateur du trésor public, pour achever le paiement des états de finances de l'année 1788, la somme

de onze cent quatre-vingt-treize mille six cent soixante-
huit livres dix-neuf sous huit deniers, formant le montant
des supplémens à fournir, au moyen des fonds qui ont
été déja faits aux receveurs généraux, & de la distraction
qui a été opérée sur lesdits états de finance, par la suppression des épices ; savoir :

Pour la ci-devant province de Bretagne, cent cinquante-
sept mille six cent soixante huit livres douze sous un den.

Pour la généralité de Montpellier, deux cent quatre-
vingt-un mille soixante-dix-neuf livres cinq sous deux den.

Pour la ci-devant province de Languedoc, deux cent
quatre-vingt-onze mille neuf cent cinquante-sept livres
cinq sous.

Pour la ci-devant province de Bearn, quatre vingt dix-
huit mille neuf cent soixante-deux livres deux sous cinq d.

Pour la ci-devant province de Provence, trois cent
cinquante-cinq mille sept cent quarante-neuf livres six s.
sept deniers.

Et pour la ci-devant province de Roussillon, huit mille
deux cent cinquante-deux livres huit sous cinq deniers.

Laquelle somme totale de onze cent quatre-vingt-treize
mille six cent soixante-huit livres dix-neuf sous huit deniers,
sera répartie par l'admidistrateur du trésor public, conformément à l'état ci-dessus, entre les différens ci-devant
receveurs-généraux desdites provinces, lesquels seront
tenus d'achever le paiement des états de finance dans la
forme ordinaire.

2°. A l'égard de l'année 1789, les états des finances
étant liquidés ; savoir :

Pour les ci-devant pays d'élection & conquis, à six
millions sept cent soixante-huit mille quatre cent quatre
livres quatre deniers.

Et pour les ci-devant pays d'états, à quatre cent mille
trois cent soixante-deux livres cinq sous sept deniers ;

En tout sept millions cent soixante-huit mille sept cent
soixante-six livres cinq sous onze deniers,

Attendu que les fonds en sont faits en entier aux ci-devant
receveurs généraux par leur soumission pour l'exercice de
1789, lesdits receveurs-généraux seront tenus d'en faire
le paiement dans la forme ordinaire.

En conséquence les états, tant de 1788 que de 1789,
ci-dessus énoncés, seront remis à l'ordonnateur du trésor

public, pour être par lui adreſſés auxdits ci-devant receveurs-généraux des finances.

3°. Les états particuliers contenant, pour l'année 1789,
les gages des ci-devant cours ſouveraines, chancelleries
& bureaux des finances, étant pareillement liquidés; ſavoir:

Pour les ci-devant pays d'élection & conquis, à quatre
millions ſix cent quatorze mille trois cent quarante-neuf
livres neuf ſous ſept deniers,

Et pour les ci-devant pays d'états, à un million neuf
cent cinquante-cinq mille cinq cent dix-huit livres dix-
huit ſous onze deniers;

L'adminiſtrateur de la caiſſe de l'extraordinaire ſe concertera avec l'ordonnateur du tréſor public, conformément au décret du 13 février 1791, pour faire payer la
ſomme totale de ſix millions cinq cent ſoixante-neuf mille
huit cent ſoixante-huit livres huit ſous ſix deniers, & la
répartir aux parties prenantes déſignées auxdits états.

4°. Les états particuliers pour les années 1786, 1787,
1788 & 1789, contenant les gages des officiers des monnoies du royaume, étant pareillement liquidés ; ſavoir :

Pour 1786, à ſoixante quatre mille cent ſoixante livres
ſeize ſous trois deniers ;

Pour 1787, à ſoixante-deux mille neuf cent douze liv.
quatre ſous dix deniers.

Et pour 1788, à ſoixante-deux mille neuf cent douze
livres quatre ſous dix deniers ;

Pour 1789, à ſoixante-trois mille deux livres quatre
ſous ſix deniers.

L'adminiſtrateur de la caiſſe de l'extraordinaire ſe concertera pareillement, ſoit avec l'ordonnateur du tréſor
public, ſoit avec les ci-devant payeurs de gages, pour
faire répartir la ſomme totale de deux cent cinquante-deux
mille neuf cent quatre-vingt-ſept livres dix ſous neuf d.,
formée de celle ci-deſſus, aux différentes parties prenantes
déſignées dans leſdits états.

5°. Les états particuliers pour les années 1788 & 1789,
des gages & autres droits de la ci-devant chambre des
comptes de Paris, étant liquidés, ſavoir:

Pour 1788, à deux cent cinquante-deux mille deux
cent cinquante ſix livres onze ſous neuf deniers, diſtrac-
tion faite des épices,

Et pour l'année 1789, à pareille ſomme, auſſi diſtrac-
tion faite des épices;

H ij

L'état particulier des gages & autres droits de la ci-devant cour des aides de Paris, pour l'année 1789, étant liquidé à la somme de cent cinquante-six mille six cent liv. quinze sous deux deniers, même déduction faite des épices;

L'état particulier des gages & autres droits du ci-devant parlement de Paris, pour l'année 1789, étant de même liquidé à la somme de deux cent quatre-vingt-quatorze mille huit cent quatre-vingt-dix-sept livres dix sous un denier, aussi déduction faite des épices & autres droits relatifs aux comptes;

L'administrateur de la caisse de l'extraordinaire se concertera avec les ci-devant payeurs des gages desdites cours, pour faire payer à chacune des parties prenantes désignées auxdits états, ce qui lui revient.

6°. L'état particulier contenant le détail des gages & autres charges assignées sur les fermes unies, pour l'année 1789, arrêté le 20 mars 1791, étant liquidé à quinze cent vingt-six mille neuf cent soixante-dix-sept livres dix-huit sous, distraction faite de la somme de six cents livres employée audit état pour épices;

L'administrateur de la caisse de l'extraordinaire se concertera avec l'ordonnateur du trésor public ou le ci-devant payeur desdits gages & autres dépenses, pour acquitter ladite somme de quinze cent vingt-six mille neuf cent soixante-dix-sept livres dix-huit sous, au profit de chacune des parties prenantes; le tout sauf les droits des ci-devant officiers qui n'auroient pas été compris dans lesdits états ou qui n'y auroient pas été portés pour la totalité de ce qui leur est dû.

Pour effectuer lesdits paiemens, les états particuliers ci-dessus désignés seront remis à l'administrateur de la caisse de l'extraordinaire, après avoir été visés & paraphés par le directeur général de la liquidation.

Mandons, &c. *Signé* Louis. *Et plus bas*, M. L. F. *Duport.* Et scellées du sceau de l'Etat.

Loi relative à la liquidation des offices des agens de change.

Donnée à Paris, le 6 mai 1791.

LOUIS, par la grace de Dieu, & par la loi conftitutionnelle de l'Etat, Roi des Français : à tous préfens & à venir ; falut. L'Affemblée nationale a décrété, & nous voulons & ordonnons ce qui fuit.

Décret de l'Affemblée nationale, du 3 mai 1791.

L'Affemblée nationale, après avoir entendu le rapport du comité de judicature, décrete que les offices des agens de change de Paris, feront liquidés fur le pied des finances par eux verfées dans le tréfor public, en conformité du rôle arrêté au confeil, au mois de mars 1786.

Mandons, &c. *Signé* LOUIS. *Et plus bas*, M. L. F. *Duport.* Et fcellées du fceau de l'Etat.

Loi relative à l'exportation, par le cours de la Meufe, de quelques portions de bois y défignés.

Donnée à Paris, le 8 mai 1791.

LOUIS, par la grace de Dieu, & par la loi conftitutionnelle de l'Etat, Roi des Français : à tous préfens & à venir ; falut. L'Affemblée nationale a décrété, & nous voulons & ordonnons ce qui fuit.

Décret de l'Affemblée nationale, du 2 mai 1791.

L'Affemblée nationale confidérant que les coupes annuelles des bois fitués fur les rives de la riviere de Meufe, depuis Revins jufqu'à Givet, produifent momentanément une furabondance de bois, dont la confommation ne peut être faite dans l'intérieur du royaume, excepte de la loi portée par le tarif général des droits de traites, décrété le 31 janvier dernier, les efpeces de bois ci-après défignées, dont l'exportation par le cours de la Meufe feulement, pourra avoir lieu jufqu'au premier mai 1793, à la charge de payer pour droits de forties, favoir:

La banne de charbon de bois, contenant dix queues, ou vingt poinçons de Bourgogne, la fomme de cinq liv., ci, 5 liv.

Le millier en nombre de perches à oublons, la fomme de trente livres, ci 30 liv.

Le millier en nombre de perches nommées waires, la fomme de vingt liv., ci 20 liv.

Le millier en nombre de perches nommées wairettes, la fomme de dix liv., ci 10 liv.

L'Affemblée nationale excepte également de la prohibition portée par ledit tarif, les bois à brûler du diftriƈt de Gex, département de l'Ain, qui feront exportés du royaume moyennant un droit de fortie de douze fous par chaque char à quatre roues, & de fix fous par chaque charette à deux roues.

Mandons, &c. *Signé* LOUIS. *Et plus bas*, M. L. F. *Duport.* Et fcellées du fceau de l'Etat.

Loi relative à la caiffe des invalides de la marine.

Donnée à Paris, le 13 mai 1791.

LOUIS, par la grace de Dieu, & par la loi conftitutionnelle de l'Etat, Roi des Français : à tous préfens & à venir; falut. L'Affemblée nationale a décrété, & nous voulons & ordonnons ce qui fuit:

Décret de l'Assemblée nationale, des 28 & 30 avril 1791.

TITRE PREMIER.

De la conservation de la caisse des invalides & des revenus qui lui font affectés.

ARTICLE PREMIER.

La caisse des invalides de la marine fera conservée ; elle demeurera distincte & féparée de celle des penfions accordées par l'état, fur laquelle les droits des marins & de tous les employés du département de la marine font réfervés.

II. Les revenus fixes, provenant des économies ci-devant faites des fonds de cette caiffe, continueront à y être verfés.

III. La rente viagere de cent vingt mille livres fur la tête du Roi, eft déclarée perpétuelle, & fera verfée tous les ans par le tréfor public à la caiffe des invalides.

IV. Cette caiffe confervera pour revenus cafuels :

1°. Quatre deniers pour livre fur toutes les dépenfes du département de la marine & des colonies.

2°. Six deniers pour livre fur les gages des marins employés par le commerce, & fur les bénéfices de ceux qui naviguent à la part.

3°. Un fou pour livre du produit net de toutes les prifes faites fur les ennemis de l'Etat, par les corfaires français.

4°. Six deniers pour livre de la totalité, & le tiers du produit net de toutes les prifes quelconques faites fur les ennemis par les bâtimens de l'Etat.

5°. La totalité du produit non réclamé des bris & naufrages.

6°. Le montant de la folde des marins déferteurs à bord des vaiffeaux de l'Etat.

7°. La moitié de la folde des déferteurs à bord des navires de commerce ; l'autre moitié déclarée appartenir aux armateurs, en indemnité de leurs frais de remplacement.

H iv

8°. Le produit des successions des marins & autres personnes mortes en mer, les sommes de part de prise, gratifications, salaires & journées d'ouvriers, & autres objets de pareille nature concernant le service de la marine, lorsqu'ils ne seront pas réclamés.

TITRE II.

Des formes à observer pour constater ceux qui ont des droits à des pensions ou demi-soldes sur la caisse des invalides.

ARTICLE PREMIER.

Les syndics élus par les citoyens de profession maritime dresseront, au commencement de chaque année, une liste des invalides & pensionnaires de leur syndicat morts dans l'année; ils recevront les demandes des demi-soldes qui leur seront faites par les marins, veuves & enfans, pères & mères des marins de leur territoire; ils en donneront l'état, contenant les motifs de chaque demande, & feront certifier les faits par la municipalité du chef-lieu du syndicat, & adresseront un double de l'état, & les pieces au soutien, au commissaire de leur quartier.

II. Les commissaires établis dans les quartiers vérifieront les faits contenus aux états & pieces à eux envoyés par les syndics; ils joindront leurs observations à chaque demande, feront certifier le tout par les administrateurs du district de leur résidence, & en feront ensuite l'envoi à l'ordonnateur en chef de leur département.

Quant aux marins, leurs veuves, enfans, pères ou mères, résidans dans les lieux non compris dans un syndicat des classes, ils présenteront leurs demandes motivées à la municipalité de leur résidence, laquelle certifiera les faits qui seront à sa connoissance, fera passer le tout avec son avis au commissaire aux classes du quartier le plus prochain, qui adressera lesdites demandes, & les pieces au soutien, au ministre du département de la marine avec ses observations.

III. Les commissaires des classes feront aussi, au com-

mencement de chaque année, une lifte des officiers militaires & adminiftrateurs penfionnaires de leur département
morts dans l'année.

Quant aux nouvelles demandes de penfions qui pourroient être formées par des officiers militaires, ceux d'adminiftration & autres, elles feront par eux adreffées à
leurs fupérieurs refpectifs, qui en remettront les états &
pieces à l'appui à l'ordonnateur en chef du département.
Leurs peres, meres, veuves & enfans, qui formeront des
demandes, y joindront les certificats de la municipalité de
leur réfidence, fur les faits par eux énoncés & qui feront
à fa connoiffance.

IV. Les infpecteurs des troupes de la marine recevront
les demandes de penfions qui pourront être formées par
officiers, fous-officiers & foldats defdites troupes & régimens ; ils en drefferont l'état avec les motifs de chaque
demande, & les pieces au foutien, & adrefferont le tout,
avec leurs obfervations, au miniftre de la marine.

V. Les ordonnateurs en chef dans les divers départemens de la marine, feront examiner tous les états de demandes de penfions & pieces au foutien, qui leur auront
été adreffés ; ils en feront dreffer le procès-verbal par le
commiffaire aux revues, ou par le contrôleur de la marine, le viferont, y joindront leurs obfervations, & adrefferont le tout, dans le plus bref délai poffible, au miniftre de la marine.

VI. Le miniftre fera faire un nouvel examen, & dreffer la lifte générale de toutes les demandes & de leurs
principaux motifs, dans l'ordre où il aura jugé devoir
les placer.

VII. Les penfions & demi-foldes de la marine feront
déterminées par un réglement particulier, en raifon des
fonctions qu'exerçoient les individus, de leurs payes au
fervice, de leurs bleffures ou infirmités, de leurs befoins,
& du nombre de leurs enfans en bas âge. Le *minimum* defdites penfions & demi-foldes eft fixé à 96 livres, & leur
maximum à 600 livres par an.

VIII Tous ceux qui, à raison de leurs services & de leurs besoins, mériteront d'être placés sur la liste, obtiendront la pension, solde ou demi solde, autant que la caisse aura des fonds à y suffire; & en cas d'insuffisance, on suivra l'ordre de la liste qui doit accorder la préférence aux plus anciens d'âge & de service, & aux plus nécessiteux.

IX. Les gratifications & secours urgens & momentanés seront demandés, comme les demi-soldes, au syndic, qui fera certifier les faits par la municipalité du chef-lieu, & enverra également l'état au commissaire du quartier, qui y joindra ses observations, fera certifier le tout par les administrateurs du district de sa résidence, & en fera l'envoi à l'ordonnateur du département.

X. Les officiers militaires, ceux d'administration, ainsi que les officiers, sous-officiers & soldats des troupes de la marine, adresseront à leurs supérieurs respectifs leurs demandes de gratifications, de secours urgens, & rempliront pour cet objet les mêmes formalités prescrites par les articles précédens pour les demandes des pensions.

TITRE III.

De la destination des fonds de la caisse des invalides.

ARTICLE PREMIER.

Les fonds de la caisse des invalides sont destinés au soulagement des officiers militaires & d'administration, officiers-mariniers, matelots, novices, mousses, sous-officiers, soldats & autres employés du département de la marine, & à celui de leurs veuves & enfans, même de leurs peres & meres : ils ne pourront, sous aucun prétexte, être détournés de cette destination.

II. Il ne sera accordé aucune pension sur la caisse des invalides, qu'à titre de besoin réel & bien constaté; & cette pension ne pourra jamais excéder six cents livres, même lorsqu'elle fera accordée à une veuve & fes enfans réunis.

III. Nul ne pourra obtenir de penfion fur la caiffe des invalides, s'il a quelque traitement ou falaire public, ou penfion fur l'état.

IV. Il ne pourra être accordé de penfions fur la caiffe des invalides, avec claufe de réverfibilité.

V. La penfion de cinquante livres accordée à perpétuité au plus proche parent du fieur Penandreffkeranftrelt eft exceptée de l'article précédent, en mémoire de la mort glorieufe de cet officier, tué le 10 août 1780 fur la frégate anglaife la Flore, à bord de laquelle il avoit fauté feul, & continuera d'être payée pendant cent ans.

VI. Il fera mis, chaque année, fur les fonds de la caiffe des invalides, une fomme à la difpofition du miniftre de la marine, pour être par lui diftribuée en modiques gratifications dans les cas de befoins urgens. Cette fomme fera fixée à foixante mille livres par an, & divifée en deux portions. L'une, de cinquante-quatre mille livres, fera appliquée aux demandes faites dans les formes prefcrites par le titre précédent, & aucune de ces gratifications ne pourra excéder la fomme de deux cents livres.

L'autre portion de fix mille livres fera difponible par le miniftre, pour les cas extraordinaires qui ne permettent aucun retard, & dont les demandes ne pourront être formées à l'avance, & aucune des gratifications fur ce fonds de fix mille livres ne pourra excéder la fomme de cinquante livres.

VII. Toutes les demandes des marins & autres perfonnes attachées au département de la marine, follicitant des penfions ou demi-foldes, à raifon de leurs fervices, bleffures, âge, infirmités, & qui n'ont encore obtenu aucune penfion ni demi-folde, feront examinées le plutôt poffible par le miniftre du département; & toutes celles qui font fondées, feront inceffamment fondées fuivant les principes du préfent décret, conformément au réglement ci-annexé, à courir du premier janvier 1791.

TITRE IV.

Des pensions, soldes & demi-soldes qui existent sur la caisse des invalides de la marine.

ARTICLE PREMIER.

A compter du premier janvier 1791 , les pensions accordées sur la caisse des invalides de la marine, à des personnes étrangeres au département de la marine & des colonies, & qui n'en jouissent pas en qualité de veuves & enfans, ou freres & sœurs, peres & meres des marins, ou employés au service de ce département, sont supprimées, sans pouvoir être remplacées, & il ne leur sera payé que les arrérages échus à cette époque.

II. Toutes autres pensions sur la caisse des invalides continueront d'être payées jusques & compris les six premiers mois de l'année 1791 , & ne pourront l'être ultérieurement que d'après vérification de leurs motifs.

III. Les pensions accordées pour raison de blessures ou d'infirmités graves & bien constatées, ou à titre de retraite , après trente ans effectifs de service, ou aux veuves, enfans, peres, meres, freres & sœurs des marins, d'officiers & d'employés dans le département, en considération de la mort ou des services rendus par leurs maris, leurs pères, fils ou frères , sont conservées, pourvu qu'ils n'aient pas d'autre traitement; mais celles qui excèdent six cents livres, seront réduites à ce taux.

IV. Ne sont comprises aux dispositions de l'article II, les soldes & demi-soldes , & les pensions de cinquante l. aux veuves, qui continueront d'être payées sans interruption.

V. Le ministre de la marine remettra au bureau du commissaire du Roi liquidateur, les titres ou décisions, avec les motifs & informations prises dans les ports respectifs sur les pensions suspendues par l'article II du présent titre. Le commissaire liquidateur en fera l'examen & vérification, & remettra le tout au comité de marine, pour en faire le rapport à l'Assemblée nationale.

VI. Tous inventeurs de découvertes utiles à la marine, & autres étrangers à ce département, auxquels il avoit été accordé des pensions sur la caisse des invalides, ou qui auront des droits à des récompenses, fourniront leurs mémoires au comité des pensions, pour être portés sur la liste des pensionnaires de l'état, s'il y a lieu.

VII. Les pensionnaires de toutes les classes sur la caisse des invalides de la marine, seront admis, dès qu'ils le requerront, dans les hospices nationaux, en abandonnant auxdits hospices leur pension ou solde, sous la réserve de vingt-quatre livres par an, pour les besoins particuliers desdits pensionnaires; mais ils seront tenus d'y travailler, s'ils sont encore en état de le faire, & le produit de leur travail appartiendra à l'hospice.

Ceux qui auront été estropiés ou qui auront atteint l'âge de caducité, & qui n'auroient d'ailleurs aucun moyen de subsister, pourront être reçus à l'hôtel des invalides, conformément au décret du 24 mars 1791; alors ils cesseront de recevoir aucune demi-solde, sauf la réserve de vingt-quatre livres.

VIII. Les soldes & demi-soldes dont jouissent actuellement les invalides de la marine, seront provisoirement, à compter du premier janvier 1791, augmentées de douze deniers par jour, en attendant un travail général qui devra être fait par le département de la marine dans le courant de cette année, pour mettre tous les invalides de la marine, au premier janvier 1792, sur le pied du règlement annexé au présent décret.

IX. Les hôpitaux, hospices & autres établissemens de bienfaisance destinés privativement aux invalides de la marine, seront provisoirement maintenus. L'Assemblée nationale charge son comité de marine & de mendicité de lui en présenter incessamment le tableau, & de lui proposer les dispositions à faire pour l'avantage public.

TITRE V.

De la comptabilité de la caisse des invalides, & frais de son administration.

ARTICLE PREMIER.

La caisse des invalides de la marine est un dépôt confié, sous les ordres du Roi, au ministre du département de la marine, qui ne pourra, sous peine d'en être responsable, en intrvertir la destination.

II. Tous les agens nécessaires au service de la caisse des invalides, seront sous les ordres du ministre de ce département.

III. Il y aura un trésorier des invalides de la marine à Paris, & dans chacun des ports où un tribunal de commerce maritime remplacera une amirauté, & les trésoriers des ports seront en même-temps caissiers des gens de mer.
Il y aura en outre des caissiers de gens de mer dans les autres quartiers, & les caissiers seront subordonnés au trésorier de leur arrondissemenr.

IV. Au ministre appartiendra d'ordonner les remises & versemens de fonds de la caisse de Paris dans celles des ports, & *vice versâ*, suivant les besoins du service.

V. Les recettes & dépenses concernant les invalides & les gens de mer, seront confiées auxdits trésoriers & caissiers, dont la comptabilité sera suivie par les commissaires des classes, sous les ordres des ordonnateurs, & inspectée dans les ports par les contrôleurs de la marine.

VI. Chaque trésorier & caissier tiendra un registre particulier en recette & en dépense, tant pour le service de la caisse des invalides de la marine, que pour celle des gens de mer.

VII. Le premier de chaque mois, les trésoriers arrê-

feront leurs regiſtres , & les feront viſer par les commiſſaires aux claſſes & les contrôleurs de la marine du port
où ils feront établis.

Les caiſſiers des gens de mer arrêteront auſſi leur regiſtre le premier jour de chaque mois , & cet arrêté ſera
viſé par le commiſſaire des claſſes du quartier.

Les commiſſaires aux claſſes & les contrôleurs ſeront
tenus de vérifier & certifier l'état de la caiſſe & l'exiſtence
des effets & eſpèces , & ils ſeront reſponſables de la
vérité de leur certificat.

VIII. Ils remettront, à la même époque , à l'ordonnateur en chef de leur département , qui le fera paſſer au
miniſtre , l'extrait du ſervice du mois, certifié & viſé
comme il eſt preſcrit pour le regiſtre. Le tréſorier des invalides à Paris , remettra un ſemblable extrait au miniſtre.

IX. Tous les ans , au premier jour de janvier , chaque
tréſorier des invalides formera ſon compte de l'année précédente, lequel ſera viſé & certifié par le commiſſaire aux
claſſes , ou le contrôleur de la marine , arrêté par l'ordonnateur du département, & adreſſé au miniſtre de la marine.

A Paris , le tréſorier établira dans la même forme ſon
compte de l'année précédente , qu'il fournira au miniſtre.

D'après tous ces comptes, le miniſtre de la marine fera
dreſſer le compte général de la caiſſe des invalides de la
marine , qui ſera livré à l'impreſſion & envoyé dans les
quartiers à chaque ſyndic des gens de mer.

A ce compte général ſeront jointes les liſtes des penſions
& gratifications demandées , & de celles accordées pour
chaque département. Le double de ce compte ſera envoyé
au corps légiſlatif.

X. Aucune dépenſe ou gratification ne pourra être
allouée que ſur ordonnance ſignée du Roi en commandement , & contreſignée par le miniſtre du département de
la marine.

XI. Les commiſſaires des claſſes & les contrôleurs de
la marine dans les ports, & à Paris le chef du bureau des
invalides , ſeront ſpécialement chargés des pourſuites à
faire pour la rentrée des ſommes dues à la caiſſe des invalides , tant pour le paſſé que pour l'avenir , chacun dans
leur département.

XII. La caisse des invalides ne supportera aucuns frais ordinaires, que ceux qui seront réglés pour le traitement des agens auxquels seront confiés l'administration & la comptabilité des objets qui les concernent.

XIII. Ladite caisse ne supportera d'autres frais extraordinaires que ceux nécessaires pour assurer le recouvrement des sommes qui lui seront dues, & l'impression de ses comptes.

Réglement pour la fixation & distribution des pensions, soldes & demi-soldes sur la caisse des invalides de la marine.

L'Assemblée nationale considérant que la situation des marins exige plus ou moins de secours en raison de leurs infirmités, de leurs blessures, de la quantité & de l'âge de leurs enfans, & qu'il est juste aussi d'avoir égard à leurs appointemens, qui indiquent la durée, l'importance & le mérite de leurs services, décrete ce qui suit:

ARTICLE PREMIER.

Il sera fait cinq classes des personnes ayant droit à des demi-soldes en qualité d'invalides de la marine.

II. Tous les marins qui, aux termes du décret de ce jour, auront droit à une demi-solde sur la caisse des invalides, & dont la paye au service est de soixante-six à quatre-vingt-une livre par mois, recevront pour demi-solde dix-huit livres par mois.

Tous ceux dont la paye est de cinquante-une à soixante-trois livres, recevront pour demi-solde quinze livres par mois.

Tous ceux dont la paye est de trente-neuf à quarante-huit livres, recevront pour demi-solde douze livres dix sous par mois.

Tous ceux dont la paye est de vingt-sept à trente-six livres, auront pour demi-solde dix livres par mois.

Enfin, pour tous ceux dont la paye est au-dessous de vingt-sept livres, la demi-solde sera de huit livres par mois.

III.

III. Il sera en outre accordé à chaque invalide qui, par mutilation, par des blessures graves ou des infirmités, seroient habituellement hors d'état de travailler, un supplément de six livres par mois.

IV. Il sera aussi accordé à chaque invalide, en supplément, la somme de deux livres par mois pour chaque enfant au-dessous de l'âge de dix ans, jusqu'à ce qu'ils aient atteint cet âge.

V. A l'égard des sous-officiers & soldats des troupes de la marine, on suivra les régles établies ou à établir pour l'armée de ligne, en ayant égard au séjour dans les colonies, & aux campagnes de mer desdits sous-officiers & soldats.

IV. Tous ceux dont les appointemens ou la solde excedent quatre-vingt-une livres par mois, auront droit, dans les cas exprimés dans le décret, à une pension du quart de leurdit traitement ou solde.

Si par des blessures ou infirmités, ils se trouvent hors d'état de travailler, ils recevront un supplément de neuf livres par mois, & en outre trois livres par chacun de leurs enfans au-dessous de l'âge de dix ans, & seulement jusqu'à ce qu'ils soient parvenus à cet âge.

VII. Les veuves des pensionnaires invalides & celles des hommes morts après trente ans de service, auront droit à la moitié de ce que leurs maris avoient obtenu ou auroient pu obtenir.

Celles des hommes tués à la guerre auront droit à la moitié de la pension ou demi-solde qui auront été dues à leurs maris, à raison de leur paye ou de leurs appointemens, quel que fût leur âge ou le temps de service, & en outre à la moitié du supplément accordé pour les blessures graves ; il leur sera aussi accordé un supplément de trois livres par mois, pour chaque enfant au-dessous de dix ans.

VIII. Les peres & meres pourront obtenir chacun le tiers de la pension ou demi-solde qui auroit pu être accordée à leurs fils dans les cas ci-dessus.

IX. Les orphelins de pere & de mere, dans les cas énoncés ci-dessus, pourront obtenir chacun le tiers de la pension ou demi-solde que leur pere avoit obtenue ou à laquelle il auroit eu droit, & cette pension ou demi-solde leur sera payée jusqu'à l'âge de quatorze ans accomplis.

X. Lesdites pensions ou demi-soldes & accessoires réunis, ne pourront jamais excéder la somme de *six cents livres*, fixée pour le *maximum* des pensions sur la caisse des invalides.

Mandons, &c. *Signé* LOUIS, *Et plus bas*, *M. L. F. Duport.* Et scellées du sceau de l'Etat.

Loi relative à la formation de la haute cour nationale.

Donnée à Paris, le 15 mai 1791.

LOUIS, par la grace de Dieu, & par la loi constitutionnelle de l'Etat, Roi des Français : à tous présens & à venir ; salut. L'Assemblée nationale a décrété, & nous voulons & ordonnons ce qui suit :

Décret de l'Assemblée nationale, du 10 mai 1791.

L'Assemblée nationale, après avoir entendu le nouveau & dernier rapport au nom du comité de constitution, sur la formation de la haute cour nationale, décrete ce qui suit :

ARTICLE PREMIER.

La haute cour nationale sera composée d'un haut juré & de quatre grands juges qui dirigeront l'instruction, & qui appliqueront la loi, après la décision du haut juré sur le fait.

II. Lors des élections pour le renouvellement d'une législature, les électeurs de chaque département, après

avoir nommé les représentans au corps légiſlatif, éliront
au ſcrutin individuel & à la pluralité abſolue des ſuffrages, deux citoyens ayant les qualités néceſſaires pour
être députés au corps légiſlatif, leſquels demeureront
inſcrits ſur le tableau du haut juré pendant tout le cours
de cette légiſlature.

III. Chaque nouvelle légiſlature, après avoir vérifié
les pouvoirs de ſes membres, dreſſera la liſte des jurés
élus par les départemens du royaume, & elle la fera
publier.

IV. La haute cour nationale connoîtra de tous les
crimes & délits dont le corps légiſlatif ſe portera accuſateur.

V. La haute cour nationale ne ſe formera que quand
le corps légiſlatif aura porté un décret d'accuſation.

VI. Elle ſe réunira à une diſtance de quinze lieues au
moins du lieu où la légiſlature tiendra ſes ſéances. Le
corps légiſlatif indiquera la ville où la haute cour nationale s'aſſemblera.

VII. Le décret du corps légiſlatif portant accuſation,
n'aura pas beſoin d'être ſanctionné par le Roi.

VIII. Le décret du corps légiſlatif portant accuſation,
aura l'effet d'un décret de priſe-de-corps.

IX. Avant de porter le décret d'accuſation, le corps
légiſlatif pourra appeler & entendre à la barre les témoins
qui lui ſeront indiqués. Il ne ſera point tenu d'écritures
des dires des témoins; mais après que le décret portant
accuſation aura été rendu, les témoins ſeront entendus
par les quatre grands juges, & leurs dépoſitions reçues
par écrit.

X. Lorſque le corps légiſlatif aura décrété qu'il ſe rend
accuſateur, il fera une proclamation ſolemnelle pour
annoncer la formation d'une haute cour nationale, &
fera rediger l'acte d'accuſation de la maniere la plus pré-
ciſe & la plus claire; & il nommera deux de ſes membres

pour, fous le titre de grands procurateurs de la nation, faire, auprès de la haute cour nationale, la pourfuite de l'accufation.

XI. Les quatre grands juges qui préfideront à l'inftruction, feront pris parmi les membres du tribunal de caffation; leurs noms feront tirés au fort dans la falle où la légiflature tiendra publiquement fes féances; le plus ancien d'âge préfidera : le Roi fera prié d'y envoyer deux commiffaires.

XII. Le haut juré fera compofé de vintg-quatre membres, & il ne pourra juger qu'à ce nombre.

XIII. Il y aura de plus fix hauts jurés, tirés au fort fur la lifte des cent foixante-fix, pour fervir d'adjoints dans le même cas & felon les mêmes formes déterminées par la loi fur les jurés.

XIV. Les hauts jurés qui feront nommés par chacun des départemens pour être infcrits fur la lifte générale, ne feront admis à propofer aucune excufe, pour fe difpenfer d'être infcrits fur cette lifte.

XV. Lorfque le corps légiflatif aura fait fa proclamation pour annoncer la formation d'une haute cour nationale, ceux des hauts jurés infcrits fur la lifte, qui croiroient avoir des excufes légitimes pour fe difpenfer de compofer le haut juré, dans le cas où le fort les y fît entrer, pourront envoyer lefdites excufes avec les pieces qui en prouveront la légitimité : ces excufes feront jugées par les grands juges.

XVI. Si l'empêchement allégué eft jugé légitime, les noms des hauts jurés qui fe trouveront excufés, feront pour cette fois retirés de la lifte.

XVII. Après que le haut juré aura été déterminé, il n'y aura plus pour ceux qui devront le compofer, aucun lieu à propofer d'excufes, fi ce n'eft pour impoffibilité phyfique, telle qu'une maladie grave, conftatée par un rapport de médecins & certifiée par le procureur-général-syndic du département, ou le procureur-syndic du district, ou le procureur de la commune, suivant que le citoyen appelé habitera dans un chef-lieu de département, de district, ou dans une municipalité.

XVIII. Les hauts jurés qui seront convoqués, soit que leurs excuses n'aient pas été jugées légitimes, soit qu'ils n'en aient pas proposé, ne pourront se dispenser de se rendre au lieu désigné, sous peine, pour celui qui ne se rendroit pas, d'une amende égale aux contributions directes, tant fonciere que mobiliaire, auxquelles il se trouvera imposé pour l'année, & d'être déchu pour six ans des droits de citoyen actif.

XIX. Celui qui aura rempli une fois les fonctions de haut juré, ne pourra plus les remplir pendant le reste de sa vie ; son nom sera retiré de dessus la liste, & on ne pourra plus l'élire pour cette fonction.

XX. Lorsqu'un ou plusieurs des hauts jurés ne pourront pas, à raison de maladie, remplir leurs fonctions, ils seront remplacés ; savoir, ceux des vingt-quatre membres qui composent le haut juré, par des adjoints, suivant l'ordre dans lequel ceux-ci auront été nommés par la voie du sort ; & les adjoints qui seront de cette maniere entrés dans le haut juré, par des jurés pris au sort sur la liste du département dans lequel siégera la haute cour nationale.

XXI. Les accusés auront quinze jours pour déclarer leurs récusations.

XXII. L'accusé ou les accusés auront la faculté d'exercer, sans donner de motifs, le double de récusations accordées par le décret sur la procédure par jurés.

XXIII. Les grands procurateurs de la nation ne pourront proposer de récusations qu'en donnant des motifs ; ces motifs seront jugés par les grands juges.

XXIV. Aussitôt que les récusations auront été proposées & le haut juré déterminé, les grands juges feront convoquer les trente membres dont il sera composé, lesquels seront tenus de se rendre dans quinze jours, après la notification du mandement des grands juges, dans la ville qui sera désignée.

XXV. Les grands juges adresseront, pour le faire notifier, leur mandement aux procureurs-généraux-syndics des départemens où auront été nommés les hauts jurés convoqués.

XXVI. La forme de composer le juré & de procéder, établie pour les jurés ordinaires, sera suivie pour le haut juré.

XXVII. Le commissaire du Roi auprès du tribunal de district dans le territoire duquel la haute cour nationale s'assemblera, fera auprès d'elle les fonctions de commissaire du Roi, elles seront les mêmes respectivement à l'instruction & au jugement, que celles qu'il exercera auprès du tribunal criminel ordinaire.

XXVIII. Les hauts jurés qui seront convoqués, recevront, attendu la nature de ce juré composé de membres appelés de toutes les parties du royaume, la même indemnité que les membres du corps législatif.

XXIX. Le président de l'Assemblée nationale se retirera pardevers le Roi, pour présenter à l'acceptation le présent décret.

Mandons, &c. *Signé* Louis. *Et plus bas, M. L. F. Duport.* Et scellées du sceau de l'Etat.

Loi relative à l'organisation de la marine.

Donnée à Paris, le 15 mai 1791.

LOUIS, par la grace de Dieu, & par la loi constitutionnelle de l'Etat, Roi des Français : à tous présens & à venir ; salut. L'Assemblée nationale a décrété, & nous voulons & ordonnons ce qui suit.

Décret de l'Assemblée nationale, du 29 avril 1791.

L'Assemblée nationale, ouï le rapport de son comité de marine, décrete ce qui suit :

ARTICLE PREMIER.

La marine françoise est composée de tous les citoyens soumis à la conscription maritime.

Mousses.

II. Nul ne pourra être embarqué comme mousse sur les bâtimens de l'état, que de dix à seize ans.

Novices.

III. Tous ceux qui commenceront à naviguer après seize ans, & n'auront pas satisfait à l'examen exigé par l'article XV, seront novices.

Matelots.

IV. Ceux qui auront commencé à naviguer en qualité de novices, pourront, après douze mois de navigation, être admis à l'état de matelot.

V. Les matelots obtiendront, suivant le temps & la nature de leurs services, des augmentations de paye, & à cet effet la paye des matelots sera graduée en plusieurs classes.

VI. Aucun matelot ne pourra être porté à la haute-paye
fans avoir paffé par les payes intermédiaires.

Officiers-mariniers.

VII. Il y aura des officiers mariniers ayant autorité fur
les matelots; ils feront divifés en plufieurs claffes : ce grade
ne fera accordé qu'aux matelots ou ouvriers-matelots parvenus à la plus haute paye, & feulement lorfqu'ils auront les
qualités néceffaires pour en bien remplir les fonctions.

VIII. On ne pourra être fait officier marinier de manœuvre, fans avoir été employé pendant une année de navigation en qualité de gabier.

IX. Toutes les augmentations de folde & tous avancemens en grade pour les gens de l'équipage feront faits, pour
chaque vaiffeau, par fon commandant, qui fe conformera
aux règles établies à cet égard.

Pilotes côtiers.

X. Nul ne pourra commander au petit cabotage, qu'il
n'ait le temps de navigation, & n'ait fatisfait à l'examen
qui fera prefcrit. Ces maîtres feront employés au moins
comme timoniers.

XI. Nul ne fera embarqué comme pilote côtier, s'il n'a
commandé au moins trois ans en qualité de maître au petit
cabotage, & qu'il n'ait fatisfait à l'examen qui fera prefcrit.

Maîtres entretenus.

XII. Les officiers mariniers parvenus par leurs fervices
au premier grade de leur claffe, pourront être conftamment
entretenus, & le nombre des entretenus fera déterminé
d'après les befoins des ports. Les deux tiers des places des
maîtres entretenus vacantes dans chaque département, feront données à l'ancienneté, & l'autre tiers au choix du
Roi; l'ancienneté des maîtres ne fera évaluée que par le
temps de navigation fait fur les vaiffeaux & autres bâtimens

de l'état , avec le grade & en remplissant les fonctions de premier maître.

XIII. Les maîtres entretenus de manœuvre & de canonnage , deviendront officiers , conformément aux règles ci-après énoncées , encore qu'ils eussent passé l'âge auquel l'admission aux différens grades d'officiers pourroit avoir lieu.

Ecoles publiques.

XIV. Il y aura des écoles gratuites d'ydrographie & de mathématiques dans les principaux ports du royaume.

Aspirans.

XV. Il sera chaque année ouvert un concours dans les principales villes maritimes ;

Auquel concours pourront se présenter tous les jeunes gens de quinze à vingt ans , se destinant à la marine ; ils y seront examinés sur les connoissances théoriques.

XVI. Ceux qui auront le mieux satisfait à l'examen , seront admis à servir pendant trois ans sur les vaisseaux de l'état sous le titre d'aspirans. On fixera le nombre d'aspirans à recevoir chaque année dans chaque lieu où le concours sera établi à raison de sa population maritime.

XVII. Les aspirans seront payés pendant leurs trois années de service ; il n'y aura pas dans les départemens de la marine , d'écoles de théorie qui leur soient particulières.

XVIII. Les aspirans qui auront fait trois années de service se retireront , & seront remplacés par un nombre égal de jeunes gens reçus au concours.

XIX. Les concours établis pour parvenir au grade d'officier , seront ouverts à tous les navigateurs qui auront au moins quatre années de navigation, soit sur les vaisseaux de l'état , soit sur les bâtimens du commerce , sans aucune distinction de ceux qui auront été ou qui n'auront pas été aspirans.

XX. Chaque armateur sera obligé de recevoir à bord des bâtimens de cent cinquante tonneaux & au-dessus, qu'il armera pour les voyages de long cours ou de grand cabotage, un aspirant du nombre de ceux qui, après trois ans d'entretien, n'auront pas complété leurs quatre ans de navigation pour être admissibles au concours.

XXI. Lorsque les aspirans de la marine qui n'auront pas obtenu le grade d'officier, seront après leur temps d'entretien appelés au service de l'état, ils prendront rang avec les aspirans suivant leur ancienneté, à compter du moment qu'ils auront été reçus aspirans.

Officiers de la marine.

XXII. Les grades d'officiers de la marine seront ceux d'enseigne de vaisseaux, lieutenans de vaisseaux & capitaines de vaisseaux, & les grades d'officiers généraux.

On ne pourra être fait officier avant l'âge de dix-huit ans accomplis.

XXIII. Le grade d'enseigne sera le dernier grade d'officier de la marine.

XXIV. Le grade d'enseigne entretenu sera donné au concours ; celui d'enseigne non entretenu sera donné à tous les navigateurs qui, après six ans de navigation, dont un au moins sur les vaisseaux de l'état, ou en qualité d'officier sur un bâtiment uniquement armé en course, auront satisfait à un examen public sur la théorie & la pratique de l'art maritime.

XXV. Tous les enseignes seront habiles à commander des bâtimens de commerce, pourvu qu'ils aient vingt-quatre ans, & ils pourront seuls commander au long cours & au grand cabotage.

XXVI. Tout navigateur non reçu enseigne ou aspirant, mais qui aura dix-huit mois de navigation en qualité de second sur des bâtimens de commerce de vingt hommes au moins d'équipage, appelé à servir sur l'armée navale, sera employé en qualité d'aspirant de la première classe.

XXVII. Les enseignes non entretenus n'auront d'appointemens , & n'exerceront l'autorité de ce grade , que lorsqu'ils seront en activité de service militaire : ils ne pourront en porter l'uniforme que lorsqu'ils auront été appelés à servir en cette qualité sur les vaisseaux de l'état.

Les bâtimens de commerce commandés par des officiers militaires , ne pourront arborer les marques distinctives réservées exclusivement aux vaisseaux de l'état , sauf la flamme de police & de commandement entre bâtimens marchands , usités dans les ports des colonies & dans quelques ports étrangers.

XXVIII. La dixième des places d'enseignes entretenus sera donnée aux maîtres entretenus , moitié à l'ancienneté d'entretien, moitié au choix du Roi, sans égard à l'âge.

XXIX. Les autres places vacantes d'enseignes entretenus seront donnécs au concours par un examen sur toutes les branches de mathématiques applicables à la marine , & sur toutes les parties de l'art maritime.

XXX. Seront admis à cet examen tous ceux ayant rempli les conditions prescrites pour le concours , & n'ayant pas passé l'âge de trente ans.

Cet examen aura lieu dans chaque département de la marine , pour remplir les places d'enseignes entretenus, qui se trouveroient vacantes dans ce département.

XXXI. Les enseignes entretenus cesseront de l'être , & seront remplacés , soit qu'ils quittent le service public , soit qu'ils préférent de servir sur les bâtimens de commerce.

XXXII. Tous les enseignes entretenus ou non entretenus de service sur le même vaisseau , ou dans le même port , jouiront des mêmes prérogatives & exerceront la même autorité : ils prendront rang entre eux suivant le temps de navigation faite en cette qualité sur les vaisseaux de l'état.

Lieutenans.

XXXIII. Le grade de lieutenant fera immédiatement au-deffus de celui d'enfeigne.

Tous les enfeignes entretenus ou non entretenus pourront également y prétendre, pourvu qu'ils n'aient pas plus de quarante ans. Les cinq fixièmes des places vacantes feront accordés à ceux d'entr'eux qui auront le plus de temps de navigation faite en qualité d'enfeigne fur les vaiffeaux de l'état; l'autre fixième des places vacantes fera laiffé au choix du Roi, qui pourra le faire fans diftinction d'âge entre tous les enfeignes qui auront fait vingt-quatre mois de navigation fur les vaiffeaux de l'état.

XXXIV. Les lieutenans feront entretenus & entièrement & perpétuellement voués au fervice de l'état, & prendront rang entr'eux fuivant leur ancienneté d'admiffion.

Capitaines de vaiffeaux.

XXXV. Les capitaines de vaiffeaux feront pris parmi tous les lieutenans de la manière fuivante; une moitié de ce remplacement fe fera en fuivant le rang d'ancienneté, & l'autre moitié au choix du Roi, fans égard à l'âge.

XXXVI. Ce choix ne pourra porter que fur ceux qui auront au moins trois ans de navigation dans ce grade.

XXXVII. Le grade de capitaine de vaiffeau pourra auffi être donné aux enfeignes non entretenus, qui ayant paffé l'âge de quarante ans, auront huit ans de navigation, dont deux fur les vaiffeaux de l'état, & le refte en commandant les bâtimens de commerce, & qui fe feront diftingués par leurs talens ou par leur conduite.

XXXVIII. Les capitaines de vaiffeaux prendront rang entr'eux de la date de leur brevet. Les officiers faits capitaines de vaiffeaux dans la même promotion, conferveront entr'eux le rang qu'ils avoient lorfqu'ils étoient lieutenans.

Officiers généraux.

XXXIX. Les officiers généraux seront divisés en trois grades.

Les amiraux, les vices-amiraux & les contre-amiraux.

XL. Les contre-amiraux seront pris parmi les capitaines, un tiers par ancienneté, deux tiers au choix du Roi. Ce choix ne pourra porter que sur ceux des capitaines de vaisseaux qui auront au moins vingt-quatre mois de navigation dans ce grade.

XLI. Les contre-amiraux parviendront au grade de vice-amiral par rang d'ancienneté.

XLII. Les amiraux pourront être pris parmi les vice-amiraux, & les contre-amiraux, & toujours au choix du Roi.

XLIII. Les officiers commandant en temps de guerre les escadres dans les mers de l'Amérique ou des Indes seront autorisés par le Roi à récompenser par des avancemens conformes aux règles précédentes, & en nombre déterminé, les officiers qui l'auront mérité. Ces officiers ainsi avancés jouiront provisoirement du grade qu'ils auront obtenu & de ses appointemens ; mais ils ne pourront le conserver qu'autant qu'ils auront été confirmés par le Roi. Ces avancemens seront comptés parmi ceux laissés au choix du Roi.

XLIV. Les remplacemens par ordre d'ancienneté dans les différens grades, marcheront avant ceux par choix, & n'auront lieu qu'à mesure que les places viendront à vaquer & au plus tard deux mois après la connoissance de la vacance.

Nomination aux commandemens.

XLV. Le commandement des armées navales & escadres composées au moins de neuf vaisseaux de ligne, ne pourra être confié qu'à des amiraux, vice-amiraux ou contre-amiraux, mais indistinctement entr'eux.

XLVI. Le commandement des divisions sera confié aux

contre-amiraux & capitaines indiſtinctement , & celui des vaiſſeaux de ligne armés en guerre à des capitaines.

XLVII. Les commandans des frégates ſeront pris indiſ-tinctement , ſoit parmi les capitaines , ſoit parmi les lieu-tenans.

XLVIII. Les commandans pour les autres bâtimens, comme corvettes , aviſos , flutes , gabarres , lougres & au-tres bâtimens appartenant à l'état , ſeront pris indiſtincte-ment , ſoit parmi les enſeignes entretenus ou non entrete-nus , pourvu que ces enſeignes aient fait une campagne en cette qualité ſur les vaiſſeaux de l'état , ſoit parmi les lieutenans.

XLIX. Le Roi nommera aux commandemens , & il pourra les ôter par un ordre ſimple , quoiqu'il n'y ait pas d'accuſation.

L. Les commandans des armées navales & eſcadres , pendant le cours de leurs campagnes , exerceront le droit donné au Roi par l'article précédent.

Retraites & décorations.

LI. Tous les hommes de profeſſion maritime auront droit aux retraites & récompenſes militaires , en raiſon de leurs ſervices , ainſi qu'il ſera déterminé par un réglement particulier.

LII. L'Aſſemblée national , ſe réſerve de ſtatuer par un décret particulier ſur la manière d'appliquer le préſent décret à l'état actuel de la marine.

Mandons , &c. *Signé* Louis. *Et plus bas, M. L. F. Duport.* Et ſcellées du ſceau de l'Etat.

Loi relative à la convocation de la première législature.

Donnée à Paris, le 29 mai 1791.

LOUIS, par la grace de Dieu, & par la loi constitution-nelle de l'Etat, Roi des Français: à tous présens & à venir; salut. L'Assemblée nationale a décrété, & nous voulons & ordonnons ce qui suit :

Décret de l'Assemblée nationale, des 27 & 28 mai 1791.

L'Assemblée nationale, après avoir entendu le rapport du comité de constitution sur les dispositions relatives à la convocation de la première législature & à l'époque définitive des élections & des remplacemens, décrète ce qui suit:

TITRE PREMIER.

Convocation de la première législature.

ARTICLE PREMIER.

Les procureurs-généraux-syndics des départemens enjoindront aux procureurs-syndics des districts, de réunir en assemblées primaires, du 12 au 25 juin de la présente année, les citoyens actifs de tout le royaume, pour nommer de nouveaux électeurs, sans néanmoins qu'on puisse se dispenser de l'exécution de la loi qui ordonne un intervalle de huit jours entre la convocation & la tenue des assemblées primaires, & sans que les assemblées primaires du même département, puissent commencer à des jours différens.

II. Les électeurs se réuniront au chef-lieu du département dans les douze jours qui suivront le jour indiqué par le directoire de département, pour le commencement des assemblées primaires; ils y procéderont à la nomination des députés au corps législatif, & ils feront, conformément aux loix, les élections qui pourront survenir jusqu'à la formation du corps électoral au mois de mars 1793.

III. La population active de tout le royaume se trouvant pour cette année de quatre millions deux cent quatre-vingt-dix-huit mille trois cent soixante citoyens, la quotité de dix-sept mille deux cent soixante-deux donnera un député, & les fractions seront divisées en trente-sixièmes. Tout département dont la fraction de population active excédera de dix-sept trente-sixièmes les quantités complettes du diviseur commun, aura un député de plus à raison de sa population.

IV. Le décret rendu dans la séance de ce jour, sur la répartition de la contribution foncière & mobiliaire pour l'année 1791, servira de base pour déterminer le nombre des députés que chaque département doit envoyer à la première législature, en raison de ses contributions directes.

V. D'après les deux articles précédens, & les états de population active & de contribution directe annexés à la suite du rapport, les quatre-vingt-trois départemens du royaume enverront au corps législatif le nombre suivant de députés, savoir;

L'Ain	6.	Corse	6.
Aisne	12.	Côte d'Or	10.
Allier	7.	Côtes du Nord	8.
Hautes Alpes	5.	Creuse	7.
Basses Alpes	6.	Dordogne	10.
Ardèche	7.	Doubs	6.
Ardennes	8.	Drôme	7.
Arriége	6.	Eure	11.
Aube	9.	Eure & Loir	9.
Aude	8.	Finistère	8.
Aveiron	9.	Gard	8.
Bouches du Rhône	10.	Haute Garonne	12.
Calvados	13.	Gers	9.
Cantal	8.	Gironde	12.
Charente	9.	Hérault	9.
Charente inférieure	11.	Ille & Vilaine	
Cher	6.	Indre	6.
Corrèze	7.	Indre & Loire	8.

Iles

Isère	9.	Pas-de-Calais	11.
Jura	8.	Puy-de-Dôme	12.
Landes	6.	Hautes-Pyrénées	6.
Loir & Cher	7.	Basses-Pyrénées	6.
Haute Loire	7.	Pyrénées orientales	5.
Loire inférieure	8.	Haut-Rhin	7.
Loiret	9.	Bas-Rhin	9.
Lot	10.	Rhône & Loire	15.
Lot & Garonne	9.	Haute-Saône	7.
Lozère	5.	Saône & Loire	11.
Maine & Loire	11.	Sarthe	10.
Manche	13.	Seine & Oise	14.
Marne	10.	Seine inférieure	16.
Haute-Marne	7.	Seine & Marne	11.
Mayenne	8.	Deux-Sèvres	7.
Meurte	8.	Somme	13.
Meuse	8.	Tarn	9.
Morbihan	8.	Var	8.
Moselle	8.	Vendée	9.
Nièvre	7.	Vienne	8.
Nord	12.	Haute-Vienne	7.
Oise	12.	Vosges	8.
Orne	10.	Yonne	9.
Paris	24.		
		Total	**745.**

VI. Les assemblées électorales de département formées en vertu du présent décret, ayant nommé les membres de la législature, nommeront les deux hauts jurés qui doivent servir auprès de la haute cour nationale.

VII. Les départemens qui n'ont pas nommé le président, l'accusateur public & le greffier du tribunal criminel établi par les décrets sur le juré, procéderont à cette élection immédiatement après la nomination des députés au corps législatif.

VIII. Aussitôt après l'élection de tous les membres du corps législatif, l'Assemblée nationale déterminera le jour où elle cessera ses fonctions, & celui où la législature commencera les siennes.

Partie X. K

IX. Les fonctions de la première législature cesseront au premier mai 1793.

TITRE II.

Dispositions sur le mode d'élire, & époque définitive des élections & des remplacemens.

ARTICLE PREMIER.

Dans les cantons où il n'y a pas de lieu déterminé pour la tenue des assemblées primaires, les directoires de district sont autorisés à désigner, dans le même canton, le lieu qui leur paroîtra le plus convenable.

II. A l'avenir, la valeur de la journée de travail sera fixée par le directoire du département, pour chaque district, sur la proposition du directoire du district, conformément à l'article XI de la loi du 18 février de l'année présente, nonobstant la disposition provisoire portée au décret du 11 février 1790, laquelle demeure abrogée. Cette fixation aura lieu dans le courant du mois de janvier ; elle subsistera pendant six ans, & il ne pourra plus y être fait de changement que six ans après, à la même époque. Le corps législatif fixera tous les six ans le *minimum* & le *maximum* de la valeur locale de la journée de travail.

III. Il ne pourra être fait d'augmentation à la cotte des impositions d'un contribuable, que sur l'autorisation du directoire de département, & conformément aux loix sur les contributions foncière & mobiliaire.

IV. A compter du jour de la publication du présent décret, la disposition provisoire contenue en l'article XX de la section première du décret du 22 décembre 1789, est abrogée. Les électeurs seront choisis au scrutin de liste simple, & en trois tours si cela est nécessaire : il n'y aura plus de scrutin de liste double en aucun cas.

V. Les assemblées électorales se mettront en activité, sans que l'absence d'un nombre quelconque d'électeurs puisse en retarder les opérations. Les électeurs qui arriveront ensuite avec des titres en régle, seront admis à l'époque où ils se présenteront.

VI. Tout département, quelle que soit sa population active ou sa contribution directe, nommera au moins un député à raison de sa population, & un autre à raison de sa contribution directe.

VII. Si, dans la répartition qui sera faite par la législature, des députés attribués aux quatre-vingt-trois départemens, à raison de la population active, le diviseur commun appliqué en détail à chaque département, ne donne pas, pour tous les départemens réunis, le résultat complet de deux cent quarante-neuf députés, chacun des départemens qui aura en fractions excédantes, la quotité de population active la plus considérable, nommera un député de plus, jusqu'à la concurrence des deux cent quarante-neuf.

VIII. On suivra cette base de calcul dans la répartition entre les quatre-vingt-trois départemens, des deux cent quarante-neuf députés attribués à la contribution directe de tout le royaume.

IX. Toute convention de répartir entre les districts, ou de choisir successivement entre les districts, les députés au corps législatif, rendra nulles les élections.

X. Les possesseurs de biens fonds qui, pour cause de desséchement, défrichement & autres améliorations, doivent, pendant un temps déterminé, jouir d'une modération sur leur contribution fonciere, seront censés, quant à l'activité & à l'égibilité, être imposés au sixieme du revenu net de ces propriétés.

XI. La nomination des suppléans au corps législatif se fera au scrutin individuel & à la majorité absolue des suffrages, nonobstant la disposition provisoire de l'article XXXIII du décret cité en l'article IV. laquelle demeure abrogée.

XII. Les électeurs, après avoir nommé les députés

à la législature , procéderont au remplacement de la moitié des membres des administrations de département & de district : l'intervalle , quel qui soit , écoulé depuis la nomination de ces derniers , sera compté pour deux ans ; & l'intervalle qui s'écoulera ensuite jusqu'à l'époque des élections de 1793 , sera également compté pour deux autres années.

XIII. Attendu que les membres des administrations de département & de district , dont les fonctions vont cesser aux termes de l'article précédent , n'auront pas exercé deux années entières , ils pourront être réélus pour cette fois seulement , & nonobstant l'article VI de la loi du 27 mars de l'année présente.

XIV. Les procureurs-généraux syndics & les procureurs-syndics actuels de tout le royaume , cesseront leurs fonctions en l'année 1793 , s'ils ne sont pas réélus.

XV. A l'avenir , les juges de paix & les assesseurs de chaque canton seront nommés à l'époque des assemblées primaires , au mois de mars , & on ne procédera qu'en l'année 1793 , à la réélection ou au remplacement de ceux qui sont actuellement en exercice.

XVI. A l'exception de la ville de Paris , exception qui pourra être étendue par les directoires de département , à toutes les villes dont la population excédera soixante mille ames , les juges de commerce seront nommés au mois de novembre de chaque année , après le renouvellement de la moitié des officiers municipaux. Aucun des juges de commerce qui a été ou qui sera nommé en vertu de la loi du 24 août 1790 , ne pourra être remplacé , soit avant le mois de novembre de l'année prochaine , soit avant l'époque fixée pour le temps de cette élection dans la ville de Paris.

XVII. Le président du tribunal criminel & l'accusateur public seront nommés immédiatement après l'élection des députés au corps législatif.

XVIII. A partir de l'année 1795 , les électeurs de ceux

des départemens en tour de nommer, procéderont à la nomination du membre du tribunal de caſſation & de ſon ſuppléant, dans le mois d'avril ou de mai, après avoir nommé les députés à la légiſlature, la moitié des adminiſtrateurs de département, & les deux hauts jurés qui doivent ſervir près la haute cour nationale.

XIX. Les électeurs de diſtrict procéderont à la nomination des juges de diſtrict & de leurs ſuppléans, après l'élection de la moitié des membres de l'aminiſtration de diſtrict ; les juges actuellement en exercice, continueront leurs fonctions juſqu'en l'année 1797.

XX. Le Roi ſera prié de donner promptement les ordres néceſſaires pour l'entiere exécution du préſent décret.

Mandons, &c. *Signé* LOUIS. *Et plus bas*, M. L. F. *Duport*. Et ſcellées du ſceau de l'Etat.

PROCLAMATION du Roi ſur un décret de l'Aſſemblée nationale, du 25 août 1790, qui détermine le nombre, la ſituation des tribunaux dans la ville & le département de Paris, & la maniere dans laquelle il ſera procédé à l'élection des juges qui doivent les compoſer, ainſi que des juges de paix, & des prud'hommes aſſeſſeurs.

Donnée à Paris, le 25 août 1790.

Tranſcrite, le 7 ſeptembre, ſur les regiſtres de la municipalité de Paris.

Vu par le roi le décret dont la teneur ſuit :

Décret de l'Aſſemblée nationale, du 29 août 1790.

L'Aſſemblée nationale a décrété & décrete ce qui ſuit :

ARTICLE PREMIER.

Il y aura dans chacune des quarante-huit ſections &

dans chacun des cantons des diſtricts de S. Denis & Bourg-
la-Reine, un juge de paix & des prud'hommes aſſeſſeurs
des juges de paix.

II. Il ſera ſurſis à la nomination des commiſſaires de
police dans la ville de Paris, juſqu'à ce que, par l'Aſſemblée nationale, il en ait été autrement ordonné.

III. Il ſera établi, pour la ville & le département de
Paris, ſix tribunaux, dont les arrondiſſemens ſeront déterminés.

IV. Chacun de ces tribunaux ſera compoſé de cinq
juges, auprès deſquels il y aura des commiſſaires du roi.

V. Il ſera nommé, par chacun de ces tribunaux, quatre
ſuppléans dont deux au moins ſeront pris dans la ville de
Paris.

VI. Le tableau qui ſervira pour déterminer le choix
d'un tribunal d'appel, aux termes de l'article IV du titre V
du décret du 16 de ce mois, ſur l'organiſation judiciaire,
ſera compoſé, pour chacun des ſix tribunaux ci-deſſus,
des cinq autres tribunaux, & de deux tribunaux des diſtricts les plus voiſins, pris hors le département de Paris.

VII. L'Aſſemblée nationale délegue proviſoirement au
procureur de la commune de Paris les fonctions de procureur-ſyndic, à l'effet de convoquer les aſſemblées primaires, tant dans les cantons des diſtricts de Saint-Denis &
de Bourg-la-Reine, que dans les ſections de la ville de
Paris.

VIII. Ces aſſemblées ſe formeront & procéderont conformément aux diſpoſitions de la ſection premiere du
décret du 22 décembre dernier, relatives à la tenue des
aſſemblées primaires.

IX. Elles éliront les juges de paix & les prud'hommes-
aſſeſſeurs, en la forme preſcrite par l'article III du décret
du 16 de ce mois, ſur l'organiſation judiciaire.

X. Elles nommeront auſſi un électeur à raiſon de cent

citoyens actifs, *présens ou non présens à l'assemblée, mais ayant droit d'y voter*; & ce, conformément, pour cette nomination, aux articles XVII, XVIII, XIX & XX de la premiere section du décret du 29 décembre dernier.

XI. Aussitôt que les électeurs seront nommés, le procureur de la commune de Paris, faisant les fonctions de procureur-syndic, convoquera, dans l'arrondissement de chaque tribunal, les électeurs dépendans de ces arrondissemens, pour procéder à l'élection des juges, au scrutin individuel & à la pluralité absolue des suffrages.

XII. Toutes les dispositions contenues dans le décret du 16 de ce mois, sur l'organisation judiciaire, auxquelles il n'est pas dérogé par le présent décret, sont communes à la ville & au département de Paris.

Le Roi a sanctionné & sanctionne ledit décret, pour être exécuté suivant sa forme & teneur; mande & ordonne aux municipalités de la ville & du département de Paris de s'y conformer exactement, chacun en ce qui le concerne.

Fait à Paris le 29 août 1790. *Signé* LOUIS. *Et plus bas,* par le Roi, *Guignard.*

Loi portant vente à la municipalité d'Amiens, de domaines nationaux.

Donnée à Paris, le 23 janvier 1791.

L O U I S, par la grace de Dieu, & par la loi constitutionnelle de l'Etat, Roi des Français : à tous présens & à venir ; salut. L'Assemblée nationale a décrété, & nous voulons & ordonnons ce qui suit.

Décret de l'Assemblée nationale, du 12 décembre 1790.

L'Assemblée nationale, sur le rapport qui lui a été fait par son comité de l'aliénation des domaines nationaux, de la soumission faite les 21 mai & 17 août derniers, par la municipalité d'Amiens, district d'Amiens, département de la Somme, en exécution de la délibération prise par le conseil général de la commune de cette ville, le 20 dudit mois de mai, pour, en conséquence du décret du 14 mai 1790, acquérir, entre autres biens nationaux, ceux dont l'état est annexé à ladite soumission; ensemble les évaluations & estimations faites desdits biens, en conformité de l'instruction décrétée le 31 dudit mois de mai.

Déclare vendre à la municipalité de la ville d'Amiens, les biens mentionnés à ladite soumission, aux charges, clauses & conditions portées par le décret du 14 mai, & pour le prix de cinq millions deux cents sept mille cinq livres dix-huit sous sept deniers, payable de la maniere déterminée par le même décret.

Mandons, &c. *Signé* LOUIS *& plus bas*, M. L. F. *Duport*. Et scellées du sceau de l'Etat.

LOI portant vente à la municipalité de Nogent sur-Seine, de biens nationaux.

Donnée à Paris, le 30 janvier 1791.

LOUIS, par la grace de Dieu, & par la loi constitutionnelle de l'Etat, Roi des Français: à tous présens & à venir; salut. L'Assemblée nationale a décrété, & nous voulons & ordonnons ce qui suit:

Décret de l'Assemblée nationale, du 13 décembre 1790.

L'Assemblée nationale, sur le rapport qui lui a été fait par son comité de l'aliénation des domaines nationaux, de la soumission faite, le 21 août 1790, par la municipalité de Nogent-sur-Seine, canton de Nogent-sur-Seine, département de l'Aube, en exécution de la délibération prise par le conseil général de la commune dudit lieu de Nogent-sur-Seine, le même jour 21 août 1790, pour, en conséquence du décret du 14 mai 1790, acquérir, entr'autres domaines nationaux, ceux dont l'état est annexé à ladite soumission; ensemble des évaluations

ou estimations faites desdits biens, en conformité de l'inftruction décrétée le 31 mai dernier;

Déclare vendre à la municipalité de Nogent-sur-Seine
les biens mentionnés à ladite soumission, aux charges,
clauses & conditions portées par le décret du 14 mai,
& pour le prix de sept cent vingt-neuf mille trois cent
soixante-quinze livres, payable de la maniere déterminée
par le même décret.

Mandons, &c. *Signé* LOUIS. *Et plus bas,* M L. F.
Duport. Et scellées du sceau de l'Etat.

---

*Loi relative aux secours accordés aux officiers, tant civils
que militaires, Acadiens & Canadiens, & à leurs familles.*

Donnée à Paris, le 25 février 1791.

LOUIS, par la grace de Dieu, & par la loi constitutionnelle de l'Etat, Roi des Français: à tous présens
& à venir; salut. L'Assemblée nationale a décrété, &
nous voulons & ordonnons ce qui suit:

Décret de l'Assemblée nationale, du 21 février 1791.

L'Assemblée nationale, après avoir entendu le rapport
du comité des pensions sur l'état où se trouvent les habitans de l'Acadie & du Canada passés en France lors de la
cession de ces pays aux Anglais, décrete ce qui suit:

ARTICLE PREMIER.

Les secours accordés aux officiers, tant civils que militaires, acadiens & canadiens, & à leurs familles, dont l'état
nominatif est annexé au présent décret, continueront
d'être payés, comme par le passé, par le trésor public;
à l'effet de quoi les fonds de 50 mille livres fournis précédemment au département de la marine pour cet objet,
cesseront de lui être faits, à compter du premier janvier
1791.

II. La solde accordée aux habitans de ces mêmes contrées, qui sont passés en France à la paix de 1763, sera continuée à tous ceux qui en jouissent ou qui en ont joui, dans les proportions suivantes, savoir : huit sous par jour aux sexagénaires; six sous par jour aux peres & meres de famille, & aux veuves ; & quatre sous aux enfans & orphelins, jusqu'à l'âge de vingt ans seulement. Ces secours commenceront à courir du premier janvier 1790, sauf à imputer à compte les sommes que chacun d'eux aura reçues du trésor public dans le courant de ladite année.

III. Chacun des secours accordés par les deux précédens articles, sera éteint à la mort de ceux qui les auront obtenus, sans qu'ils puissent être recréés ou portés en augmentation en faveur de qui que ce soit.

IV. Les personnes qui prétendront avoir droit aux secours mentionnés dans l'article II du présent décret, se présenteront à la municipalité du lieu de leur résidence, qui en dressera l'état. Cet état sera envoyé au directoire du district; il en vérifiera les faits, & l'enverra ensuite au directoire du département, qui le fera passer à l'Assemblée nationale, avec les observations qu'il jugera convenables.

Mandons, &c. *Signé* LOUIS. *Et plus bas*, M. L. F. *Duport*. Et scellées du sceau de l'Etat.

LOI qui ordonne une nouvelle estimation des cens & rentes de la maison prieuriale de Saint-Martin de Brives, pour après ladite estimation, être rendu un nouveau décret d'aliénation en faveur de la municipalité de Brives.

Donnée à Paris, le 2 mars 1791.

LOUIS, par la grace de Dieu, & par la loi constitutionnelle de l'Etat, Roi des Français : à tous présens & à venir; salut. L'Assemblée nationale a décrété, & nous voulons & ordonnons ce qui suit :

Décret de l'Assemblée nationale , du 18 février 1791.

Sur ce qui a été repréſenté à l'Assemblée nationale , de l'erreur commiſe par les experts qui ont fait l'eſtimation des biens aliénés à la municipalité de Brives , dans l'évaluation de la maiſon prieuriale de Saint-Martin-de-Brives & des cens & rentes , à un prix au-deſſus des baſes poſées par les décrets de l'Assemblée ; & pour leſdits cens & rentes , au deſſus du taux auquel l'Assemblée en a fixé le rachat : vu l'opinion du directoire du diſtrict de Brives , & l'avis du directoire du département de la Correze , & ouï le rapport de ſon comité d'aliénation , l'Assemblée nationale décrete qu'il ſera inceſſamment procédé à une nouvelle eſtimation deſdits cens & rentes & de ladite maiſon , par experts que nommera le directoire du diſtrict , & conformément aux régles établies par les décrets , pour d'après ladite nouvelle eſtimation , être rendu en faveur de la municipalité de Brives , un nouveau décret d'aliénation de ladite maiſon & deſdits cens & rentes : le ſurplus du décret rendu le 23 janvier 1791 , ayant ſon plein & entier effet.

Mandons , &c. *Signé* LOUIS. *Et plus bas* , *M. L. F. Duport.* Et ſcellées du ſceau de l'Etat.

PROCLAMATION *du Roi , concernant la nomination du receveur du diſtrict de Mucidan.*

Du 20 mars 1791.

Vu par le Roi l'article premier de la troiſieme ſection du décret du 22 décembre 1789 , qui entr'autres fonctions , « charge les adminiſtrations de départemens de » régler & de ſurveiller tout ce qui concerne , tant la » perception & le verſement du produit des contribu- » tions , que le ſervice & les fonctions des agens qui » en ſeront chargés ».

L'extrait de la ſéance tenue par le conſeil du diſtrict de Mucidan , le 2 novembre 1790 , duquel il réſulte qu'au troiſieme tour de ſcrutin , pour la nomination du receveur de ce diſtrict , les voix ayant été partagées entre les ſieurs Leſalles & Pontard , l'Aſſemblée a arrêté que copie du procès-verbal ſeroit envoyée au directoire du département de la Dordogne , pour lever le partage : l'arrêté pris en conſeil général , par l'aſſemblée adminiſtrative du département de la Dordogne , le 5 novembre 1790 , portant que le ſieur Pontard ne pouvoit point être tréſorier , par la raiſon que ſa qualité d'adminiſtrateur l'en excluoit : la délibération du conſeil du diſtrict de Mucidan , du 22 du même mois de novembre , par laquelle il a été arrêté de demander à l'aſſemblée adminiſtrative du département , ſi , par l'excluſion du ſieur Pontard , le partage ſe trouvoit vidé en faveur du ſieur Leſalles , ou ſi le département entendoit qu'il fût procédé à une nouvelle élection :

Les inſtructions données par le préſident de l'aſſemblée adminiſtrative du département , le 23 du même mois de novembre , au nóm de ladite aſſemblée , deſquelles il réſulte que le conſeil général a jugé qu'il étoit indiſpenſable de procéder à une nouvelle élection : l'arrêté du conſeil du diſtrict de Mucidan , du 24 du même mois de novembre , portant que le ſieur Meynard aîné , ayant réuni la majorité abſolue des ſuffrages , a été nommé définitivement receveur , & qu'en outre le ſieur Maynard ayant été appelé , s'eſt préſenté , & a déclaré accepter la place : la lettre du procureur-ſyndic du diſtrict de Mucidan , de laquelle il réſulte que le ſieur Meynard aîné a fait , le 30 novembre , en ſa qualité de tréſorier , une recette de 1467 liv. ; l'article IV de la loi du 24 novembre 1790 , qui ordonne que « la nomination des receveurs de diſtrict ſera faite par le conſeil de l'adminiſtration de diſtrict , & à la p'uralité abſolue des ſuffrages , de maniere que l'élection ſoit toujours terminée au troiſieme tour ; que s'il y avoit au troiſieme tour partage de voix , il ſera levé en donnant la préférence entre les deux concurrens , au plus âgé ; & que néanmoins les receveurs de diſtrict qui ont été nommés définitivement par l'adminiſtration de diſtrict ſeulement , ou avec le concours du directoire ou de l'adminiſtration de département , & qui ſont définitivement en activité , conſerveront leur place , ſans néanmoins qu'il puiſſe y avoir plus d'un receveur par diſtrict : » Vu auſſi l'article premier de la loi du premier décembre 1790 , portant que « les membres des adminiſtrations & des directoires de diſtricts ne pour-

ront à l'avenir être nommés receveurs de districts ; »
& l'article II de la même loi qui prescrit que « l'élection des membres des administrations & des directoires
de districts, qui auroient été nommés receveurs à l'e-
poque de la publication de cette loi, sera valable, mais
qu'ils seront tenus d'opter, ne pouvant avoir que l'une
des deux places » :

Le mémoire présenté par le sieur Pontard au directoire
du département de la Dordogne, tendant, pour les moyens
y contenus, à ce que sa nomination du 2 novembre,
à la place du receveur du district de Mucidan fût déclarée bonne & valable, & à ce que le choix fait le
24, du sieur Meynard, pour la même place, fût re-
gardé comme nul & de nul effet : l'arrêté du 7 décembre
1790, par lequel le bureau d'expédition, formé par
l'administration du département de la Dordogne, a jugé
qu'il étoit convenable d'entendre avant tout sur cet objet
le directoire du district de Mucidan : l'arrêté du directoire
du district, du 9 du même mois de décembre, contenant, qu'attendu qu'il n'avoit été procédé à la nomination d'un trésorier en la personne du sieur Meynard, au
lieu & place des sieurs Lesalles & pontard, que d'après
ce qui avoit été prescrit par l'arrêté de l'assemblée du
département, du 5 novembre 1790, & en conséquence
d'une lettre écrite, le 23 du même mois, par le président de cette assemblée, il ne pouvoit, pour tout avis,
que se référer aux procès-verbaux des 2, 22 & 24 du
même mois de novembre : l'arrêté du département de
la Dordogne, du 13 décembre 1790, par lequel le département, après avoir vu les moyens du sieur Meynard,
entendu à la barre les sieurs Lesalles & Pontard, & oui
le rapport fait par un de ses membres, a, sur les con-
clusions du procureur-généra-syndic, délibéré à une grande
majorité, que le sieur Pontard étoit & demeuroit
remis au même état où il étoit avant la délibération du
5 novembre 1790, & qu'il lui étoit libre d'exercer la place
de trésorier de Mucidan, en l'optant & lui donnant la
préférence sur celle des administrateurs du département ; par lequel il est dit encore que le sieur Pontard
étant dans la salle, le président l'a interpellé pour savoir
laquelle des deux places il préféroit, & qu'il avoit déclaré qu'en se conformant au mémoire qu'il avoit déja
présenté, il optoit celle de trésorier : l'acte du 16 dé-

cembre 1790, par lequel le sieur Meynard notifie au directoire du district de Mucidan, qu'il entend se pourvoir
pour faire cesser le préjudice que lui cause l'arrêté du
département de la Dordogne, du 13 du même mois de
décembre : le mémoire du sieur Meynard tendant, pour
les moyens y contenus, à ce que, sans s'arrêter à l'arrêté du département de la Dordogne, du 13 décembre
1790, il soit maintenu dans la place de trésorier du
district de Mucidan, à laquelle il a été nommé le 24
novembre précédent : le mémoire du sieur Pontard, tendant, pour les moyens également y contenus, à ce qu'il
soit dit n'y avoir lieu à statuer sur la réclamation dudit
sieur Meynard, contre ledit arrêté du département de la
Dordogne, du 13 décembre, qui lui accorde définitivement la place de receveur du district de Mucidan ;

Le Roi a approuvé & approuve l'arrêté pris en conseil général par l'assemblée administrative du département
de la Dordogne, le 5 novembre 1790 ; & conformément à l'article IV de la loi du 24 du même mois, con-
firme la nomination faite le même jour 24 novembre,
antérieurement à la promulgation de cette loi dans le
département de la Dordogne, par le conseil général du
district de Mucidan, à la pluralité absolue des suffrages,
de la personne du sieur Meynard aîné, à la place de
receveur du district de Mucidan. Annulle sa majesté l'arrêté pris postérieurement, le 13 décembre 1790, par
le conseil général du département de la Dordogne ; ordonne en conséquence que le sieur Meynard aîné con-
continuera à exercer les fonctions de receveur du district de Mucidan, à la charge par lui de fournir dans
le délai qui lui sera prescrit par le directoire de ce district, un cautionnement en immeubles dans les proportions fixées par les articles VII & VIII de la loi du
24 novembre 1790. Enjoint sa majesté au directoire du
département de la Dordogne, de tenir la main à l'exécution de la présente proclamation.

A Paris, le vingt mars mille sept cent quatre-vingt-
onze. Signé LOUIS & plus bas DE LESSART.

Loi relative au prix du tabac manufacturé.

Donnée à Paris, le premier avril 1791.

LOUIS, par la grace de Dieu, & par la loi consti-tutionnelle de l'Etat, Roi des Français : à tous présens & à venir ; salut. L'Assemblée nationale a décrété, & nous voulons & ordonnons ce qui suit :

Décret de l'Assemblée nationale, du 27 mars 1791.

L'Assemblée nationale décrete ce qui suit :

Les préposés à la régie provisoire des manufactures de tabacs appartenant à la nation, continueront de fournir des tabacs manufacturés sur les demandes qui leur seront faites pour l'étranger, à la charge de remplir les formalités ac-coutumées, & que le prix de ces tabacs ne sera pas moindre que trente-cinq sous la livre.

Mandons, &c. *Signé* LOUIS. *Et plus bas*, M. L. F. *Duport.* Et scellées du sceau de l'état.

Loi concernant les recouvremens & comptabilité de la ferme générale, de la régie générale & des percepteurs des impôts indirects supprimés dans les pays d'états.

Donnée à Paris, le premier avril 1791.

LOUIS, par la grace de Dieu, & par la loi constitution-nelle de l'Etat, Roi des Français : à tous présens & à venir ; salut. L'assemblée nationale a décrété, & nous voulons & ordonnons ce qui suit :

Décret de l'Assemblée nationale, du 31 mars 1791, concer-
nant les recouvremens & comptabilité de la ferme générale,
de la régie générale & des percepteurs des impôts indirects
supprimés dans les pays d'états, & la vente du tabac.

L'Assemblée nationale décrete ce qui suit.

ARTICLE PREMIER.

En exécution du décret qui supprime les fermes & régie générale, & ordonne qu'elles rendront leurs comptes,
les fermiers & régisseurs généraux continueront provisoirement à poursuivre le recouvrement des sommes qui
pourroient être dues par divers redevables, ainsi que des
débets des comptables.

Le ministre des finances proposera dans la huitaine les
moyens d'opérer lesdits recouvremens & comptabilité,
l'époque à laquelle ils devront être effectués, le nombre
des fermiers généraux, régisseurs généraux & employés
qui pourront y être nécessaires. D'après les observations
du ministre, le comité des finances proposera le traitement
à faire aux personnes qui seront préposées auxdites
opérations.

II. Le ministre des finances présentera dans le même délai l'état des compagnies & régies particulières préposées
dans les ci-devant pays d'état ou autres parties du royaume,
à la perception d'impôts indirects supprimés ; & il proposera de même les moyens d'opérer les recouvremens &
comptabilité de ces compagnies, l'époque à laquelle ils
devront être effectués, le nombre des fermiers, régisseurs
& autres employés qui pourront y être nécessaires, & le
traitement qui leur sera accordé.

III. Jusqu'à la vente des tabacs qui doit être faite au plus
offrant & dernier enchérisseur, en vertu de l'article II du
décret du 20 du présent mois, les préposés au recouvrement de la ferme générale pourront continuer à faire
vendre dans les bureaux généraux, dans les entrepôts &
lieux de débits principaux, ou en gros, du tabac provenant
de ses exploitations, & ce, au prix de trente-six sous la
livre

livre ; à la charge que les entreposeurs & buralistes feront préalablement vérifier par la municipalité de leur domicile, d'après les factures qui leur ont été délivrées, & leurs registres de vente, la quantité de tabac de la ferme qui leur reste, sans préjudice à la vérification qui aura lieu ultérieurement, conformément à l'article XII du décret du 27 de ce mois, lorsque lesdits entreposeurs & buralistes remettront le restant desdits tabacs de la ferme aux directoires de district.

Pour l'une & l'autre vérification, les municipalités sont autorisées à se faire assister de personnes qui ayant été employées supérieures dans les fermes, auront les connoissances nécessaires.

IV. Les commissaires qui feront nommés par le directoire de district pour procéder aux inventaires prescrits par l'art. II du décret du 20 du présent mois, commenceront par faire séparément l'inventaire des tabacs fabriqués qui se trouveront dans les fabriques, entrepôts, magasins & bureaux dépendans de la ferme générale ; & les directoires annonceront ensuite sans délai, la vente de ces tabacs, après deux affiches & publications, ainsi qu'il est prescrit par l'art. II dudit décret.

V. Chaque semaine exactement, ils rendront compte au directoire de département, des résultats de leurs ventes. Les directoires de départemens feront passer sans délai, ces résultats au ministre des finances, qui pareillement les transmettra sans délai à l'Assemblée nationale.

VI. Le présent décret sera présenté dans le jour à l'acceptation du Roi.

Mandons, &c. *Signé* LOUIS. *Et plus bas*, M. L. F. *Duport*. Et scellées du sceau de l'État.

*Loi relative au paiement de la somme de 4,058,204 liv. des-
tinée pour les enfans-trouvés, les dépôts de mendicité, &
hôpitaux ayant besoin de secours.*

Donnée à Paris, le 3 avril 1791.

Louis, par la grace de Dieu & par la loi constitutionnelle de l'Etat, Roi des Français : à tous présens & à venir ;
salut. L'Assemblée nationale a décrété, & nous voulons &
ordonnons ce qui suit :

Décret de l'Assemblée nationale, du 29 mars 1791.

L'Assemblée nationale décrete ce qui suit :

ARTICLE PREMIER.

La somme de quatre millions cinquante-huit mille
deux cent quatre livres destinée à l'entretien des enfans-
trouvés, des dépôts de mendicité & aux secours à donner à certains hôpitaux dont l'état a été fourni par le ministre conformément aux dépenses des années précédentes,
sera remise au rang des dépenses de l'état pour l'année 1791.

II. De cette somme totale, celle de trois millions deux
cent soixante-un mille neuf cent soixante-dix-sept livres,
destinée aux enfans-trouvés & aux dépôts de mendicité,
sera, conformément à l'article premier du décret du 18
février dernier, payée par le trésor public, tant par les
revenus ordinaires de l'état, que pour les impositions générales & communes ; celle de huit cent six mille deux cent
vingt-six livres, destinée aux secours à certains hôpitaux,
& portions d'indemnité en remplacement d'anciennes fran-
chises supprimées en 1788, sera supportée par les départemens, en vertu de l'art III du même décret.

III. Le trésor public continuera de rembourser, tous les
trois mois, les dépenses faites par les hôpitaux pour les
enfans-trouvés, mais seulement sur le certificat du direc-

toire du district, visé par le directoire du département. Il
en sera de même pour la dépense occasionnée par les dépôts
de mendicité.

IV. La somme de huit cent six mille deux cent vingt-six
livres, à supporter par les départemens, en vertu de l'art.
III du décret du 18 février, & de l'article II du présent
décret, sera fournie à fur & mesure, & à titre d'avance,
par le trésor public, à la charge du remplacement qui lui
en sera fait sur le produit des impositions, à supporter par
les départemens pour l'année 1791, ainsi qu'il en sera
ultérieurement ordonné.

Mandons, &c. *Signé* LOUIS. *Et plus bas*, M. L. F.
Duport. Et scellées du sceau de l'Etat.

---

*Loi relative aux revenus & aux charges des municipalités, aux
besoins qu'elles peuvent avoir, & aux moyens d'y pourvoir
provisoirement.*

Donnée à Paris, le 3 avril 1791.

LOUIS, par la grace de Dieu, & par la loi constitutionnelle de l'Etat, Roi des Français : à tous présens & à venir ; salut. L'Assemblée nationale a décrété,
& nous voulons & ordonnons ce qui suit :

Décret de l'Assemblée nationale, du 29 mars 1791.

L'Assemblée nationale décrete ce qui suit :

ARTICLE PREMIER.

Les municipalités des villes remettront, dans le plus
court délai possible, au directoire de leur district, un état
détaillé des revenus patrimoniaux de leurs communes ; de
celui qu'elles tiroient des octrois ou taxes qui doivent cesser, tant au premier avril qu'au premier mai, & qui étoient
perçus, soit à l'entrée des villes, soit sur leurs consomm-

tions ; de la portion de ces octrois ou taxes qui étoient au profit des hôpitaux.

Elles donneront pareillement l'état détaillé de leurs dettes ; elles feront connoître la date, la nature, la cause de ces dettes & l'emploi des fonds qui en sont provenus ; elles enverront copies en forme, des titres qui les ont autorisées, ainsi que de toutes les pieces nécessaires pour mettre l'Assemblée nationale à portée de statuer ce qu'il appartiendra.

Elles joindront le tableau de leurs dépenses annuelles, avec des observations sur les suppressions ou réductions dont ces dépenses sont susceptibles.

II. Les directoires de district feront passer lesdits états détaillés des affaires des villes, & observations de leurs municipalités, au directoire de département, en y joignant leur opinion.

III Les directoires de département enverront à l'Assemblée nationale lesdits états, avec les observations des villes & l'opinion des directoires de district, en y ajoutant leurs avis sur le tout.

IV. Les villes sont autorisées, sous la direction & avec l'approbation des directoires de district & de département, à vendre ceux de leurs biens patrimoniaux dont l'aliénation seroit jugée nécessaire pour contribuer au remboursement de leurs dettes, sans rien préjuger sur ce qui regarde les biens des hôpitaux.

V. La ville de Paris, & les autres villes qui seroient pressées pour elles-mêmes ou pour leurs hôpitaux, de besoins urgens, les exposeront au directoire de leur département, qui, sur l'opinion de celui de district, pourra, si le cas l'exige & pour cette fois seulement, autoriser lesdites villes à faire percevoir par émargement, sur les rôles des impositions ordinaires de 1790, & au marc la livre desdites impositions, les sommes nécessaires pour acquitter pendant trois mois, à compter du premier avril, les dépenses les plus indispensables de celles qui sont spéciales à la ville ; & pour remplacer ce que leurs hôpitaux tiroient des octrois à l'effet de continuer le service local, municipal & des hôpitaux , jufqu'à ce que le corps légiflatif ait pu prononcer définitivement à ce fujet , à la charge , par le directoire de département , d'envoyer au corps légiflatif & au pouvoir exécutif l'arrêté qu'il aura pris à ce fujet.

VI. Quant aux villes tariffées & autres , où les impofitions ordinaires n'étoient perçues que fous la forme de droits à l'entrée ou à la confommation, les fommes néceffaires pour effectuer, pendant les mois d'avril, mai & juin, la portion du fervice local, municipal & des hôpitaux , que le directoire aura jugée indifpenfables , feront impofées par émargement au marc la livre , fur les rôle de la contribution foncière & de la contribution mobiliaire defdites villes pour l'année 1791 ; fans préjudice des à comptes qui pourront être fournis par les contribuables fur l'une & l'autre contribution, en attendant la confection des rôles , & qui feront imputés d'autant à la charge de ceux qui les auront payés.

VII. Les villes qui éprouveroient , pour leurs hôpitaux & autres fervices indifpenfables, des befoins urgens , reconnus tels par les directoires de leur diftrict & de leur département, font autorifées, fur le certificat que donneront lefdits directoires de la preffante néceffité à emprunter par obligations rembourfables dans le cours de la préfente année , & portant l'intérêt légal ordinaire, partie ou la totalité des fommes qu'exigeront les dépenfes inévitables dans le prochain trimeftre , & dont l'impofition eft ordonnée par les deux articles précédens ; à la charge en ce cas, que l'impofition comprendra le capital & les intérêts de l'emprunt , & que le directoire de département rendra compte au corps légiflatif & au Roi, des fommes empruntées par lefdites obligations rembourfables.

Mandons, &c. *Signé* **LOUIS.** *Et plus bas ;* **M. L. F. Du-port.** *Et fcellées du fceau de l'État.*

Loi qui autorise le directoire du département de l'Yonne à acquérir les bâtimens nécessaires à son établissement.

Donnée à Paris, le 3 avril 1791.

LOUIS, par la grace de Dieu, & par la loi constitutionnelle de l'Etat, Roi des Français : à tous présens & à venir; salut. L'Assemblée nationale a décrété, & nous voulons & ordonnons ce qui suit :

Décret de l'Assemblée nationale, du 29 mars 1791.

L'Assemblée nationale, ouï le rapport de son comité d'emplacement, autorise le directoire du département de l'Yonne à acquérir, aux frais des administrés & dans les formes prescrites par les décrets de l'Assemblée nationale, le palais épiscopal d'Auxerre & les bâtimens en dépendans, pour y placer les corps administratifs du département & du district.

Mandons, &c. *Signé* LOUIS. *Et plus bas,* M. L. F. *Duport.* Et scellées du sceau de l'état.

Loi relative à la nomination du juge de paix d'Autry.

Donnée à Paris, le 3 avril 1791.

LOUIS, par la grace de Dieu, & par la loi constitutionnelle de l'Etat, Roi des Français : à tous présens & à venir; salut. L'Assemblée nationale a décrété, & nous voulons & ordonnons ce qui suit :

Décret de l'Assemblée nationale, du 29 mars 1791.

L'Assemblée nationale, après avoir entendu ses comités des rapports & de constitution, relativement à la nomination du juge de paix d'Autry,

Déclare l'arrêté du directoire du département des Ardennes, du vingt-neuf janvier dernier, nul & comme non avenu ;

Décrete que la nomination faite, dans le mois d'octobre dernier, par les électeurs du canton d'Autry, du sieur Driou, à la place de juge de paix de ce canton aura son entier effet.

Mandons, &c. *Signé* L o u i s. *Et plus bas*, M. L. F. *Duport. Et scellées du sceau de l'Etat.*

Loi additionnelle relative à la suppression des officiers ministériels.

Donnée à Paris, le 3 avril 1791.

L o u i s, par la grace de Dieu, & par la loi constitutionnelle de l'Etat, Roi des Français : à tous présens & à venir ; salut. L'Assemblée nationale a décrété, & nous voulons & ordonnons ce qui suit :

Décret de l'Assemblée nationale, du 29 mars 1791.

L'Assemblée nationale, après avoir entendu le rapport de son comité de judicature, décrete :

A r t i c l e P r e m i e r.

Qu'il sera accordé aux officiers ministériels supprimés qui auront déposé, dans deux mois, les pieces relatives à leurs offices, un intérêt de cinq pour cent sur le montant de la liquidation desdits offices, lequel intérêt courra à dater du premier juillet, 1790, jusqu'au moment de leur liquidation.

II. Qu'aucun des offices supprimés & liquidés avant les décrets du mois d'août 1789, n'est admissible à une liquidation nouvelle, & que les quittances de finance accordées en exécution desdites liquidations, ne sont ni remboursables quant à présent, ni admissibles au paiement des domaines nationaux, lorsque ces quittances ne contenant

L iv

pas l'engagement d'un remboursement à époque fixe, formeront une partie de la dette constituée.

III. Que ses comités, central, de liquidation, des contributions publiques, & de judicature, lui présenteront incessamment des moyens d'accélérer la liquidation & toutes les opérations nécessaires pour y parvenir, tant par la célérité de l'expédition des certificats d'opposition & des enregistremens de quittances, que par l'établissement de bureaux distincts pour chaque partie d'objets à liquider, & dans lesquels la liquidation de chacune de ces parties puisse se faire concurremment. Le comité de judicature présentera en outre ses observations sur les salaires qui lui sont demandés par les conservateurs des hypotheques & des finances, & sur la maniere de les régler.

Mandons, &c. *Signé* Louis. *Et plus bas,* M. L. F. *Duport.* Et scellées du sceau de l'Etat.

Loi relative au paiement des rentes dues par l'état aux fabriques, écoles, colléges, pauvres des paroisses & autres établissemens.

Donnée à Paris, le 6 avril 1791.

LOUIS, par la grace de Dieu, & par la loi constitutionnelle de l'Etat, Roi des Français : à tous présens & à venir, salut. L'Assemblée nationale a décrété, & nous voulons & ordonnons ce qui suit.

Décret de l'Assemblée nationale, du 2 avril 1791.

L'Assemblée nationale décrete que les rentes dues par l'état aux fabriques, écoles, colléges, pauvres des paroisses, & autres établissemens, dont le paiement, aux termes du décret du 23 octobre, doit se faire dans les districts, seront payées, pour l'année 1790 seulement, par les payeurs des rentes de l'hôtel-de-ville.

Mandons, &c. *Signé* Louis. *Et plus bas,* M. L. F. *Duport.* Et scellées du sceau de l'Etat.

Loi contenant des articles additionnels à celle de la contribution mobiliaire.

Donnée à Paris, le 6 avril 1791.

LOUIS, par la grace de Dieu, & par la loi constitutionnelle de l'Etat, Roi des Français : à tous présens & à venir ; salut. L'Assemblée nationale a décrété, & nous voulons & ordonnons ce qui suit :

Décret de l'Assemblée nationale, du 30 mars 1791.

Articles additionnels à la loi de la contribution mobiliaire.

Les personnes qui, pour l'exercice de leur profession, occuperont des atteliers, chantiers, boutiques & magasins, seront tenues d'en déclarer la valeur locative, en même-temps qu'elles feront la déclaration de la situation & valeur annuelle de leur habitation, ainsi qu'elle est prescrite par l'article XXXIII de la loi concernant la contribution mobiliaire. Les officiers municipaux, avec les commissaires adjoints, suppléeront ou rectifieront les déclarations prescrites par le présent article, quand il y aura lieu, ainsi qu'il est prescrit par l'article XXXIV.

Nul ne pourra être admis à faire déduire de la contribution mobiliaire, la taxe proportionnelle à la valeur locative de ses atteliers, chantiers, boutiques & magasins, si la déclaration qu'il a dû faire de leur valeur locative, pour obtenir sa patente, n'a été trouvée exacte.

Le présent décret sera porté à l'acceptation du roi.

Mandons, &c. *Signé* LOUIS. *Et plus bas,* M. L. F. *Duport.* Et scellées du sceau de l'Etat.

Loi relative à l'exécution des articles IV & VIII de la section première du décret du 22 décembre 1789, concernant les corps administratifs.

Donnée à Paris, le 6 avril 1791.

LOUIS, par la grace de Dieu, & par la loi constitutionnelle de l'Etat, Roi des Français : à tous présens & à venir ; salut. L'Assemblée nationale a décrété, & nous voulons & ordonnons ce qui suit :

Décret de l'Assemblée nationale, du 3 avril 1791.

L'Assemblée nationale décrete que son président se retirera dans le jour par-devers le Roi, pour le prier de faire mettre incessamment à exécution les articles IV & VIII de la section première du décret du 22 décembre 1789, concernant les corps administratifs.

Mandons, &c. *Signé* LOUIS. *Et plus bas,* M. L. F. *Duport.* Et scellées du sceau de l'Etat.

Loi relative aux contributions fonciere & mobiliaire.

Donnée à Paris, le 10 avril 1791.

LOUIS, par la grace de Dieu, & par la loi constitutionnelle de l'Etat, Roi des Français : à tous présens & à venir ; salut. L'Assemblée nationale a décrété, & nous voulons & ordonnons ce qui suit :

Décret de l'Assemblée nationale, des 16 & 17 mars 1791.

L'Assemblée nationale décrete ce qui suit :

ARTICLE PREMIER.

La contribution mobiliaire fera, pour l'année 1791, de foixante-fix millions, dont foixante pour le tréfor public, trois à la difpofition de la légiflature, pour être employés conformément aux articles VI & VII du décret du 13 janvier 1791, & trois millions à la difpofition des adminif-trations de département pour être employés par elles en dé-charges ou réductions, remifes ou modérations, conformé-ment aux mêmes articles.

II. La contribution fonciere fera pour l'année 1791, de deux cent quarante millions, qui feront verfés en totalité au tréfor public.

III. Tout contribuable cependant, qui juftifieroit avoir été cotifé à une fomme plus forte que le fixieme de fon revenu net foncier, à raifon du principal de la con-tribution fonciere, aura droit à une réduction, en fe conformant aux régles qui ont été ou qui feront pref-crites.

IV. Il fera perçu en outre de ce principal un fou pour livre formant un fond de non-valeur de douze millions, dont huit feront à la difpofition de la légiflature, pour être employés par elle en réductions, ou fecours pour les départemens, & quatre feront à la difpofition des admi-niftrations de départemens, pour être employés par elles en décharges ou réductions.

V. Les départemens & les diftricts fourniront aux frais de perceptions & aux dépenfes particulieres mifes à leur charge par les décrets de l'Affemblée nationale, au moyen d- fous & deniers additionnels, en nombre egal fur les con-tributions fonciere & mobiliaire, fans que ces acceffoires puiffent excéder quatre fous pour livre du principal de cha-cune de ces deux contributions.

VI. Si pour l'année 1791, dans quelques départemens ou quelques diftricts, les quatre fous pour livre mentionnés en l'article précédent, étoient infuffifans, le corps légif-latif y fuppléera pour cette fois feulement, & par un fecours. pris ſur les fonds de la caiſſe de l'extraordinaire , ſans que , pour l'avenir, pareil ſecours puiſſe leur être accordé.

VII. Les municipalités fourniront pareillement à la rétribution & aux taxations de leurs receveurs , au moyen de deniers additionnels aux contributions fonciere & mobiliaires.

VIII. Les ſous & deniers additionnels que les départemens , les diſtricts & les municipalités auront à impoſer en exécution des articles précédens , ſeront répartis ſur chaque rôle , dans une colonne particuliere , au marc la livre de la cotte de chaque contribuable.

Mandons, &c. *Signé* Louis. *Et plus bas* , *M. L. F. Duport*. Et ſcellées du ſceau de l'Etat.

Loi relative aux troubles qui ont eu lieu dans la ville de Touloṵſe , les 16 , 17 & 18 mars.

Donnée à Paris , le 6 avril 1791.

LOUIS, par la grace de Dieu , & par la loi conſtitutionnelle de l'Etat , Roi des Français : à tous préſens & à venir ; ſalut. L'Aſſemblée nationale a décrété , & nous voulons & ordonnons ce qui ſuit.

Décret de l'Aſſemblée nationale , du 2 avril 1791.

L'Aſſemblée nationale , après avoir entendu ſon comité des rapports , & la lecture des procès-verbaux & autres pieces relatives aux troubles qui ont eu lieu dans la ville de Touloṵſe les 16 , 17 & 18 du mois dernier , approuve les diſpoſitions contenues dans les proclamations du corps adminiſtratif du département de la haute Garonne & de la municipalité de Touloṵſe , en date des 18 & 19 mars ; en conſéquence elle décrete ce qui ſuit :

ARTICLE PREMIER.

La ſeconde légion , dite de Saint-Barthelemy , commandée par le ſieur Daſpe , eſt & demeure ſupprimée.

II. Ceux des légionaires supprimés, qui desireront rentrer dans la garde nationale de Toulouse, seront tenus de se faire inscrire à la municipalité, qui se concertera avec le commandant général pour procéder à leur incorporation & répartition dans les autres légions.

III. Le Roi est prié de donner des ordres pour qu'à la diligence de l'accusateur public, les procédures & informations commencées contre les auteurs, fauteurs & instigateurs des crimes & désordres qui ont eu lieu à Toulouse les 16, 17 & 18 du mois dernier, soient suivies jusqu'à jugement définitif. Le ministre de la justice informera, de huitaine en huitaine, l'Assemblée des progrès de la procédure.

IV. L'Assemblée nationale déclare qu'elle est satisfaite de la parfaite intelligence qui a régné entre les différentes parties de l'administration & de la force publique, du zele, de la prudence & du courage qu'ont manifestés, dans cette occasion, tant les membres du directoire du département, que ceux du directoire du district de Toulouse, les officiers municipaux, le major-général & la garde nationale, dont les efforts concertés ont procuré la cessation des troubles & le retour de la paix parmi les citoyens.

V. L'Assemblée nationale accorde une approbation spéciale aux grands exemples de courage, de respect & de dévouement pour la loi qu'ont donnés le sieur Fermel, prédicateur, & les sieurs Lavigne & Jean-François, frere & pere des citoyens assassinés.

Mandons, &c. *Signé* Louis. *Et plus bas,* **M. L. F. Duport.** Et scellées du sceau de l'Etat.

Loi relative aux sieurs Quinot & Floriot, nommés pour suppléans au tribunal du district de Neufchâteau, à la place du sieur Garnier.

Donnée à Paris, le 10 avril 1791.

LOUIS, par la grace de Dieu, & par la loi constitutionnelle de l'Etat, Roi des Français: à tous présens & à venir; salut. L'Assemblée nationale a décrété, & nous voulons & ordonnons ce qui suit.

Décret de l'Assemblée nationale, du 6 avril 1791.

L'Assemblée nationale, après avoir entendu le rapport du comité de constitution,

Déclare nulle l'élection du sieur Quinot comme suppléant du tribunal du district de Neufchâteau;

Déclare en outre comme non avenue la délibération du directoire du département des Vosges, qui arrête que le sieur Quinot doit remplacer le sieur Garnier nommé commissaire du Roi;

Et décrete que le sieur Floriot, suppléant, obtiendra des lettres-patentes, en qualité de juge de ce tribunal, à la place du sieur Garnier.

Mandons, &c. *Signé* LOUIS. *Et plus bas*, M. L. F. *Duport*. Et scellées du sceau de l'Etat.

Loi relative aux billets des ci-devant administrateurs des domaines, qui font partie de l'arriéré de la dette de l'Etat.

Donnée à Paris, le 10 avril 1791.

LOUIS, par la grace de Dieu, & par la loi constitutionnelle de l'Etat, Roi des Français : à tous présens

& à venir; salut. L'Assemblée nationale a décrété, & nous voulons & ordonnons ce qui suit:

Décret de l'Assemblée nationale, du 6 avril 1791.

L'Assemblée nationale, ouï le rapport de son comité central de liquidation, décrete que les porteurs des billets des ci-devant administrateurs des domaines, qui font partie de l'arriéré de la dette de l'Etat, seront tenus, pour obtenir le paiement, de les rapporter au bureau des ci-devant administrateurs, pour y être vus & timbrés, avant d'être présentés dans les bureaux du commissaire du Roi à l'administration de la caisse de l'extraordinaire.

Mandons, &c. *Signé* LOUIS. *Et plus bas,* M. L. F. *Duport.* Et scellées du sceau de l'Etat.

Loi relative au paiement des différentes parties d'emprunts sorties par la voie des derniers tirages, & destinées à être remboursées en 1791.

Donnée à Paris, le 15 avril 1791.

LOUIS, par la grace de Dieu, & par la loi constitutionnelle de l'Etat, Roi des Français: à tous présens & à venir; salut. L'Assemblée nationale a décrété, & nous voulons & ordonnons ce qui suit.

Décret de l'Assemblée nationale, du 16 avril 1791.

L'Assemblée nationale décrete que les parties des différens emprunts, qui sont sorties en remboursement par la voie des derniers tirages, pour être payées dans le cours de la présente année, seront payées à la caisse de l'extraordinaire, en suivant les formes établies par les loix de l'Etat, pour le paiement des autres parties semblables, déja sorties en remboursement pour les années précédentes.

Mandons, &c. *Signé* LOUIS. *Et plus bas,* M. L. F. *Duport.* Et scellées du sceau de l'Etat.

Loi relative aux nouvelles empreintes des monnoies.

Donnée à Paris, le 15 avril 1791.

LOUIS, par la grace de Dieu, & par la loi constitutionnelle de l'Etat, Roi des Français : à tous présens & à venir, salut. L'Assemblée nationale a décrété, & nous voulons & ordonnons ce qui suit :

Décret de l'Assemblée nationale, du 9 avril 1791.

L'Assemblée nationale décrete ce qui suit :

ARTICLE PREMIER.

L'effigie du Roi sera empreinte sur toutes les monnoies du royaume, avec la légende : *Louis XVI, Roi des François.*

II. Le revers de la monnoie d'or, des écus & demi-écus, aura pour empreinte le génie de la France debout devant un autel, & gravant sur des tables le mot constitution, avec le sceptre de la raison, désigné par un œil ouvert à son extrémité. Il y aura à côté de l'autel un coq, symbole de la vigilance, & un faisceau, emblême de l'union & de la force armée.

III. Le revers portera pour légende ces mots : *Régne de la loi.*

IV. Il sera gravé sur la tranche : *la nation, la loi & le Roi.*

V. Les pieces de trente & de quinze sous porteront les mêmes empreintes & la même légende, à l'exception du coq & du faisceau.

VI. La monnoie de cuivre portera la même effigie du Roi, & la même légende ; le revers seul sera différent.

VII. L'empreinte du revers sera un faisceau traversé par

par une pique surmontée du bonnet de la liberté ; autour une couronne de chêne, avec la légende : *la nation, la loi & le Roi.*

VIII. Sur toutes les monnoies le millésime sera en chiffres arabes, suivi de l'année de la liberté.

IX. Il sera, sans délai, procédé à la formation des nouveaux coins & matrices.

X. Tous les artistes pourront concourir à leur gravure, & la préférence sera jugée sar l'avis de l'académie de peinture & de sculpture.

XI. Sur le compte qui sera rendu à l'Assemblée nationale par son comité des monnoies, elle prononcera sur l'indemnité qui pourra être dûe aux artistes dont le travail ne seroit pas jugé utile.

XII. Le ministre de l'intérieur & la commission des monnoies prendront les mesures nécessaires pour accélérer la fabrication ordonnée par le décret du onze janvier : en conséquence, il sera remis au ministre copie collationnée des offres faites au comité des monnoies relativement à la fourniture des flaons pour la monnoie de cuivre ; & la commission rendra compte à l'assemblée de ses vues sur la simplification, l'économie & la perfection du monnoyage.

XIII. L'Assemblée charge son président de porter dans le jour le présent décret à la sanction du Roi.

Mandons, &c. *Signé* LOUIS. *Et plus bas*, M. L. F. Duport. Et scellées du sceau de l'État.

par une pique furmontée du bonnet de la liberté; au

LOI qui ordonne que dans le délai d'un mois, les directeurs de tous les diſtricts du royaume enverront au comité d'aliénation, l'état de la valeur préſumée de tous les domaines nationaux compris dans leur circonſcription.

Donnée à Paris, le 17 avril 1791.

Louis, par la grace de Dieu, & par la loi conſtitutionnelle de l'Etat, Roi des Français : à tous préſens & à venir ; ſalut. L'Aſſemblée nationale a décrété, & nous voulons & ordonnons ce qui ſuit :

Décret de l'Aſſemblée nationale, du 12 avril 1791.

L'Aſſemblée nationale déſirant connoître, par approximation, la valeur des domaines nationaux qui ſont le gage des aſſignats, décrete que les directoires de tous les diſtricts du royaume, ſeront tenus d'envoyer au comité d'aliénation, dans le délai d'un mois au plus tard, à compter de ce jour, l'état de la valeur préſumée de tous les domaines nationaux compris dans leur circonſcription. Ils ſépareront dans leur évaluation la valeur des biens dont les décrets ordonnent la vente, & celle des bois & forêts, & droits incorporels dont les décrets ont ordonné la conſervation.

Mandons, &c. *Signé* LOUIS. *Et plus bas,* M. L. F. *Duport.* Et ſcellées du ſceau de l'Etat.

LOI portant que le décret du 6 août 1790, concernant l'abolition du droit d'aubaine & de détraction, doit être exécuté dans toutes les poſſeſſions françoiſes, même dans les deux Indes.

Donnée à Paris, le 17 avril 1791.

Louis, par la grace de Dieu, & par la loi conſtitutionnelle de l'Etat, Roi des Français : à tous préſens & à venir ; salut. L'Assemblée nationale a décrété, & nous voulons & ordonnons ce qui suit :

Décret de l'Assemblée nationale, du 13 avril 1791.

L'Assemblée nationale, après avoir entendu le rapport des comités réunis des domaines, des colonies, de constitution, d'agriculture & de commerce, ne voulant laisser aucun doute sur l'intention qu'elle a manifestée par son décret du 6 août 1790, concernant l'abolition du droit d'aubaine & de détraction, déclare qu'il doit être exécuté dans toutes les possessions françoises, même dans les deux Indes.

Mandons, &c. *Signé* LOUIS. *Et plus bas*, M. L. F. *Duport.* Et scellées du sceau de l'Etat.

Loi qui autorise le directoire du district de Saint-Yrieix, département de la haute Vienne, à acquérir les bâtimens nécessaires à son établissement.

Donnée à Paris, le 17 avril 1791.

LOUIS, par la grace de Dieu, & par la loi constitutionnelle de l'Etat, Roi des François : à tous présens & à venir ; salut. L'Assemblée nationale a décrété, & nous voulons & ordonnons ce qui suit.

Décret de l'Assemblée nationale, du 13 avril 1791.

L'Assemblée nationale ouï le rapport de son comité d'emplacement, autorise 1°. le directoire du district de Saint-Yrieix, département de la haute Vienne, à louer à dire d'experts, pour deux années, aux frais des administrés, la maison des Recollets de cette ville, pour y placer le corps administratif du district & les tribunaux, pour être le prix de ladit location versé dans la caisse du district ; l'autorise pareillement à faire faire à ladite maison toutes les réparations & arrangemens intérieurs nécessaires, à l'adjudication au rabais desquels il sera procédé sur le devis estimatif qui en sera préalablement dreffé, pour être le montant defdites réparations & arrangemens intérieurs, fupporté par les adminiftrés.

Excepte de la préfente location le jardin defdits Récollets, lequel fera loué féparément, ou vendu dans les formes prefcrites par les décrets de l'Affemblée nationale, pour la vente des biens nationaux.

2°. Autorife le directoire du diftrict d'Apt, département des bouches du Rhône, à louer pour deux années aux frais des adminiftrés, au prix fixé par le rapport d'experts du 13 décembre dernier, le rez de chauffée & le premier étage du palais épifcopal d'Apt, pour y placer le corps adminiftratif du diftrict & les tribunaux, à la charge de verfer annuellement le prix de la location dans la caiffe du diftrict.

3°. Autorife le directoire du diftrict de Barjols, département du Var, à louer à dire d'experts, pour deux années, aux frais des adminiftrés, la maifon des Auguftins de cette ville, pour y placer le corps adminiftratif du diftrict & le tribunal, pour être le prix de ladite location verfé dans la caiffe du diftrict, l'autorife pareillement à faire faire à ladite maifon toutes les réparations & arrangemens intérieurs néceffaires, à l'adjudication au rabais defquels il fera procédé fur le devis eftimatif qui en a été dreffé, pour être le montant de ladite adjudication, fupporté par lefdits adminiftrés.

Mandons, &c. Signé LOUIS. Et plus bas, M. L. F. Duport. Et fcellées du fceau de l'Etat.

Loi relative à la garde nationale de Saint Chinian.

Donnée à Paris, le 17 avril 1791.

LOUIS, par la grace de Dieu, & par la loi conftitutionnelle de l'Etat, Roi des Français : à tous préfens & à venir ; falut. L'Affemblée nationale a décrété, & nous voulons & ordonnons ce qui fuit :

Décret de l'Assemblée nationale, du 12 avril 1791.

L'Assemblée nationale, après avoir ouï son comité des rapports, décrete que l'organisation de la garde nationale de Saint-Chinian, qui a été formée le 19 & le 20 août dernier, sera provisoirement conservée, & enjoint à tous les citoyens qui feront le service de la garde nationale, de s'y conformer.

Mandons, &c. *Signé* LOUIS. *Et plus bas,* M. L. F. *Duport.* Et scellées du sceau de l'Etat

---

LOI relative à la liquidation des dettes des ci-devant pays d'états.

Donnée à Paris, le 17 avril 1791.

LOUIS, par la grace de Dieu & par la loi constitutionnelle de l'Etat, Roi des Français : à tous présens & à venir; salut. L'Assemblée nationale a décrété, & nous voulons & ordonnons ce qui suit.

Décret de l'Assemblée nationale, du 12 avril 1791.

L'Assemblée nationale décrète ce qui suit :

ARTICLE PREMIER.

Il sera incessamment procédé à la liquidation des dettes des ci-devant pays d'états, qui doivent être à la charge de la nation.

II. Seront réputées dettes des pays d'états à la charge de la nation, toutes celles qui ont été autorisées dans les formes ci-devant prescrites & usitées dans les différentes provinces, ou reconnues lors des réunions des différentes provinces du royaume.

III. Les ci-devant trésoriers & receveurs des pays d'états, seront tenus de remettre sans délai aux commis-

M iij

faires nommés par les départemens defdits pays, en exécution du décret du vingt-deux décembre dernier, un
état exact defdites dettes & des intérêts qui leur font alloués ; & lefdits commiffaires feront également tenus de
certifier lefdits états, & de repréfenter les délibérations,
titres & pièces qui ont autorifé les emprunts.

IV. Les porteurs de contrats fur les ci-devant pays
d'états, & d'offices dont la finance a été originairement
rembourfée par les ci-devant pays d'états & par eux alié-
née, feront obligés de les repréfenter à la direction de la
liquidation dans le délai de trois mois, & ne feront admis
à en toucher les intérêts qu'après la liquidation.

V. Les intérêts defdites dettes ainfi vérifiées & liquidées,
feront payés aux mêmes caiffes que les diverfes rentes
conftituées fur l'Etat ; & les créanciers de ces dettes joni-
ront, comme ceux de l'Etat, de la faculté de faire confti-
tuer leur créance fi bon leur femble.

VI. En conféquence des articles ci-deffus, toutes les
propriétés tant mobiliaires qu'immobiliaires, appartenant
aux ci-devant pays d'états à titre collectif, feront déclarées
domaines nationaux.

Mandons, &c. *Signé* LOUIS. *Et plus bas,* M. L. F.
Duport. Et fcellées du fceau de l'Etat.

----

*Loi additionnelle au décret du 2 3 janvier dernier, qui ordonne
la levée de cent mille foldats auxiliaires.*

Donnée à Paris, le 20 avril 1791.

LOUIS, par la grace de Dieu, & par la loi conftitutionnelle de l'Etat, Roi des Français : à tous préfens & à venir ;
falut. L'Affemblée nationale a décrété, & nous voulons &
ordonnons ce qui fuit :

Décret de l'Assemblée nationale, du 16 avril 1791.

*Articles additionnels au décret du 28 janvier, qui ordonne
la levée de cent mille soldats auxiliaires.*

L'Assemblée nationale, sur le rapport de son comité
militaire, décrete les articles suivans :

ARTICLE PREMIER.

Les cent mille soldats auxiliaires que, par son décret du
vingt-huit janvier dernier, l'Assemblée nationale a destinés pour être répartis, lorsque les circonstances l'exigeront,
dans les régimens qu'il sera nécessaire de porter au grand
pied de guerre, seront levés & entretenus de la maniere
la plus avantageuse pour la défense & la tranquillité du
royaume ; de sorte que, dans chaque département, il en
soit enrôlé un nombre proportionné à sa population, & à
sa position plus ou moins rapprochée des côtes ou des
frontieres.

II. En conséquence des dispositions de l'article ci-dessus,
le ministre de la guerre adressera dans le plus court délai à
l'Assemblée nationale, un projet de répartition, par départ-
temens, des cent mille soldats auxiliaires.

III. Ledit état de répartition ayant été arrêté définitivement & décrété par l'Assemblée nationale, sera ensuite
adressé par le ministre de la guerre, aux directoires de
départemens, qui, conformément aux articles trois, quatre
& six du décret du vingt-huit janvier, recevront chacun
dans leur département respectif, un nombre de soumissions
pour contracter engagement, égal à celui des auxiliaires
qui leur aura été affecté.

IV. Le Roi sera prié de faire, conformément à l'article
quatre du décret du vingt-huit janvier, les réglemens nécessaires sur la forme des engagemens que devront contracter pour trois ans, les hommes qui voudront servir comme
soldats auxiliaires, sur la réception desdits auxiliaires, sur
les conditions nécessaires pour obtenir l'admission, & sur les
contrôles qui devront être dressés pour s'assurer de leur
existence. Ces contrôles contiendront l'état de paiement

à faire aux auxiliaires admis , & les ordonnances de paiement feront délivrées en conféquence de ces états duement
vifés & certifiés.

V. Les foldats auxiliaires recevront , tous les trois mois,
leur folde fixée par l'article cinq du décret du vingt-huit
janvier, à trois fous par jour. Ils en feront payés fans retenue , dans le chef-lieu du diftrict de leur domicile , & conformément aux réglemens qui feront faits par le Roi.

VI. Lorfque les foldats auxiliaires feront incorporés
dans les régimens , ils recevront la même paye & le même
traitement affectés par les décrets aux troupes de ligne ; &
cette folde commencera pour eux , à dater du jour de leur
départ pour les régimens qui leur auront été défignés.

VII. Le miniftre de la guerre défignera , dans chaque
département , un commiffaire des guerres, qui fera fpécia-
lement chargé de l'exécution des difpofitions prefcrites par
le préfent décret.

Mandons, &c. *Signé* Louis. *Et plus bas*, M. L. F.
Duport. Et fcellées du fceau de l'Etat.

LOI *relative à l'importation du tabac.*

Donnée à Paris , le 24 avril 1791.

Louis , par la grace de Dieu , & par la loi conftitutionnelle de l'Etat , Roi des Français : à tous préfens & à venir
falut. L'Affemblée nationale a décrété , & nous voulons &
ordonnons ce qui fuit :

Décret de l'Affemblée nationale , du premier & 4 mars 1791.

L'Affemblée nationale décrete ce qui fuit :

ARTICLE PREMIER.

L'entrée , dans le royaume , du tabac fabriqué , fera pro-
vi fii

bibée , & il ne pourra y être importé du tabac en feuilles , autrement qu'en boucauts, & par les ports & bureaux qui feront ci-après défignés.

II. L'importation par mer des tabacs en feuilles , n'aura lieu que pour les tabacs des états-unis d'Amérique , des colonies efpagnoles , de la Ruffie & du Levant ; lefdits tabacs devant être importés directement , favoir, ceux des états-unis d'Amérique , par navires defdits états ou par vaiffeaux françois ; ceux des colonies efpagnoles, par bâtimens efpagnols ou français ; ceux de l'Ukraine , par vaiffeaux ruffes ou françois , & ceux du Levant par navires françois feulement. L'importation defdits tabacs par les bâtimens des autres nations , eft défendue.

III. L'entrée des tabacs des états-unis d'Amérique, des colonies efpagnoles , de l'Ukraine & du Levant , ne pourra avoir lieu que par Bayonne , Bordeaux , Rochefort, la Rochelle , Nantes , l'Orient , Morlaix , Saint-Malo , Granville , Honfleur , Cherbourg , Rouen , le Havre , Dieppe, Saint-Valery-fur-Somme, Boulogne. Calais, Dunkerque , Marfeille , Toulon , Cette & Port-vendre.

IV. Il fera encore permis d'importer des tabacs étrangers en feuilles & en boucauts , quelle que foit leur origine , par les douanes de Strasbourg , Valenciennes & Lille , en acquittant un droit de vingt-cinq livres par quintal.

V. Le même droit de vingt-cinq livres par quintal fera perçu fur les tabacs qui feront importés par les bâtimens des états-unis d'Amérique , efpagnols ou ruffes.

VI. Il ne fera perçu que dix-huit livres quinze fous par quintal fur les tabacs importés par bâtimens françois venant directement des états-unis d'Amérique , des colonies efpagnoles , de Ruffie & du Levant.

VII. Ne feront réputés bâtimens nationaux que ceux conftruits en France , commandés par des François , & dont au moins les deux tiers de l'équipage feront compofés de François.

Mandons , &c. *Signé* LOUIS. *Et plus bas* , **M. L. F. Duport.** Et fcellées du fceau de l'Etat.

LOI relative à la liquidation de diverses sommes faisant partie de l'ariéré.

Donnée à Paris, le 27 avril 1791.

LOUIS, par la grace de Dieu, & par la loi constitutionnelle de l'Etat, Roi des Français : à tous présens & à venir, salut. L'Assemblée nationale a décrété, & nous voulons & ordonnons ce qui suit.

Décret de l'Assemblée nationale, du 17 avril 1791.

L'Assemblée nationale, ouï le rapport de son comité central de liquidation, qui a rendu compte des vérifications de faits & rapports faits par le directeur général de la liquidation, décrete, en exécution de ses précédens décrets sur la liquidation & le paiement de la dette de l'état, qu'il sera payé aux personnes employées dans l'état annexé au présent décret, pour les causes & les sommes y énoncées; savoir :

Arriéré des dépenses de la guerre, année 1789.

Aux sieurs Sidel & Meniolle, la somme de cent huit mille six cent quatorze livres un sou onze deniers, pour la fourniture & entretien des lits militaires dans les ci-devant provinces d'Alsace & Franche-Comté, pendant les neuf derniers mois 1789, & pour dépenses extraordinaires pendant le même intervalle, avec les intérêts des parties desdites sommes qui en sont susceptibles, d'après les clauses & aux termes portés par les traités relatifs auxdites fournitures; savoir, les intérêts de la somme de trente-quatre mille deux cent soixante & une livres cinq sous, à compter du premier octobre 1789; ceux de la somme de trente-six mille quatre cent douze livres deux sous cinq deniers, à compter du premier janvier 1790; & ceux de la somme de trente-sept mille quatre cent soixante-quinze livres neuf sous six deniers, à compter du premier avril 1790 : lesdits intérêts payables & devant avoir cours de la maniere & jusqu'au terme porté par le décret du 6 mars 1790.

Au sieur Schmitt, la somme de soixante-quatorze mille sept cent dix-neuf livres dix-huit sous trois deniers, pour la fourniture & entretien des lits militaires dans les ci-devant généralités de la Rochelle, de Dauphiné, de Bordeaux, & dans les ci-devant provinces de Bretagne, comté de Bourgogne & Corse, ainsi que pour les dépenses extraordinaires relatives aux mêmes objets.

Finances de charges de commissaires des guerres.

Avec les intérêts, à compter du premier mars 1791. Total 280,000 livres.

Maison du Roi. Arriéré de 1788 & 1789, 60,347 l. 16 f. 8 d.

Arriéré du département de la guerre. Années 1788 & 1789. Total. 38780 l. 5 f.

Brevet de retenue.

A Louis-Philippe Joseph d'Orléans, pour partie du montant du brevet de retenue à lui accordé, le 20 octobre 1786, sur la charge de gouverneur de la province de Dauphiné, la somme accordée par ledit brevet montant en totalité à quatre cent cinquante mille livres, mais sur laquelle il ne doit être payé que celle de trois cent cinquante mille livres réellement payée par Philippe d'Orléans à Louis d'Aubusson de la Feuillade, avec les intérêts à compter du 9 février dernier, ci 350,000 l.

Bibliothèque du Roi. Arriéré de 1787, 1788 & 1789. 152,068 l.

Arriéré du département de la guerre. Année 1789.

A Jacques-Christophe Naudet & ses cautions, munitionnaires des vivres des troupes de terre, la somme principale d'un million huit cent quarante-trois mille quatre-vingt-seize livres seize sous, ci. 1,843,096 l. 16 f.

Les intérêts de ladite somme jusqu'au 31 décembre 1789. 99,458 l. 6 s. 1 d.

Plus les intérêts, à cinq pour cent, de la somme principale de 1.843,096 livres 16 sous, à compter du premier janvier 1790, jusqu'à l'époque fixée par le décret du 6 mars dernier ; le tout sans retenue des quatre deniers pour livre, sauf à liquider, s'il y a lieu par la suite, ce que ladite retenue auroit pu produire au profit de l'établissement des invalides ; l'Assemblée voulant au surplus qu'il soit pris les renseignemens nécessaires pour connoître ce que sont devenus les grains & ustensiles, tant de magasin que de four, qui ont dû être remis par lesdits Naudet & ses cautions.

Arriéré du département de la finance. Année 1789.
Total 72,495 l. 2 s.

A la charge par tous les dénommés auxdits états de se conformer aux loix de l'état, tant pour l'obtention des reconnoissances définitives, que pour celle des mandats sur la caisse de l'extraordinaire.

A l'égard de la demande formée par le sieur Beniere, curé de Saint-Pierre de Chaillot, pour indemnités d'attributions qu'il a perdues par la clôture de Paris ; & de celle du sieur Damesme, pour honoraires qu'il prétend lui être dûs en qualité d'inspecteur des travaux de la clôture de Paris, l'Assemblée nationale a déclaré n'y avoir lieu, quant à présent, au paiement desdites sommes, sauf auxdits Beniere & Damesme à se pourvoir ainsi qu'il appartiendra, pour établir & faire régler légalement le montant de leurs créances.

L'Assemblée nationale décrete au surplus que le directeur du trésor public, & après lui, les commissaires de la trésorerie, ne seront tenus de donner d'autre certificat relativement au non paiement des particuliers compris dans les états ordonnancés, ou dans les ordonnances en masse, sinon que l'ordonnance n'a pas été acquittée, ou qu'elle ne l'a été que jusqu'à concurrence de telle somme.

Mandons, &c. *Signé* LOUIS. *Et plus bas, M. L. F. Duport.* Et scellées du sceau de l'Etat.

Loi relative à la circonscription des paroisses de la ville de Douay, de celle de Mer, de celle de Suevres, du bourg d'Oucques & de la ville d'Avalon.

Donnée à Paris, le 27 avril 1791.

Louis, par la grace de Dieu, & par la loi constitutionnelle de l'Etat, Roi des Français: à tous présens & à venir; salut. L'Assemblée nationale a décrété, & nous voulons & ordonnons ce qui suit:

Décret de l'Assemblée nationale, du 21 avril 1791.

L'Assemblée nationale, ouï le rapport qui lui a été fait par son comité ecclésiastique,

1°. De l'arrêté du directoire du département du Nord, en date du 5 avril 1791, sur l'avis du directoire du district de Douay, du jour précédent, & de l'avis donné le 13 du même mois par l'évêque de ce département, sur la circonscription des paroisses de Douay;

2°. De l'arrêté du directoire du département de Loir & Cher, du 4 de ce mois, sur l'avis du directoire du district de Mer, du 2 précédent, & de l'évêque de ce département, concernant la circonscription de plusieurs paroisses du district de Mer;

3°. De l'arrêté du directoire du département de l'Yonne du 11 de ce mois, sur les délibérations du directoire du district & de la municipalité d'Avalon, des 25 février 29 mars & 29 janvier dernier, & de l'avis donné par l'évêque de ce département, le 21 dudit mois de mars, concernant la réunion des paroisses d'Avalon, décrete:

ARTICLE PREMIER.

Département du Nord. — Ville de Douay.

Il y aura pour la ville de Douay trois paroisses, savoir: celles de S. Jacques, de S. Pierre & S. Amé, dans les églises de ce nom.

Elles seront circonscrites, ainsi qu'il est expliqué dans

l'avis fufdaté du diftrict de Douay : les autres paroiffes de cette ville font fupprimées.

Département du Loir & Cher. — Ville de Mer.

II. Le bourg d'Aunay, contigu à la ville de Mer, & les maifon du val de Courboufon, jufqu'au chemin de Percliere, en ligne droite, fans y comprendre les maifons du château & la métairie du Mafne, font réunis à la paroiffe & à la municipalité de ladite ville de Mer.

Ville de Suèvre.

III. Il n'y aura qu'une feule paroiffe & municipalité pour la ville de Suèvres ; cette paroiffe fera deffervie dans l'églife de S. Chriftophe : les autres paroiffes de ladite ville font fupprimées.

Bourg d'Oucques.

IV. Il n'y aura qu'une feule paroiffe & municipalité dans le bourg d'Oucques ; cette paroiffe fera deffervie dans l'églife de S. Jean. La paroiffe de S. Severin d'Oucques, les fermes de la paroiffe de Beauvilliers, au-delà de l'étang, du côté du midi, celles de Lancome & de Bercelieres de la paroiffe de S. Léonard, font réunies à la paroiffe de S. Jean d'Oucques.

Département de l'Yonne. — Ville d'Avalon.

V. Il n'y aura dans la ville d'Avalon qu'une feule paroiffe, qui fera deffervie dans l'églife de S. Lazare ; l'églife de S. Martin fera confervée comme oratoire. Le curé de S. Lazare y enverra, les dimanches & les fêtes, un vicaire y célébrer la meffe & faire les inftructions fpirituelles, fans pouvoir exercer les fonctions curiales.

Mandons, &c. *Signé* Louis. *Et plus bas,* M. L. F. Duport. Et fcellées du fceau de l'Etat.

Loi qui ordonne que la caiffe de l'extraordinaire verfera au tréfor public la fomme de dix millions.

Donnée à Paris, le premier mai 1791.

LOUIS, par la grace de Dieu, & par la loi conftitutionnelle de l'Etat, Roi des Français : à tous préfens & à venir ; falut. L'Affemblée nationale a décrété, & nous voulons & ordonnons ce qui fuit :

Décret de l'Affemblée nationale, du 15 avril 1791.

L'Affemblée nationale décrete que la caiffe de l'extraordinaire verfera au tréfor public la fomme de dix millions.

Mandons, &c. *Signé* LOUIS. *Et plus bas,* M. L. F. Duport. Et fcellées du fceau de l'Etat.

PROCLAMATION du Roi, portant nomination des membres de la commiffion établie par la loi du 10 avril dernier, pour la furveillance de la fabrication des monnoies.

A Paris, le premier mai 1791.

Le Roi ayant, par une proclamation du 11 feptembre 1790, revêtue de lettres-patentes du 16 feptembre fuivant, fanctionné & accepté les décrets de l'Affemblée nationale, des 6 & 7 dudit mois, formant le titre XIV de ceux fur l'organifation judiciaire, intitulé *de la fuppreffion des anciens offices & tribunaux*, l'article IX dudit titre portant :

« Il fera pourvu, par une commiffion d'officiers nom- » més par le Roi, tant à la furveillance de la fabrication » des efpèces dans les hôtels des monnoies, qu'à la dé- » charge définitive des directeurs des monnoies »

Et la loi du 10 avril dernier, relative à la formation & aux fonctions de ladite commiffion, ayant, par les articles premier & III, ordonné qu'elle seroit, non compris le ministre qui la présideroit, composée de huit commissaires, d'un secrétaire général & d'un garde des dépôts comptable, nommés par le Roi; sa majesté s'est occupée des moyens nécessaires pour mettre les fonctions importantes de ces places dans les mains des personnes les plus capables de les bien remplir, & qui même y parussent appelées par la réputation que leur ont déja acquise des services & des occupations de la nature des travaux confiés à la commission. Ces motif ont engagé sa majesté à fixer son choix sur d'anciens magistrats de son conseil, qui avoient été chargés du département des monnoies; sur d'anciens conseillers à la cour des monnoies; enfin, sur des académiciens & des artistes que leur état & leurs connoissances avoient particulièrement éclairés sur les détails de la fabrication des monnoies, du commerce des matières, & de la théorie des changes.

En conséquence, sa majesté a nommé & commis, nomme & commet pour commissaires en la commission pour la surveillance de la fabrication des monnoies, les sieurs Charles-Robert Boutin & François Fargès, anciens conseillers d'état; Antoine-Jean-Baptiste Dorigny, & Antoine-Isaac-Sylvestre de Sacy, anciens conseillers de la cour des monnoies; Mathieu Tillet de l'académie des Sciences, inspecteur général des essais & affinages; Antoine-Edouard Magimel, ancien orfèvre à Paris, grand-garde du corps de l'orfèvrerie, échevin & consul dans la ville de Paris; Alexis-Marie Rochon de l'académie des Sciences, inspecteur des machines & ustensiles servant à la fabrication des monnoies; François Solignac, ancien négociant.

Sa majesté a également nommé & commis, nomme & commet pour garde des dépôts de ladite commission, le sieur Jean de Sainte-Croix, ancien greffier de la cour des monnoies.

Quant à la place de secrétaire de ladite commission, sa majesté se réserve d'y nommer incessamment, & les fonctions en seront jusques-là provisoirement remplies par le premier commis des monnoies.

Donne sa majesté auxdits sieurs commissaires, garde des dépôts & secrétaire provisoire, tous les pouvoirs

nécessaires

(193)

néceſſaires pour l'exécution des diſpoſitions de la loi du 10 avril dernier.

A Paris, le premier mai mil ſept cent quatre-ving-onze. Signé *Louis*. Et plus bas *de Leſſart*.

Loi relative à la perception des droits d'entrée & ſortie du royaume, conformément aux décrets des 31 janvier, premier février, 1, 2 & 18 mars derniers.

Donnée à Paris, le premier mai 1791.

Louis, par la grace de Dieu, & par la loi conſtitutionnelle de l'Etat, Roi des Français : à tous préſens & à venir ; ſalut. L'Aſſemblée nationale a décrété, & nous voulons & ordonnons ce qui ſuit :

Décret de l'Aſſemblée nationale, du 23 avril 1791.

L'Aſſemblée nationale décrete ce qui ſuit :

ARTICLE PREMIER.

La perception des droits qui ſeront payés à toutes les entrées & ſorties du royaume, conformément au tarif général décrété les 31 janvier, premier février, 1, 2 & 18 mars, ainſi que celle des droits établis ſur les denrées coloniales, par le décret du 18 mars, ſera confiée à une régie, ſous les ordres du pouvoir exécutif.

II. Cette régie ſera, pour le moment, compoſée de huit perſonnes, ſous le nom de *régiſſeurs des douanes nationales* ; mais à compter du premier janvier 1794, le nombre de ces huit régiſſeurs ſera ſucceſſivement réduit à ſix, à meſure de vacance par mort ou démiſſion.

III. Tous les prépoſés néceſſaires à la perception & au maintien des droits de douanes, ſeront diviſés en bureaux, brigades & directions, ainſi qu'il va être expliqué ci-après. Ils ſeront entièrement ſubordonnés aux régiſſeurs.

IV. Les bureaux établis ſur les côtes & frontières du royaume, ſeront au nombre de ſept cent quatorze ; ſavoir,

Partie X.   N

quatre-vingt-quatorze bureaux principaux , & fix cent vingt bureaux particuliers.

V. Les brigades, au nombre de dix-fept cent foixante-quinze , feront diftribuées fur les côtes & frontières , pour affurer la perception , & s'oppofer aux importations & aux exportations en fraude des droits.

VI. Ces bureaux & brigades feront furveillés par des infpecteurs fédentaires , particuliers & principaux.

VII. Ces employés , ainfi que ceux des bureaux & brigades , correfpondront à vingt directions , entre lef-quelles feront divifées toutes les côtes & frontières du royaume. Il y aura à la tête de chacune de ces directions , un directeur qui entretiendra la correfpondance & les rapports avec la régie centrale.

VIII. Les fept cent quatorze bureaux énoncés dans l'article IV feront , fuivant leur importance , compofés de receveurs particuliers ou principaux, de contrôleurs de la recette & de la vifite , de liquidateurs , de vifiteurs , de receveurs aux déclarations , de gardes-magafins , de contrôleurs aux entrepôts , de commis aux expéditions , d'emballeurs , de pefeurs , de porte-faix , de plombeurs & de concierges.

IX. Les brigades énoncées dans l'article V , feront compofées en totalité de treize mille deux cent quatre-vingt-quatre employés , fous les dénominations de capi-taines généraux , capitaines particuliers , lieutenans prin-cipaux , lieutenans d'ordre , commandans de brigades à pied & à cheval , commandans de patâches & autres bâ-timens de mer , brigadiers , fous-brigadiers , prépofés à pied & à cheval , pilotes , matelots & mouffes.

X. Les fonctions de receveurs , foit principaux , foit particuliers , confifteront à percevoir les droits d'après les déclarations données par les redevables , les certificats des vifiteurs , & la liquidation qui en aura été faite par les contrôleurs ou liquidateurs. Les receveurs principaux feront encore chargés de recevoir les fonds & de vérifier les comptes des receveurs particuliers.

Ils enverront les borderaux de leurs différentes recettes, tant aux directeurs de leur arrondissement, qu'à la régie centrale.

XI. Il y aura dans douze des principales douanes, un inspecteur sédentaire, dont les fonctions consisteront à indiquer les commis qui devront être chargés de la vérification des déclarations, à assister à la reconnoissance & à l'estimation des marchandises dont les droits sont perceptibles à la valeur ; enfin à assurer dans toutes les parties l'exactitude du service des différens préposés de leur résidence.

XII. Les inspecteurs principaux & particuliers, dont il a été fait mention dans l'article VI, seront au nombre de soixante-trois; savoir, trente-huit inspecteurs principaux, & vingt-cinq inspecteurs particuliers : leurs fonctions seront de vérifier la perception, la comptabilité & la manutention des receveurs & autres préposés des douanes de leur arrondissement, de diriger & surveiller le service des brigades & les opérations des capitaines généraux.

XIII. Les directeurs transmettront aux différens préposés de leur arrondissement, les ordres qu'ils recevront de la régie centrale ; ils tiendront la main à l'exécution de ces ordres, veilleront à ce que le produit des recettes soit exactement versé dans les caisses, & adresseront à la régie centrale les états généraux des produits & des versemens de fonds de leur direction.

XIV. Les régisseurs des douanes nationales seront chargés, sous les ordres du pouvoir exécutif, de l'exécution de tous les décrets de l'Assemblée nationale relatifs aux douanes ; ils recueilleront les états de produits des différens receveurs & les bordereaux des fonds qu'ils auront versés dans les caisses, pour être en état de connoître, dans tous les temps, la situation de tous les comptables dont ils auront la surveillance, & dont ils vérifieront les comptes.

XV. Lesdits régisseurs délibèreront en commun sur toutes les affaires qui auront rapport à l'administration des douanes. Deux d'entre eux seront tenus de faire annuellement l'inspection d'une partie des côtes & frontières du royaume, pour s'assurer de l'exactitude du service des différens préposés ; ils feront & rapporteront à l'administration centrale les procès-verbaux de ces tournées, qui auront lieu de manière que la totalité des côtes & frontières se trouve visitée dans le cours de deux années. Chaque régisseur sera tenu à son tour de cette inspection, pour les frais de laquelle il sera annuellement alloué à la régie, une somme de dix mille livres.

XVI. Les bureaux de la régie centrale à Paris, seront au nombre de six, composés au total de trente-huit employés, sous les noms de directeurs, premiers commis & commis aux écritures.

XVII. Chacun des régisseurs des douanes nationales fournira un cautionnement en immeubles de cent mille l.

XVIII. Les cautionnemens des préposés ci-après désignés, seront également en immeubles ; ceux des receveurs seront fixés en raison du montant présumé de leur recette, & du délai qui sera déterminé pour le versement qu'ils devront en faire, d'après les bases qui seront fixées pour les receveurs. Les cautionnemens des inspecteurs seront de dix mille livres, ceux des directeurs de quinze mille livres.

Les préposés qui ont précédemment fourni des cautionnemens en espèces, n'en seront remboursés qu'après qu'ils auront fourni les cautionnemens en immeubles, fixés pour leurs emplois.

Ils continueront cependant de recevoir les intérêts de leurs cautionnemens en argent, jusqu'au premier juillet ; mais passé cette époque, cet intérêt n'aura plus lieu, à moins que le retard de leur remboursement ne soit occasionné par celui de leur liquidation.

XIX. La dépense de toute la régie des douanes nationales, pour les appointemens ou les remises, loyers & frais de bureaux, sera répartie conformément aux états annexés au préfent décret, & demeure fixée à la fomme de huit millions cinq cent quarante-trois mille cinq cent soixante-douze livres.

Cependant, si des circonftances extraordinaires ou des événemens imprévus, néceffitoient une augmentation dans la dépenfe ci-deffus fixée, le pouvoir exécutif pourra provifoirement l'autorifer, fur la demande de la régie centrale, jufqu'à la concurrence de la fomme de cent mille liv., & fur cette autorifation, les commiffaires de la tréforerie pourvoiront à fon acquittement.

XX. Indépendamment des appointemens & des frais de bureaux fixés pour les vingt directeurs aux frontières, il fera accordé à chacun d'eux une remife d'un demi-denier pour livre fur la totalité du produit net des droits de douane de leur arrondiffement ; & cependant, eu égard à l'incertitude des produits particuliers de chaque direction pendant les deux premières années, chaque directeur aura droit pour fes remifes, à un *minimum* de mille livres pendant lefdites deux premieres années feulement, & ce dans le cas où les produits de fa direction ne s'éleveroient pas à une fomme fuffifante pour lui procurer cette remife d'après la fixation ci deffus déterminée.

XXI. Il fera également accordé aux huit régiffeurs une remife de trois quarts de denier pour livre, fur la totalité du produit net defdits droits.

XXII. Les traitemens fixés par le préfent décret feront payés; favoir, aux prépofés des côtes & frontieres, à compter du premier janvier de la préfente année; aux employés des bureaux de Paris, à compter du premier avril; & aux fept régiffeurs actuels, à compter du jour de leur nomination.

Le Roi fera prié de faire inceffamment le choix du huitieme régiffeur.

XXIII. Il fera accordé pour indemnité aux prépofés des douanes qui auront paffé d'un bureau à un autre, à plus de vingt lieues de leur réfidence, un fupplément d'un mois de leurs anciens appointemens ; lefdites indemnités feront payées fur les produits des traites de l'année derniere.

XXIV. Il fera procédé dans le plus court délai, à la diligence des directoires de diftrict, fous l'infpection des directoires de département , à la vente des bâtimens, meubles & uſtenſiles ſervant à l'exploitation des bureaux intérieurs des traites qui ſont ſupprimés , & le prix en ſera verſé au treſor public.

XXV. Le préſent décret ſera porté dans le jour à l'acceptation & à la ſanction du Roi.

Mandons, &c. *Signé* LOUIS. *Et plus bas*, M. L. F. *Duport.* Et ſcellées du ſceau de l'Etat.

Loi relative aux ſommes payées par le miniſtre de la marine , aux ſieurs Grauchin , de Vaivres, Poujet & le Braſſeur.

Donnée à Paris , le 4 mai 1791.

LOUIS , par la grace de Dieu , & par la loi conſtitutionnelle de l'Etat, Roi des Français : à tous préſens & à venir ; ſalut. L'Aſſemblée nationale a décrété, & nous voulons & ordonnons ce qui ſuit :

Décret de l'Aſſemblée nationale , du 22 avril 1791.

L'Aſſemblée nationale , ſur le rapport de ſes comités de la marine & des penſions réunis , décrete :

ARTICLE PREMIER.

La déciſion du miniſtre de la marine , du 17 mars dernier, relative aux ſieurs Grauchin , de Vaivres, Poujet & le Braſſeur , n'étant pas conforme au décret du 19 décembre 1790 , les fonds payés en conſéquence de ladite déciſion ſeront rétablis dans la caiſſe de la marine.

II. La communication donnée par le ſieur Bonjour d'une déciſion qui étoit pour lui une pièce de décharge , & n'étoit point de nature à être tenue ſecrète , n'eſt qu'une conſéquence des décrets de l'Aſſemblée nationale , & conforme au devoir du ſieur Bonjour.

III. Les cent vingt huit mille deux cent ſoixante-quinze livres dix ſept ſous ſix deniers , reſtant des fonds deſtinés au conſeil de la marine , ſuivant le compte ſatisfaiſant qu'en a rendu le miniſtre de la marine , ſeront verſés à la caiſſe publique.

Mandons , &c. *Signé* LOUIS. *Et plus bas*, M. L. F. *Duport.* Et ſcellées du ſceau de l'Etat.

Loi relative à la circonscription des paroisses de Meaux.

Donnée à Paris, le 4 mai 1791.

LOUIS, par la grace de Dieu, & par la loi constitutionnelle de l'Etat, Roi des Français : à tous présens & à venir; salut. L'Assemblée nationale a décrété, & nous voulons & ordonnons ce qui suit :

Décret de l'Assemblée nationale, du 29 avril 1791.

L'Assemblée nationale, sur le compte qui lui a été rendu par son comité ecclésiastique, 1°. de la délibération du conseil général de la commune de Meaux, du 6 avril présent mois; 2°. de la délibération du directoire du district de Meaux, du lendemain 7, prise en présence & avec le concours de l'évêque du département de Seine & Marne; 3°. de l'arrêté du directoire du département de Seine & Marne, du 15 du même mois, décrete ce qui suit :

ARTICLE PREMIER.

Toutes les paroisses de la ville de Meaux sont supprimées & réunies à l'église cathédrale de S. Etienne.

II. Sont néanmoins conservées, à titre de succursales, 1°. l'église de S. Nicolas, pour la desserte du fauxbourg du même nom, limité par le brasset de S. Faron, passant devant les tanneries, & bordant les remparts de la porte S. Nicolas jusqu'à la riviere de Marne.
2°. L'église S. Martin, pour la desserte du fauxbourg de Cornillon & du marché, jusqu'à la riviere de Marne, compris les moulins établis sur cette riviere.

Mandons, &c. *Signé* LOUIS. *Et plus bas,* M. L. F. *Duport.* Et scellées du sceau de l'Etat.

Loi relative au département de la guerre,

Donnée à Paris, le 4 mai 1791.

Louis, par la grace de Dieu, & par la loi constitutionnelle de l'Etat, Roi des Français : à tous présens & à venir ; salut. L'Assemblée nationale a décrété , & nous voulons & ordonnons ce qui suit :

Décret de l'Assemblée nationale, du 27 avril 1791.

L'Assemblée nationale délibérant sur la demande du ministre de la guerre , & ouï le rapport de son comité militaire , décrete :

ARTICLE PREMIER.

Il sera versé au département de la guerre par la caisse de de l'extraordinaire :

1º. Une somme de cinq millions quatre cent vingt-quatre mille cinq cent quatre-vingt-quatre livres huit sous, pour fournir à la dépense de l'enrôlement, de l'équipement & de l'armement de dix-huit mille huit cent vingt-huit hommes , tant d'infanterie que de troupes à cheval , ainsi qu'à l'achat de deux mille quatre cent quarante-huit chevaux pour monter lesdites troupes à cheval ;

2º. Une somme de quatre millions six cent deux mille neuf cent une livre cinq sous , pour payer la réparation ou la fabrication à neuf des effets de campement , destinés à compléter la fourniture nécessaire à une armée de cent soixante-neuf mille hommes , y compris les officiers , & déduction faite des effets en magazin au premier janvier 1791 ;

3º. Une somme de cent cinquante-un mille deux cents livres, à compte des frais de construction de douze cents voitures pour le service des équipages des vivres ;

4º. Une somme de quatre millions , destinée à restaurer ou à renforcer les principales forteresses des différentes frontières du royaume.

Les quatre sommes ci-dessus , pareilles à celles portées

dans les tableaux fournis par le ministre de la guerre , s'é-
levant à la somme totale de quatorze millions cent soixante-
dix-huit mille six cent quatre vingt-cinq livres treize sous.

II. Il sera fourni de plus au département de la guerre par
la caisse de l'extraordinaire , pour la solde desdits dix-huit
mille huit cent vingt-huit hommes , pour l'entretien de
deux mille quatre cent quarante-huit chevaux de troupes à
cheval , & pour celui de mille chevaux d'équipage , avec
les supplémens en route , une somme de cinq cent quatre-
vingt-seize mille neuf cent quatorze livres dix sous par
chaque mois , à compter du premier avril 1791.

III. Le ministre de la guerre rendra compte de l'emploi
des fonds extraordinaires accordés à son département ,
ainsi que de la diminution que les sommes affectées à l'acquisition d'effets neufs , pourront produire sur la dépense
destinée à l'entretien pendant l'année courante.

IV. Le comité des finances vérifiera , d'après le présent
de quelle somme précise les dispositions qu'il renferme ,
augmenter l'état des dépenses prévues pour l'année 1791,
& il en rendra compte à l'Assemblée.

Mandons , &c. *Signé* LOUIS. *Et plus bas*, *M. L. F.*
Duport. Et scellées du sceau de l'Etat.

Loi relative aux arrêts du conseil portant liquidation de
créances , indemnités & demandes.

Donnée à Paris , le 4 mai 1791.

LOUIS , par la grace de Dieu , & par la loi constitutionnelle de l'Etat, Roi des Français : à tous présens
& à venir; salut. L'Assemblée nationale a décrété , & nous
voulons & ordonnons ce qui suit :

Décret de l'Assemblée nationale , du 26 avril 1791.

L'Assemblée nationale décrete que , quand il sera présenté au comité central de liquidation , des arrêts rendus

contradictoirement au conseil , portant liquidation de créances , indemnités & demandes , le comité examinera d'abord si lesdits arrêts sont susceptibles ou non d'être attaqués par les voies de droit. Dans le cas où le comité estimeroit qu'ils sont attaquables par lesdites voies de droit, il proposera à l'assemblée de décréter que lesdits arrêts seront remis à l'agent du trésor public, pour se pourvoir ainsi & contre qui il appartiendra ; dans le cas au contraire, où le comité n'appercevroit aucune voie de droit pour se pourvoir contre les arrêts qui lui seront présentés , il proposera à l'Assemblée d'ordonner par un décret le paiement des sommes portées auxdits arrêts.

Mandons, &c. *Signé* LOUIS. *Et plus bas M. L. F. Duport. Et scellées du sceau de l'Etat.*

Loi relative à la circonscription des paroisses dépendantes des départemens du Doubs & de l'Eure.

Donnée à Paris , le 4 mai 1791.

LOUIS , par la grace de Dieu , & par la loi constitutionnelle de l'Etat, Roi des Français : à tous présens & à venir ; salut. L'Assemblée nationale a décrété , & nous voulons & ordonnons ce qui suit :

Décret de l'Assemble nationale , du 25 avril 1791.

L'Assemblée nationale, sur le compte qui lui a été rendu par son comité ecclésiastique :

1°. De la délibération du conseil général des administrateurs du département du Doubs, en date des 21,23 & 25 novembre 1790 , sur l'avis du directoire de Besançon, concernant la circonscription des paroisses de ladite ville, de ses faubourgs & de sa banlieue , & du refus de l'évêque de concourir à cette opération , constaté par sa lettre du 14 novembre 1790 ;

2°. De l'arrêté du directoire du département de l'Eure, du 11 avril 1791, sur l'avis du directoire du district d'Evreux , du 30 mars précédent, concernant la réunion des paroisses de la ville de Vernon ;

De l'arrêté du directoire du même département, du 18 de ce mois, sur l'avis du district d'Evreux, du 11 du même mois, concernant la réunion des paroisses de la ville de Pacy;

De l'arrêté du directoire du même département, dudit jour 18 du même mois, sur l'avis du directoire du district d'Evreux, du 31 mars précédent, concernant la réunion des paroisses de la ville de Conches, & de l'avis de l'évêque du département d'Eure sur lesdites réunions, en date du premier de ce mois, décrete ce qui suit:

ARTICLE PREMIER.

Département du Doubs. Ville de Besançon.

Il y aura huit paroisses pour la ville de Besançon *intra muros*, & pour les campagnes environnantes; savoir, la paroisse cathédrale, celles de Saint-Pierre, de Sainte-Magdeleine, de Saint-Marcellin, de Saint-Donat, de Brégille, de Saint-Fergeux & de la Veze. Les paroisses de Saint-Jean-Baptiste, de Saint-Maurice, de Notre-Dame, de Juffan-Montier & de Velotte sont supprimées.

II. La paroisse épiscopale, desservie dans l'église métropolitaine & sous l'invocation de Saint-Jean-l'évangéliste, comprendra dans son arrondissement le faubourg de Rivolte, les rues des Jacobins, du moulin de Rivolte & du Chambrier, la place aux veaux, les rues de Mont-Sainte-Marie, du Roudot, de Saint-Quentin, des Marrelots, de la Luc, la rue des Pariens du côté droit en descendant le long du jardin de la Visitation, la place Dauphine, le côté gauche de la rue du Chanteur en descendant de la rue Saint-Maurice jusques & compris la maison qui saillit au joignant de celle des héritiers du sieur France, vis-à-vis la rue Saint-Paul; les deux côtés de la grande rue en montant jusqu'à l'église épiscopale, depuis & compris le N°. 426 à droite, & le N°. 572 à gauche; la rue des Carmes du côté du jardin de Grauvelle, sauf les bâtimens situés au fond dudit jardin; l'autre côté de la rue des Carmes au joignant du jardin des Carmes jusqu'au milieu dudit jardin; & une ligne qui du levant au couchant traverseroit par le milieu le jardin des Carmes, fera la séparation entre la paroisse épiscopale & celle de Saint-Marcellin. La paroisse épiscopale comprendra en outre les rues de Saint-Maurice & de Ronchaux , la place Saint-Quentin , les rues Saint-Jean-Baptiste , du Clos , du Casenat , de la Vieille-Monnoie , de Billon avec toutes les rues, ruelles & places composant le quartier nommé le Chapitre, & la citadelle pour laquelle il ne sera rien innové quant à présent.

III. La paroisse de S int-Pierre desservie dans l'église & sous l'invocation de Saint-Pierre, comprendra les deux côtés de la grande rue depuis l'angle de la rue Baron à droite & à gauche en descendant , depuis & compris la maison N°. 428 jusqu'au pont; les deux quais , les rues des Clarisses , de l'Arbalête , de Saint Pierre , d'Anvers & de Bouteille , la Place neuve , les rues basses du Saint-Esprit, de l'Abreuvoir , des Noyers , des Gleres grande & petite ; les rues des Ursules , des Chambrettes , du Collége , de Saint-Antoine , Baud , du Loup , des Béguines , des Cordeliers & la rue Poitime ; la rue des Granges , depuis la rue Baron d'une part , & la maison de la ci-devant abbaye de Battant d'autre part , en descendant jusqu'à la place neuve.

IV. La paroisse de Sainte-magdeleine , desservie dans l'église de ce nom , comprendra les quartiers de Battant , Charmont & Arènes , ainsi que le Fort-Griffon , au régime duquel il ne sera rien innové quant-à-présent pour l'exercice du culte ; cette paroisse aura la riviere du Doubs & le pont pour limites.

V. La paroisse sous l'invocation de Saint-Marcellin , continuera d'être desservie dans l'église du ci-devant monastère de Saint-Vincent , & comprendra les deux côtés de la rue Saint-Vincent , depuis la rue du Perron d'une part , jusques & compris l'Arsenal & la rue de l'Orme de Chamart ; elle comprendra cette dernière rue dès la maison N°. 650 inclusivement , les Chamars , les moulins de la ville de l'Archevêque , les moulins & le faubourg de Tarragnoz , & tout ce qui est entre les portes de Notre-Dame & de Malpas ; la rue neuve , celle du Porteau , de l'intendance , des Minimes , de Sainte-Anne & du Perron , y compris la maison N°. 245 & les bâtimens situés au fond du jardin de Granvelle , & la moitié du jardin des Carmes , conformément à la ligne indiquée ci-dessus.

VI. La paroisse sous l'invocation de Saint Donat , continuera d'être desservie dans l'église de la ci-devant abbaye de Saint-Paul , & comprendra les deux côtés de la rue Saint-Paul , le côté à gauche de la rue des Granges en descendant , depuis & compris la maison des héritiers France , qui fait face à la rue Saint-Paul jusqu'à la rue Baron exclusivement ; la partie à droite de ladite rue des Granges , dès la rue Saint-Paul jusqu'à la maison appartenant à la ci-devant abbaye de Battant dans la rue des Granges exclusivement ; le côté à gauche de la rue du Chanteur en montant dès la rue Saint-Paul jusqu'à la rue des Patiens , & tout l'enclos des bénédictines jusqu'à la place des Carmes ; les rues Henri & du clos Saint-Paul , le moulin de Saint-Paul , la place des Casernes , les Casernes d'infanterie , de cavalerie & de maréchaussée , & l'hôpital de Saint-Louis , avec leurs adjacences & dépendances.

VII. L'église de Saint-Maurice sera conservée comme oratoire de la paroisse épiscopale, & il n'y sera point exercé de fonctions curiales.

Faubourgs & banlieue de la ville de Besançon.

VIII. La paroisse de Brégille sera circonscrite ainsi qu'il est expliqué par l'arrêté susdaté du directoire du département ; elle aura comme au passé , pour oratoire , la chapelle de Saint-Claude , où il ne pourra être exercé de fonctions curiales.

IX. La paroisse de Saint-Fergeux & celle de la Veze, feront circonscrites ainsi qu'il est expliqué par l'arrêté susdaté du directoire du département. La paroisse de Saint-Ferjeux aura pour oratoire l'église de Valotte , où il ne pourra être exercé de fonctions curiales.

Département de l'Heure. Ville de Vernon.

X. Il n'y aura pour la ville de Vernon & pour les hameaux de Gamilly & de Bizi , qu'une seule paroisse qui sera desservie dans l'église de Notre-Dame , & circonscrite ainsi qu'il est expliqué par l'arrêté susdaté du directoire du département.

XI. L'église ci-devant paroissiale de Sainte-Catherine, située à l'extrémité du hameau de Bizi, sera conservée comme oratoire de la paroisse de Notre-Dame, & le curé y enverra les fêtes & dimanch s, pendant les mauvais temps, un prêtre célébrer la messe & faire les instructions spirituelles, sans pouvoir y exercer les fonctions curiales.

Les paroisses réunies par l'article précédent, ne formeront provisoirement qu'une seule municipalité.

Ville de Pacy.

XII. Il n'y aura pour la ville de Pacy, & pour le territoire des ci-devant paroisses de Pacel & de Saint-Aquilin, qu'une seule paroisse qui sera desservie dans l'église de Pacy, & circonscrite ainsi qu'il est expliqué par l'arrêté susdaté du directoire du département.

Les paroisses réunies par le présent article, ne formeront provisoirement qu'une seule municipalité.

Ville de Conches.

XIII. Il n'y aura pour la ville de Conches, & pour le territoire des ci-devant paroisses de Notre-Dame-du-Val & des Vieux-Conches, qu'une seule paroisse qui sera desservie dans l'église de Sainte-Foi, & qui sera circonscrite ainsi qu'il est expliqué par l'arrêté susdaté du directoire du département.

XIV. L'église ci-devant paroissiale des Vieux-Conches sera conservée comme oratoire de l'église de Sainte-Foy, & le curé y enverra les fêtes & dimanches un prêtre célébrer la messe & faire les instructions spirituelles, sans pouvoir y exercer les fonctions curiales.

Les paroisses réunies par le précédent article, ne formeront provisoirement qu'une seule municipalité.

Mandons, &c. *Signé* LOUIS. *Et plus bas,* M. L. F. *Duport.* Et scellées du sceau de l'État.

Loi relative à la formule des brevets de pension, & conte-
nant des articles particuliers aux ci-devant officiers à la
chambre des comptes de Provence, à la veuve Mallard,
aux sieur & dame Alboui, au maréchal de Lowendal,
& aux pensions accordées sur l'ordre de Saint-Louis.

Donnée à Paris, le 4 mai 1791.

Louis, par la grace de Dieu, & par la loi constitutionnelle de l'Etat, Roi des Français : à tous présens
& à venir ; salut. L'Assemblée nationale a décrété, &
nous voulons & ordonnons ce qui suit :

Décret de l'Assemblée nationale du 28 avril 1791.

L'Assemblée nationale, ouï le rapport de son comité
des pensions & du comité militaire réunis, a prononcé
les décrets suivans.

Premier décret.

La formule des brevets à accorder aux personnes auxquelles il a été ou sera accordé des pensions sur le trésor
public, sera conçue dans les termes & de la maniere
suivans :

(Ici se trouvera un cartouche dans lequel seront ces mots :
La Nation, la Loi & le Roi).

RÉCOMPENSE NATIONALE

En faveur de (les noms de baptême & de famille).

Louis, par la grace de Dieu, & par la loi constitutionnelle de l'Etat, Roi des Français : à tous présens
& à venir ; salut.

Vu par nous le décret de l'Assemblée nationale, en date
du   sanctionné par nous le   par lequel il est
accordé à [ici l'on mettra le nom de baptême, celui de

famille, le jour de la naissance, celui du baptême, le lieu, la paroisse, le canton _ le district & le département] *une pension annuelle & viagere de   payable sur le tré-sor public, pour récompense* [ici on mettra les motifs portés dans le décret de l'Assemblée nationale, tels que les années de service, les blessures, les sacrifices faits à la patrie, &c.] *à fin de faire jouir ledit   du bénéfice de la loi du   * [on mettra la date du décret sanctionné qui aura accordé la pension] *sa vie durant, nous lui avons fait délivrer le présent brevet, & mandons en conséquence aux commissaires de la trésorerie nationale de payer annuel-lement audit   la somme de   en deux termes égaux de six mois en six mois, dont le premier terme à compter du   écherra au premier   prochain, pour la portion de temps qui en aura couru jusqu'alors, le se-cond au   prochain, & ainsi de six mois en six mois sur quittance pardevant notaires, & à la présentation du présent brevet, dont un double sera déposé au trésor public.* Fait à Paris, le   *de notre règne le*

Le brevet sera signé de la main du Roi, & du ministre du département dans lequel les derniers services du pen-sionnaire auront été remis.

Deuxieme décret.

Les pensions accordées aux divers officiers de la ci-devant cour des comptes, aides & finances de Provence, par l'article VII de l'édit du mois de juin 1775, & par l'article XII de l'édit du mois d'avril 1780, demeurent définitivement rayées de tous états où elles étoient em-ployées, à compter du premier janvier dernier ; & l'As-semblée déclare n'y avoir lieu de procéder à leur réta-blissement.

Troisieme décret

Les pensions accordées à Marie-Barbe Guillot, veuve Mallard, Françoise-Geneviève Mallard, femme Alboui, & au sieur Alboui, dit de Monestrol, demeurent défi-nitivement rayées de l'état des pensions sur le trésor public ; l'Assemblée déclare n'y avoir lieu, au surplus, à délibérer fur les pétitions à elle adreſſées par leſdits Mallard & Alboui.

Quatrième décret.

L'Aſſemblée prenant en conſidération les importans ſervices rendus à l'état par feu Woldmar de Lowendal, maréchal de France, la perte que ſes enfans ont faite à ſa mort, du régiment d'infanterie allemande de ſon nom dont il étoit propriétaire, la ſituation actuelle de ſes deſcendans, Woldmard de Lowendal, Marie-Louiſe de Lowendal, femme Brancas, les enfans nés deſdits de Lowendal & d'Eliſabeth-Marie-Conſtance de Lowendal, femme de Lancelot Turpin-Criſſé, décrete qu'il ſera remis par la caiſſe de l'extraordinaire à Woldmar de Lowendal, aux enfans d'Eliſabeth-Marie Conſtance de Lowendal, & à Marie-Louiſe de Lowendal, la ſomme de trois cent mille livres faiſant pour chacun deſdits Woldmar de Lowendal, Marie-Louiſe de Lowendal, & pour tous les enfans d'Eliſabeth-Marie-Conſtance de Lowendal, la ſomme de cent mille livres pour ſervir à leur ſubſiſtance, & à celle des enfans nés deſdits Woldmar & Marie-Louiſe de Lowendal; à l'effet de quoi la ſomme de cent mille livres ne ſera délivrée par le tréſorier de l'extraordinaire à chacun des ſuſnommés, qu'après que, par avis du tribunal de la famille, l'emploi deſdites ſommes en conſtitution de rente, dont l'uſufruit ſeulement, ſoit en tout, ſoit en partie, ſuivant l'avis dudit tribunal, appartiendra auxdits Wordmar & Marie-Louiſe de Lowendal, aura été déterminé, & ſera remiſe alors à la perſonne déſignée par le tribunal de famille, pour la recevoir & en faire le placement; au moyen deſquelles indemnités & récompenſes, les penſions accordées à Marie-Louiſe de Lowendal & aux enfans d'Eliſabeth-Marie-Conſtance de Lowendal, demeurent définitivement rayées, comme annullées par le décret du 3 août 1790.

Cinquieme décret.

Les penſions accordées ſur l'ordre de Saint-Louis, ne pourront être payées, ainſi que les penſions ſur le tréſor

Partie X.

O

public , qu'autant que ceux qui jouissent desdites pensions, n'auront aucun traitement d'activité.

Mandons , &c. *Signé* L O U I S. *Et plus bas* , M. L. F. *Duport. Et scellées du sceau de l'Etat.*

Loi relative à différentes circonscriptions de paroisses , dans les départemens de l'Oise & d'Eure & Loire.

Donnée à Paris , le 4 mai 1791.

L O U I S , par la grace de Dieu , & par la loi constitutionnelle de l'Etat , Roi des Français : à tous présens & à venir ; salut. L'Assemblée nationale a décrété , & nous voulons & ordonnons ce qui suit :

Décret de l'Assemblée nationale , du 27 avril 1791.

L'Assemblée nationale décrete ce qui suit.

A R T I C L E P R E M I E R.

La paroisse de Saint-Pierre du village de Liancourt, département de l'Oise , est & demeure réunie avec son territoire , à la paroisse de Notre-Dame dudit lieu , sous l'invocation de Notre-Dame.

II. Dans la ville de Chaumont , même département , les paroisses de Saint-Marin de Laillerie & de Saint-Brice , sont réunies avec leur territoire à celle de Saint Jean-Baptiste de Chaumont , sous cette invocation.

III. Il sera conservé un oratoire dans l'église de Laillerie.

IV. Dans la ville de Chartres , département d'Eure & Loire , les sept paroisses de l'intérieur de la ville , sous les invocations de Saint-Aignan , Saint-André , Sainte-Foy , Saint-Hilaire , Saint-Marin , Saint-Michel & Saint-Saturnin , sont supprimées & réunies à la paroisse cathédrale.

O

V. Les deux paroisses *extra muros* de Saint-Maurice, & de Saint-Brice, sont également supprimées & réunies avec leur territoire, sauf les exceptions ci-après, à ladite paroisse cathédrale.

VI. Le hameau de Sereville sera réuni à la paroisse de Manivilliers.

VII. Le hameau d'Onarville sera réuni à la paroisse de Saint-Lazare-de-Leves.

VIII. Le hameau de la Mihoue sera réuni à la paroisse de Champhol.

IX. Le hameau du petit Beaulieu, ci-devant de la paroisse de Saint-Brice, sera réuni à la paroisse de Saint-Cheron.

X. La paroisse de Lucé est éteinte & supprimée, & réunie à celle de Mainvilliers avec son territoire à l'exception du faubourg de Nicochil qui est réuni à la paroisse cathédrale.

XI. La paroisse de Saint-Barthélemy est supprimée, & réunie avec son territoire à celle de Saint-Cheron, à l'exception des maisons situées dans l'intérieur de la ville & du faubourg, qui étoient de ladite paroisse de Saint-Barthélemy, & qui sont & demeurent réunies à la paroisse cathédrale.

XII. Il sera établi deux oratoires, l'un dans l'église de Saint-Maurice, & l'autre dans l'église des ci-devant Capucins.

XIII. Tous les receveurs & fonds des fabriques des paroisses supprimées par le présent décret, sont réunis & attachés aux églises auxquelles chacune d'elles est réunie.

Mandons, &c. *Signé* LOUIS, *Et plus bas*, M. L. F. *Duport*. Et scellées du sceau de l'Etat.

LOI portant réunion de différentes communes, circonscription de ressorts, & établissement de juge de paix dans les lieux y désignés.

Donnée à Paris, le 4 ami 1791.

LOUIS, par la grace de Dieu, & par la loi constitutionnelle de l'Etat, Roi des Français: à tous présens & à venir ; salut. L'Assemblée nationale a décrété, & nous voulons & ordonnons ce qui suit :

Décret de l'Assemblée nationale, du 26 avril 1791.

L'Assemblée nationale, après avoir entendu le rapport de son comité de constitution, décrete ce qui suit :

La paroisse de Serres demeure unie au département de l'Isere.

La commune d'Ilheuseren fera partie de celui du haut-Rhin.

Les paroisses de Saint-Maurice-la-Fougereuse & de St.-Pierre-à-champ, seront du département des deux Sevres, district de Thouars.

Les ressorts des trois juges dont l'établissement a été décrété pour les villes & cantons de Brest, seront déterminés par l'administration du département du Finistere, de maniere que deux juges de paix seront élus pour la ville, l'un pour la partie de Brest & son faubourg, le second pour la partie de Recouvrance, & l'autre pour les municipalités de campagne.

L'administration du département de Maine & Loire est autorisée à diviser en arrondissemens les ville & canton de Saumur, pour l'élection des juges de paix dont l'établissement a été décrété, & pour la circonscription des ressorts de leurs juridictions.

La ville de Lezat aura un juge de paix particulier.

Les cantons de Fécamp, Criquetot, Goderville & Beauté formeront l'arrondissement du tribunal de commerce établi à Fécamp.

Les sept autres cantons du district formeront le ressort du tribunal du même genre établi au Havre.

Mandons, &c. *Signé* LOUIS. *Et plus bas*, M. L. F. *Duport*. Et scellées du sceau de l'Etat.

Loi relative aux officiers du ci-devant parlement d'Aix.

Donnée à Paris, le 4 mai 1791.

LOUIS, par la grace de Dieu, & par la loi constitutionnelle de l'Etat, Roi des Français : à tous présens & à venir ; salut. L'Assemblée nationale a décrété, & nous voulons & ordonnons ce qui suit :

Décret de l'Assemblée nationale, du 26 avril 1791.

L'Assemblée nationale décrete que les officiers du ci-devant parlement d'Aix, qui ne pourront pas représenter un contrat authentique d'acquisition à eux passé personnellement, seront, en conformité de l'article IV de la loi du 12 septembre dernier, liquidés sur le pied du prix moyen des offices de la même nature & de leur compagnie, qui auront été vendus dix ans avant & dix ans après l'époque des provisions du titulaire.

Mandons, &c. *Signé* LOUIS. *Et plus bas*, M. L. F. *Duport*. Et scellées du sceau de l'Etat.

Loi relative au sieur Blosse, lieutenant en premier au régiment de la Guadeloupe.

Donnée à Paris, le 4 mai 1791.

LOUIS, par la grace de Dieu, & par la loi constitutionnelle de l'Etat, Roi des Français : à tous présens & à venir ; salut. L'Assemblée nationale a décrété, & nous voulons & ordonnons ce qui suit :

Décret de l'Assemblée nationale , du 23 avril 1791.

L'Assemblée nationale , après avoir entendu les comités des colonies & des pensions réunis , décrete que sur les deux millions destinés au paiement des gratifications & indemnités , en vertu du décret du 3 août 1790 , il sera payé au sieur Blosse , lieutenant en premier au régiment de la Guadeloupe , la somme de six mille livres, pour l'indemniser des pertes qu'il a éprouvées dans les troubles qui ont eu lieu au Port-Louis , île de Tabago, le 17 février 1790,

Mandons, &c. Signé LOUIS. Et plus bas , M. L. F. Dupore. Et scellées du sceau de l'Etat.

Loi relative à la circonscription des paroisses de la ville d'Angoulême.

Donnée à Paris, le 4 mai 1791.

LOUIS, par la grace de Dieu , & par la loi constitutionnelle de l'Etat , Roi des Français : à tous présens & à venir; salut. L'Assemblée nationale a décrété , & nous voulons & ordonnons ce qui suit :

Décret de l'Assemblée nationale , du 29 avril 1791.

L'Assemblée nationale , après avoir entendu le rapport de son comité ecclésiastique , sur la délibération prise le 8 avril 1791 par le directoire du département de la Charente, de concert avec l'évêque diocésain , relativement à la formation & circonscription des paroisses de la ville & des faubourgs d'Angoulême , décrete ce qui suit :

ARTICLE PREMIER.

Il n'y aura que deux paroisses dans la ville d'Angoulême, & une dans le faubourg l'Houmeau , savoir , dans la

ville , la paroisse cathédrale & celle de Saint-Martial ;
& au faubourg l'Houmeau , celle de Saint-Jacques.

II. La cathédrale sera desservie dans l'église de Saint-
Pierre ; elle comprendra les paroisses de Notre-Dame de la
Peyne & de Baulieu, Saint-Cibard, Saint-Jean, Saint-André,
partie de Saint-Antonin & de Saint-Paul , & , hors de
la ville , les paroisses de Saint-Martin & de Saint-Ozonne.
Elle sera circonscrite, dans la ville , par une ligne partant
de la porte Saint-Pierre , suivant le rempart à droite,
jusqu'au mur de clôture du château , tournant à gauche,
suivant ledit mur jusqu'au marché qui est au-devant des
halles ; suivant ledit marché jusqu'au premier tournant
à gauche , par lequel on se rend à la petite place Saint-
Paul , & d'icelle , prenant une petite rue en face, jusqu'aux murs de la ville, au-dessus des magasins à poudre ;
laissant à droite la maison de force , les prisons & lesdits magasins ; suivant ledit mur à gauche , passant sur
la porte du pallet , prenant les deux maisons qui y sont
construites , & continuant ledit mur ou rempart , jusqu'à
ladite porte Saint-Pierre.

III. La paroisse de Saint-Martial comprendra le surplus
de la ville laissé par les confrontations de celle de Saint-
Pierre , avec son arrondissement ancien hors de la ville,
& le territoire de celle de Saint-Antonin hors les murs.

IV. La paroisse du faubourg de l'Houmeau sera desservie
dans l'église de Saint-Jacques ; elle comprendra tout son
ancien territoire & celui de la paroisse de Saint-Yrieix.

Il pourra , par la suite , être distrait desdites paroisses ,
les hameaux & villages qui , par des convenances lo-
cales & pour le bien du service , devront être réunies à
des paroisses de la campagne.

V. L'église de Saint-André de la ville sera conservée
comme oratoire. Deux messes y seront célébrées les fêtes
& dimanches par les vicaires de l'église cathédrale, lesquels
y feront les instructions spirituelles , sans y exercer aucunes
fonctions curiales.

VI. L'église de Saint-Yrieix , sera conservée pour oratoire dans la paroisse de Saint-Jacques de l'Houmeau. Le

curé demeure chargé d'y faire célébrer la messe les fêtes & dimanches, & il pourra y être fait des instructions spirituelles, sans aucunes fonctions curiales.

VII. L'église de Notre-Dame-des-Boussines dans la paroisse de Saint-Martial, sera conservée comme oratoire seulement.

Mandons, &c. *Signé* LOUIS. *Et plus bas*, M. L. F. Duport. *Et scellées du sceau de l'Etat.*

Loi relative aux acquéreurs de biens nationaux.

Donnée à Paris, le 4 mai 1791.

LOUIS, par la grace de Dieu, & par la loi constitutionnelle de l'Etat, Roi des Français: à tous présens & à venir, salut. L'Assemblée nationale a décrété, & nous voulons & ordonnons ce qui suit.

Décret de l'Assemblé nationale, du 27 avril 1791.

L'Assemblée nationale, ouï son comité d'aliénation, décrete que le terme du 15 mai 1791, fixé par l'article II de la loi du 17 novembre 1790, & l'article VIII de la loi du 5 janvier 1791, aux acquéreurs des domaines nationaux, pour jouir des facultés accordées pour leur paiement, par l'article V du titre III du décret du 14 mai 1790, sera prorogé jusqu'à premier janvier 1792; & ce pour les biens ruraux, bâtimens & emplacemens vacans dans les villes, maisons d'habitation & bâtimens en dépendans, quelque part qu'ils soient situés, seulement les bois & usines demeurant formelleemnt exceptés de cette faveur.

Passé le premier janvier 1792, les paiemens seront faits dans les termes & de la maniere prescrite par l'article IX de la loi du 5 janvier 1791.

Mandons, &c. *Signé* LOUIS. *Et plus bas*, L. M. F. Duport. *Et scellées du sceau de l'Etat.*

Loi portant liquidation de l'office de lieutenant-général de l'amirauté d'Arles.

Donnée à Paris, le 4 mai 1791.

LOUIS, par la grace de Dieu, & par la loi constitutionnelle de l'état, Roi des Français : à tous présens & à venir ; salut. L'Assemblée nationale a décrété, & nous voulons & ordonnons ce qui suit :

Décret de l'Assemblée nationale, du 26 mars 1791.

L'Assemblée nationale décrete que l'office de lieutenant-général, civil & criminel de l'amirauté d'Arles, est fixé & liquidé à la somme de trente mille trois cent quatorze liv. quatorze sous, tant en principal qu'accessoires, dont brevet de liquidation lui sera délivré, en remplissant par lui les formalités prescrites par les décrets.

Mandons, &c. *Signé* LOUIS. *Et plus bas*, M. L. F. *Duport*. Et scellées du sceau de l'Etat.

Loi relative à un délit considérable commis dans les bois nationaux du côté de Noyon.

Donnée à Paris, le 4 mai 1791.

LOUIS, par la grace de Dieu, & par la loi constitutionnelle de l'Etat, Roi des Français : à tous présens & à venir ; salut. L'Assemblée nationale a décrété, & nous voulons & ordonnons ce qui suit :

Décret de l'Assemblée nationale, du 22 avril 1791.

L'Assemblée nationale, sur le compte qui lui a été rendu par son comité des domaines, d'un délit considérable commis dans des bois nationaux situés dans le district de Noyon & ci-devant dépendans de l'évêché, du chapitre & de l'abbaye de cette ville, décrete que son président se retirera dans le jour pardevers le Roi, à l'effet de le supplier de donner sur-le-champ à son commissaire auprès du tribunal de Noyon, les ordres nécessaires pour requérir l'exécution de la loi, & la condamnation des peines qu'elle prononce contre tous auteurs ou complices du délit constaté par le procès-verbal des officiers de la maîtrise de Noyon, du 15 avril présent mois, même contre toutes personnes qui, sous prétexte d'administration ou autrement, auroient participé audit délit.

Mandons, &c. Signé LOUIS. Et plus bas, M. L. F. Duport. Et scellées du sceau de l'Etat.

Loi relative à M. de la Peyrouse, & à l'impression des cartes par lui envoyées.

Donnée à Paris, le 4 mai 1791.

LOUIS, par la grâce de Dieu, & par la loi constitutionnelle de l'Etat, Roi des Français : à tous présens & à venir ; salut. L'Assemblée nationale a décrété, & nous voulons & ordonnons ce qui suit :

Décret de l'Assemblée nationale, du 22 avril 1791.

L'Assemblée nationale décrete que les relations & cartes envoyées par M. la Peyrouse, de la partie de son voyage, jusqu'à Botanibay, seront imprimées & gravées aux dépens de la nation, & que cette dépense sera prise sur le fonds de deux millions ordonné par l'article XIV du décret du 3 août 1790.

Décrete qu'aussitôt que l'édition sera finie, & qu'on en aura retiré les exemplaires dont le Roi voudra disposer, le surplus sera adressé à madame la Peyrouse avec une expédition du présent décret, en témoignage de satisfaction du dévouement de M. de la Peyrouse à la chose publique, & à l'accroissement des connoissances humaines & des découvertes utiles.

Décrete que M. la Peyrouse restera porté sur l'état de la marine jusqu'au retour des bâtimens envoyés à sa recherche, & que ses appointemens continueront à être payés à sa femme, suivant la disposition qu'il en avoit faite, avant son départ.

Mandons, &c. *Signé* LOUIS. *Et plus bas*, M. L. F. Duport. Et scellées du sceau de l'État.

Loi relative à l'emprunt national de 1789.

Donnée à Paris, le 4 mai 1791.

LOUIS, par la grace de Dieu, & par la loi constitutionnelle de l'État, Roi des Français : à tous présens & à venir, salut. L'Assemblée nationale a décrété, & nous voulons & ordonnons ce qui suit.

Décret de l'Assemblée nationale, du 29 avril 1791.

L'Assemblée nationale, ouï le rapport des commissaires de l'extraordinaire, décrete ce qui suit :

ARTICLE PREMIER.

La recette & la dépense du montant des effets admis dans l'emprunt national de 1789, est fixée à la somme de vingt-cinq millions quatre cent quatre-vingt-dix-neuf mille sept cent treize livres.

II. Les originaux des actes qui ont ordonné l'admission de la reconnoissance du sieur le Couteulx de la Norraie, pour la somme de quatorze cent mille livres, dans l'emprunt de 1789, & ladite reconnoissance, seront remis à l'agent chargé de la poursuite des recouvremens du trésor public, à l'effet par lui de se pourvoir contre telles personnes qu'il appartiendra, ordonnateurs & autres, pour faire rétablir audit trésor, soit les bordereaux délivrés audit sieur le Couteulx, jusqu'à la concurrence de sept cent mille livres, soit des effets de la nature de ceux qui devoient être admis dans l'emprunt de 1789, jusqu'à concurrence de la même somme de sept cent mille liv. & les intérêts induement payés audit sieur le Couteulx ou à ses ayants-cause, à compter du premier octobre 1789 qu'ils ont eu cours, jusqu'au jour de la remise effective des capitaux, qui sera faite au trésor public, sans entendre au surplus par cette disposition rien préjuger sur les prétentions formées par les sieurs le Couteulx & Gallet, dont il est mention dans la reconnoissance dudit sieur le Couteulx.

III. Les commissaires de la trésorerie, en faisant procéder à l'inventaire des effets du trésor public, feront dresser inventaire dans un chapitre à part, des effets qui y sont rentrés par diverses voies, pour être annullés; & il sera procédé à la vérification & au brûlement desdits effets par les commissaires de la caisse de l'extraordinaire, aux termes du décret du 24 décembre dernier.

Mandons, &c. *Signé* Louis. *Et plus bas*, M. L. F. *Duport. Et scellées du sceau de l'État.*

Loi qui renvoie au tribunal du premier arrondissement du département de Paris, les fabricateurs de faux assignats.

Donnée à Paris, le 6 mai 1791.

Louis, par la grâce de Dieu, & par la loi constitutionnelle de l'État, Roi des Français : à tous présens & à venir; salut. L'Assemblée nationale a décrété, & nous voulons & ordonnons ce qui suit :

Décret de l'Assemblée nationale, du 3 mai 1791.

L'Assemblée nationale, après avoir entendu le rapport qui lui a été fait au nom de son comité des recherches, décrète :

Que, par le tribunal du premier arrondissement du département de Paris, le procès pour crime de fabrication de faux assignats, sera fait aux nommés *Lamievette, Durand, Vidaud, Bordier, Phelipponeau & Simoneau*, leurs fauteurs & complices; qu'à cet effet les papiers, faux assignats, planches, poinçons, timbres, caractères, ensemble toutes pièces saisies & pouvant servir à conviction, seront remis au greffe du tribunal, & les nommés *Bordier, Phelipponeau & Simoneau* transférés, sous bonne & sûre garde, des pri-

fons de Limoges & de Calais , dans celles du même tribunal.

Le Roi fera prié de donner les ordres les plus prompts
pour l'exécution du préfent décret.

L'Affemblée charge fon comité des penfions, de lui pré-
fenter inceffamment fes vues fur la récompenfe à accorder
aux bons citoyens qui ont fervi leur patrie en découvrant
les crimes de fabrication de faux affignats.

Mandons , &c. *Signé* LOUIS. *Et plus bas ;* M. L. F.
Duport. Et fcellées du fceau de l'Etat.

---

*Loi relative aux arrérages demandés par le collége anglois de
Saint-Omer , d'un fecours à lui accordé fur public.e tréfor.*

Donnée à Paris , le 8 mai 1791.

LOUIS , par la grace de Dieu , & par la loi conftitutionnelle de l'Etat, Roi des Français : à tous préfens
& à venir ; falut. L'Affemblée nationale a décrété , &
nous voulons & ordonnons ce qui fuit :

Décret de l'Affemblée nationale, du 3 *mai* 1791.

L'Affemblée nationale, ouï le rapport du comité central
de la liquidation fur la vérification faite par le commiffaire
du Roi , directeur général de la liquidation , concernant
la demande des arrérages du fecours annuel accordé fur
le tréfor public , au collége anglois de Saint-Omer , pour
les années 1786 , 1787 , 1788 & 1789 ;

Décrete que l'article deux du décret du quatorze novembre mil fept cent quatre-vingt-dix , concernant ledit
collége , fera rétabli en ces termes , ainfi qu'il fut adopté
ledit jour par l'Affemblée nationale :

2°. Le terme de 1790 fera acquitté en janvier 1791
fans qu'on puiffe répéter les échus antérieurs ; en conféquence , l'Affemblée nationale déclare qu'il n'y pas lieu à
payer les arrérages demandés par les adminiftrateurs du
collége de Saint-Omer.

Mandons , &c. *Signé* LOUIS. *Et plus bas ,* M. L. F.
Duport. Et fcellées du fceau de l'Etat.

Loi contenant des articles additionnels au décret du 25 avril 1791, contenant liquidation des états de gages arriérés de 1788 & 1789.

Donnée à Paris, le 8 mai 1791.

LOUIS, par la grace de Dieu, & par la loi constitutionnelle de l'Etat, Roi des Français : à tous présens & à venir; salut. L'Assemblée nationale a décrété, & nous voulons & ordonnons ce qui suit :

Décret de l'Assemblée nationale, du 4 mai 1791.

Articles additionnels au décret du 25 avril 1791, contenant liquidation des états de gages arriérés de 1788 & 1789.

Après l'article VI du décret, seront ajoutés les deux articles suivans :

VII. Il ne sera payé aucuns desdits gages arriérés, pour tout le temps pendant lequel les places possédées sans finance auront été vacantes.

VIII. Quant aux gages des offices possédés en finance, il n'en sera payé aucuns pour le temps pendant lequel lesdits offices auront été vacans avant le premier juillet 1789; & depuis cette époque jusqu'au 31 décembre 1790, les gages desdits offices seront payés aux héritiers ou ayanscause des décédés, sans aucune déduction pour le temps de la vacance.

Mandons, &c. *Signé* **LOUIS.** *Et plus bas,* **M. L. F. Duport.** Et scellées du sceau de l'Etat.

PROCLAMATION du Roi pour la nomination de six commissaires, composant le comité de la tréforerie nationale.

A Paris, le 8 mai 1791.

Le Roi ayant fanctionné, le 30 mars dernier, les décrets de l'Affemblée nationale des 10 & 27 dudit mois, dont l'article II porte : « l'adminiftration du tréfor public fera confiée à un comité de tréforerie, compofé de fix commiffaires nommés par le Roi ; » fa majefté ayant également fanctionné le décret du 18 dudit mois de mars, dont l'article premier porte : « le Roi fera prié de faire inceffamment le choix de la nomination des fix commiffaires qui compoferont le comité de tréforerie ; » fa majefté a en conféquence nommé lefdits commiffaires, & elle a jugé à propos, au moment où ils vont commencer l'exercice de leurs fonctions, de faire connoître leur nomination, & de leur conférer par la préfente proclamation, tous les pouvoirs qui leur font néceffaires ; en conféquence, le Roi a nommé & commis, nomme & commet pour fes commiffaires à la tréforerie nationale, les fieurs Antoine-Pierre du Tremblay, Marie-Jean-Antoine-Nicolas de Condorcet, Jean de Vaines, David-Étienne Rouillé de l'Étang, Antoine-Laurent Lavoifier, & François-Pierre Cornu Delafontaine, auxquels dits commiffaires fa majefté donne tous les pouvoirs néceffaires pour l'exécution des décrets portant établiffement & organifation de la tréforerie nationale par elle fanctionnés.

A Paris, le huit mai mil fept cent quatre-vingt-onze. *Signé* LOUIS. *Et plus bas*, *de Leffart*.

Loi relative aux officiers, sous-officiers & soldats de toutes les armes, en garnison ou en quartier.

Donnée à Paris, le 8 mai 1791.

LOUIS, par la grace de Dieu, & par la loi constitutionnelle de l'Etat, Roi des Français : à tous présens & à venir ; salut. L'Assemblée nationale a décrété, & nous voulons & ordonnons ce qui suit.

Décret de l'Assemblée nationale, du premier mai 1791.

L'assemblée nationale décrete que les officiers, sous-officiers & soldats de toutes les armes sont libres, hors le temps de leur service militaire, des appels des exercices & avant la retraite, d'assister sans armes & comme les autres citoyens, aux séances des sociétés qui s'assemblent paisiblement dans les villes où ils sont en garnison ou en quartier.

Décrete en outre, que conformément à l'article VIII du décret du 6 août 1790, aux articles XV & XVI du décret du 15 septembre & autres décrets rendus depuis cette époque, qui fixent la forme des réclamations qui doivent être adressées au corps législatif & au pouvoir exécutif, par les individus des troupes de ligne, il est interdit auxdites sociétés & aux membres qui les composent, de s'initier dans les affaires qui intéressent la police intérieure des corps, la discipline militaire & l'ordre du service.

Mandons, &c. *Signé* LOUIS. *Et plus bas*, M. L. F. *Duport.* Et scellées du sceau de l'Etat.

Loi relative aux tribunaux établis dans les villes où l'ordonnance de 1667 n'a été ni publiée ni exécutée, & qui porte que l'article III du 11 février, relatif aux requêtes civiles, sera observé pour les arrêts du ci-devant parlement de Douay.

Donnée à Paris, le 8 mai 1791.

LOUIS, par la grace de Dieu, & par la loi constitutionnelle de l'Etat, Roi des Français : à tous présens & à venir, salut. L'Assemblée nationale a décrété, & nous voulons & ordonnons ce qui suit :

Décret de l'Assemblée nationale, du 28 avril 1791.

L'Assemblée nationale décrete ce qui suit :

ARTICLE PREMIER.

Dans les tribunaux établis dans des villes où l'ordonnance de 1667 n'a été ni publiée ni exécutée, les juges & les avoués se conformeront, pour la procédure, aux réglemens qui y sont usités, en ce qui n'est pas contraire aux modifications faites à cette ordonnance par l'article XXXIV du décret du 6 mars dernier ; & néanmoins aucune cause n'y pourra être instruite ni jugée comme procès par écrit, soit en premiere instance, soit en cas d'appel, si elle n'a été préalablement portée à l'audience, & si les juges n'ont cru devoir l'appointer, après avoir entendu les plaidoieries respectives des parties.

II. La règle établie par l'article III du décret du 11 février dernier, pour déterminer à quels tribunaux doivent être portées les requêtes civiles, sera observée pour les revisions intentées ou à intenter contre les arrêts du ci-devant parlement de Douay.

Mandons, &c. *Signé* LOUIS. *Et plus bas*, M. L. F. *Duport.* Et scellées du sceau de l'Etat.

Partie X. P

LOI relative aux offices & commiſſions d'agens & courtiers de change, de banque & d'aſſurances, tant de terre que de mer, conducteurs, interpretes & autres.

Donnée à Paris, le 8 mai 1791.

LOUIS, par la grace de Dieu, & par la loi conſtitutionnelle de l'Etat, Roi des Français : à tous préſens & à venir ; ſalut. L'Aſſemblée nationale a décrété, & nous voulons & ordonnons ce qui ſuit.

Décret de l'Aſſemblée nationale, des 14, 19 & 21 avril 1791

L'Aſſemblée nationale décrete ce qui ſuit :

ARTICLE PREMIER.

Les offices & commiſſions d'agens & courtiers de change, de banque, de commerce & d'aſſurances, tant de terre que de mer, conducteur-interprete dans les ports de mer, tant françois qu'étrangers & autres, de quelque nature & ſous quelque dénomination qu'ils aient été créés, ſont ſupprimés à compter du jour de la promulgation du préſent décret.

II. Conformément à l'article VII du décret ſur les patentes, du 2 mars dernier, il ſera libre à toutes perſonnes d'exercer la profeſſion d'agent & courtier de change, de banque & de commerce, tant de terre que de mer ; mais à la charge de ſe conformer aux diſpoſitions des réglemens qui ſeront inceſſamment décrétés, ſans que perſonne puiſſe être forcé d'employer leur miniſtere ; & cependant les anciens agens de change continueront d'exercer leurs fonctions, conformément aux anciens réglemens, juſqu'à la promulgation des nouveaux réglemens qui ſeront inceſſamment décrétés.

III. Tout particulier qui voudra exercer les fonctions d'agent & de courtier de change, de banque & de commerce, tant de terre que de mer, sera tenu de prendre une patente, qui ne pourra lui être délivrée qu'autant qu'il rapportera la quittance de ses impositions.

IV. Celui qui aura pris une patente, sera tenu de se présenter devant le juge du tribunal de commerce ; il y fera sa déclaration qu'il veut exercer la profession d'agent & courtier de change & de commerce, & il prêtera le serment de remplir ses fonctions avec intégrité, de se conformer aux décrets de l'Assemblée nationale & aux réglemens.

V. Le greffier du tribunal lui délivrera une expédition de sa prestation de serment, qu'il sera tenu de produire à la municipalité pour y justifier qu'il a rempli cette formalité, sans laquelle il ne pourra user de la patente.

VI. Nul ne pourra exercer tout à la fois la profession d'agent & courtier de change, & celle de négociant, banquier, marchand, fabricant, commissionnaire, & même être commis dans aucune maison de commerce. Ceux qui auroient fait un contrat d'atermoiement ou faillite à leurs créanciers, ne pourront faire usage de la patente qui leur auroit été délivrée, à moins qu'il ne se soient réhabilités, de quoi ils seront tenus de justifier.

VII. Ne pourront ceux qui seront reçus courtiers & agens de change, faire pour leur compte aucune espece de commerce & négociation, à peine de destitution & de quinze cents livres d'amende. Ils ne pourront, sous les mêmes peines, endosser aucune lettre ou billet commerçable, donner aucun aval, tenir caisse, ni contracter aucune société, faire ni signer aucune assurance, & s'intéresser directement ni indirectement dans aucune affaire; tous actes, promesses, contrats & obligations qu'ils auroient pu faire à cet égard, seront nuls & de nul effet.

VIII. Ne pourront de même les négocians, banquiers ou marchands, prêter leurs noms directement ni indirectement, aux courtiers & agens de change, pour faire le commerce & les intéresser dans celui qu'ils pourroient faire, & ce, sous peine d'être solidairement responsables & garans de toutes les condamnations pécuniaires

qui pourroient être prononcées contre lesdits courtiers &
agens de change.

IX. Dans tous les lieux où il sera établi des courtiers
& agens de change, il sera dressé un tableau sur lequel seront inscrits leurs noms & demeures ; ledit tableau
sera affiché dans les tribunanx de commerce, & dans les
lieux où les marchands & négocians sont dans l'usage
de s'assembler, ainsi qu'à la maison commune.

X. Les courtiers & agens de change seront obligés de
tenir des livres ou registres-journaux en papier timbré,
lesquels seront signés, cotés & paraphés par un des juges
du tribunal de commerce. Lesdits registres seront écrits
par ordre de dates, sans aucun blanc & par articles sé-
parés ; ils contiendront toutes les négociations & opérations de commerce pour lesquelles lesdits courtiers, agens
de change & de commerce auront été employés, le nom
des parties contractantes, ainsi que les différentes conditions convenues entre elles. Seront tenus lesdits courtiers
de donner aux parties intéressées un extrait signé d'eux
desdites négociations & opérations, dans le même jour
où elles auront été arrêtées.

XI. Ils ne pourront, sous peine de destitution & de
responsabilité, négocier aucun effet, lorsqu'il se trouvera
cédé par un négociant dont la faillite seroit déclarée ou-
verte, ou qui leur seroit remis par des particuliers non
connus & non domiciliés.

XII. Les particuliers qui, sans être pourvus de patentes,
se seroient immiscés dans les fonctions de courtiers &
agens de change & de commerce, seront non recevables
à intenter aucune action pour raison de leurs salaires : les
registres où ils auront écrit leurs négociations n'auront
aucune foi en justice ; ils seront de plus sujets à l'a-
mende déterminée par l'article XIX du décret du 16
février dernier.

XIII. Les courtiers & agens de change, de banque
& de commerce, ne pourront, à peine d'interdiction,
se servir de commis, facteurs & entremetteurs
traiter & conclure les marchés & négociations dont
seront chargés.

XIV. Il fera inceffamment procédé par les tribunaux de commerce à la confection du tarif des droits de courtage, dans les différentes places de commerce du royaume. Ce tarif aura force de loi dans chaque ville où il aura été fait ; & jufqu'à la publication du nouveau tarif, ceux actuellement fubfiftans, continueront à être exécutés.

XV. Il fera également fait par les tribunaux de commerce, un réglement fur la maniere de conftater le cours du change & des effets publics.

XVI. Les courtiers & agens de change fe conformeront aux difpofitions du préfent décret, à peine de deftitution ; & ceux contre lefquels elle aura été prononcée ne pourront dans aucun temps, quoique pourvus de patentes, en exercer les fonctions.

Mandons, &c. *Signé* LOUIS. *Et plus bas*, M. L. F. *Duport.* Et fcellées du fceau de l'Etat.

LOI concernant les droits fur les boiffons, bois à brûler, charbons & autres marchandifes.

Donnée à Paris, le 8 mai 1791.

LOUIS, par la grace de Dieu, & par la loi conftitutionnelle de l'Etat, Roi des Français : à tous préfens & à venir ; falut. L'Affemblée nationale a décrété, & nous voulons & ordonnons ce qui fuit :

Décret de l'Affemblée nationale, du 30 avril 1791.

L'Affemblée nationale décrete ce qui fuit :

ARTICLE PREMIER.

Les marchands de boiffons, bois à brûler, bois carrés & à ouvrager, charbon, matériaux à bâtir & autres marchandifes qui jouiffoient du crédit des droits d'entrée, en demeurant fous la furveillance des fermiers ou régiffeurs

jufqu'au moment de la vente & de l'enlèvement des halles
& ports d'entrepôts, feront affranchis des droits d'entrée
des villes, fur les quantités invendues à l'époque du premier mai, & leurs foumiffions annullées, pourvu que les
délais preferits pour le crédit defdits droits ne foient point
expirés, fans néanmoins que la préfente difpofition puiffe
donner lieu à la reftitution des droits acquittés, foit aux
entrées, foit aux bureaux établis fur les routes, ni empêcher le recouvrement des droits dus & exigibles à l'époque
du premier mai.

II. Les propriétaires defdites marchandifes auront la
faculté d'en difpofer à leur gré, à la charge néanmoins
d'acquitter préalablement les droits dus fur les parties dont
les termes de crédit feront expirés avant l'époque du premier mai.

III. Les foumiffions faites par les braffeurs, depuis l'é-
poque du premier avril dernier, feront pareillement annullées, à la charge par eux d'acquitter les droits acquis par
leurs foumiffions antérieures au premier avril.

Mandons, &c. *Signé* Louis. *Et plus bas, M. L. F.
Duport.* Et fcellées du fceau de l'Etat.

---

*Loi relative à l'exportation par le cours de la Meufe, de
quelques portions de bois y défignées.*

Donnée à Paris, le 8 mai 1791.

Louis, par la grace de Dieu, & par la loi conftitutionnelle de l'Etat, Roi des Français : à tous préfens
& à venir ; falut. L'Affemblée nationale a décrété, &
nous voulons & ordonnons ce qui fuit :

Décret de l'Affemblée nationale, du 2 mai 1791.

L'Affemblée nationale confidérant que les coupes annuelles des bois fitués fur les rives de la rivière de Meufe,
depuis Revins jufqu'à Givet, produifent momentanément
une furabondance de bois, dont la confommation ne peut

être faite dans l'intérieur du royaume, excepté de la loi portée par le tarif général des droits de traites, décrété le 31 janvier dernier, les especes de bois ci après désignées, dont l'exportation par le cour de la Meuse seulement, pourra avoir lieu jusqu'au premier mai 1793, à la charge de payer pour droits de sorties, savoir :

La banne de charbon de bois, contenant dix queues, ou vingt poinçons de Bourgogne, la somme de cinq livres, ci.   5 l. 0 s. 0 d.

Le millier en nombre de perches à oublons, la somme de trente livres, ci.   30.

Le millier en nombre de perches nommées waires, la somme de vingt liv. ci. 20.

Le millier en nombre de perches nommées wariettes, la somme de dix liv. ci. 10.

L'Assemblée nationale excepte également de la prohibition portée par ledit tarif, les bois à brûler du district de Gex, département de l'Ain, qui seront exportés du royaume moyennant un droit de sortie de douze sous par chaque char à quatre roues, & de six sous par chaque charrette à deux roues.

Mandons, &c. *Signé* LOUIS. *Et plus bas*, M. L. F. *Duport*. Et scellées du sceau de l'Etat.

PROCLAMATION *du Roi*, qui nomme M. Lambert, *commissaire en la commission des monnoies, à la place de* M. Boutin.

A Paris, le 11 mai 1791.

Sur le compte rendu au Roi de la démission que le sieur *Boutin* a donnée de la place de commissaire en la commission établie par la loi du 10 avril dernier, pour la surveillance de la fabrication des monnoies, sa majesté s'est empressée de pourvoir au remplacement de ses fonctions. En conséquence, elle a nommé & commis, nomme & commet commissaire en la commission pour la surveillance de la fabrication des monnoies, le sieur *Augustin-Charles-Paschal Lambert*, ancien maître des requêtes, & lui donne, ainsi qu'aux autres membres de ladite commiffion , tous les pouvoirs néceffaires pour l'exécution de la loi du 10 avril dernier.

A Paris , le onze mai mil fept cent quatre-vingt-onze. *Signé* LOUIS. *Et plus bas , de Leffart.*

LOI relative aux navires & autres bâtimens de conftruction étrangere.

Donnée à Paris , le 13 mai 1791.

LOUIS , par la grace de Dieu , & par la loi conftitutionnelle de l'Etat, Roi des Français : à tous préfens & à venir ; falut. L'Affemblée nationale a décrété , & nous voulons & ordonnons ce qui fuit :

Décret de l'Affemblée nationale , du 4 mars 1791.

L'Affemblée nationale décrete ce qui fuit :
L'importation des navires & autres bâtimens de conftruction étrangere , pour être vendus dans le royaume , fera prohibée ; lefdits navires & bâtimens ne pourront en conféquence jouir des avantages réfervés à la navigation françoife, à l'exception toutefois de ceux defdits bâtimens qui , à la promulgation du préfent décret , fe trouveront être propriété françoife.

Mandons , &c. *Signé* LOUIS. *Et plus bas ,* M. L. F. *Duport.* Et fcellées du fceau de l'Etat.

LOI relative à l'arrêté du directoire du département de Paris, du 11 avril dernier.

Donnée à Paris , le 13 mai 1791.

LOUIS, par la grace de Dieu, & par la loi conftitutionnelle de l'Etat, Roi des Français: à tous préfens & à venir; falut. L'Affemblée nationale a décrété , & nous voulons & ordonnons ce qui fuit :

Décret de l'Assemblée nationale, du 7 mai 1791.

ARTICLE PREMIER.

L'Assemblée nationale, après avoir entendu le rapport de son comité de constitution sur l'arrêté du 11 avril, du directoire du département de Paris, déclare que les principes de liberté religieuse qui l'ont dicté, sont les mêmes que ceux qu'elle a reconnus & proclamés dans sa déclaration des droits; & en conséquence décrete que le défaut de prestation du serment prescrit par le décret du 28 novembre, ne pourra être opposé à aucun prêtre se présentant dans une église paroissiale, succursale & oratoire national, seulement pour y dire la messe.

II. Les édifices consacrés à un culte religieux par des sociétés particulieres, & portant l'inscription qui leur sera donnée, seront fermés aussitôt qu'il y aura été fait quelque discours contenant des provocations directes contre la constitution, & en particulier contre la constitution civile du clergé. L'auteur du discours sera, à la requête de l'accusateur public, poursuivi criminellement dans le tribunal comme perturbateur du repos public.

Mandons, &c. *Signé* LOUIS. *Et plus bas,* M. F. L. *Duport.* Et scellées du sceau de l'Etat.

Loi relative à une fabrication d'assignats de cinq livres.

Donnée à Paris, le 13 mai 1791.

LOUIS, par la grace de Dieu, & par la loi constitutionnelle de l'Etat, Roi des Français: à tous présens & à venir; salut. L'Assemblée nationale a décrété, & nous voulons & ordonnons ce qui suit.

Décret de l'Assemblée nationale, du 6 mai 1791.

L'Assemblée nationale décrete ce qui suit:

ARTICLE PREMIER.

Il sera procédé à la fabrication d'assignats de *cinq li-vres*, jusqu'à la concurrence de cent millions, en remplacement de pareille somme d'assignats de deux mille livres & de mille livres, qui seront supprimés.

Lesdits assignats ne pourront être mis en émission qu'en vertu d'un nouveau décret, lequel ordonnera en même temps l'ouverture d'un bureau dans chaque district, auquel on pourra échanger à volonté lesdits assignats contre de la monnoie de cuivre, & réciproquement.

II. L'Assemblée nationale ordonne à ses comités des monnoies & des finances réunis, de lui faire incessamment un rapport sur les moyens d'exécution relatifs, tant à la fabrication des assignats de cinq livres qu'à celle de la monnoie qui doit être faite pour être mise en émission au même moment où ils seront distribués.

Mandons, &c. *Signé* LOUIS. *Et plus bas*, M. L. F. *Duport*. Et scellées du sceau de l'Etat.

LOI relative aux bureaux de la direction générale de liquidation.

Donnée à Paris, le 13 mai 1791.

LOUIS, par la grace de Dieu, & par la loi constitutionnelle de l'Etat, Roi des Français : à tous présens & à venir salut. L'Assemblée nationale a décrété, & nous voulons & ordonnons ce qui suit :

Décret de l'Assemblée nationale, du 4 mai 1791.

L'Assemblée nationale, ouï le rapport de son comité central de liquidation, décrete ce qui suit :

ARTICLE PREMIER.

Il sera payé par le trésor public la somme de trente-deux mille deux cent quarante-cinq l., pour les appointemens des employés dans les bureaux de la direction générale de la liquidation , pendant le mois de mars 1791 ; & la somme de 6250 livres pour le traitement du commissaire du Roi , directeur général de la liquidation pendant , les mois de janvier , février & mars de la présente année.

II. A compter du premier avril dernier , la dépense des bureaux de la direction générale de liquidation est fixée à la somme de quarante-un mille six cent soixante-six l. treize sous quatre deniers par mois ; sur laquelle somme, celle de deux mille quatre-vingt-trois livres six sous huit deniers appartiendra au directeur général de la liquidation, pour son traitement ; celle de deux mille cinq cents livres sera prélevée pour les frais de bureaux , & le surplus sera distribué entre les différens employés dans les bureaux de la liquidation , suivant la répartition qui en sera faite par le directeur général de la liquidation ; à la charge qu'il ne pourra être payé à aucun desdits employés au-delà de la somme de cinq cents livres par mois ; & à la charge aussi par ledit directeur général de la liquidation , de faire imprimer à la fin de l'année l'état de la dépense de ses bureaux, mois par mois.

III. Le loyer des emplacemens destinés aux bureaux de la liquidation , pourra être porté jusqu'à la somme de dix-sept mille livres pour le courant de la présente année.

Mandons , &c. *Signé* LOUIS. *Et plus bas,* M. L. F. *Duport.* Et scellées du sceau de l'État.

Loi relative à diverses liquidations de taxations & augmentations de gages.

Donnée à Paris , le 13 mai 1791.

LOUIS , par la grace de Dieu , & par la loi constitutionnelle de l'Etat, Roi des Français : à tous présens & à venir ; salut. L'Assemblée nationale a décrété , & nous voulons & ordonnons ce qui suit :

Décret de l'Aemblée nationale, du 5 mai 1791.

L'Assemblée nationale, ouï le rapport de son comité central de liquidation, décrete :

ARTICLE PREMIER.

Les propriétaires, 1°. des augmentations de gages attribués aux officiers de la chambre des comptes de Paris & aux secrétaires du Roi, créées au denier dix & au denier douze, par les édits de juillet 1586 & 1622, & qui subsistant encore, soit aux deniers primitifs, soit à raison de trois quartiers dans l'état des charges des fermes & gabelles ont été exceptées de la réduction au denier cinquante, ordonnée par l'arrêt du conseil du 25 août 1790 ;

2°. Des taxations attribuées aux officiers des élections & greniers à sel, par édit de février 1745, rendues fixes & héréditaires au denier dix-huit, par la déclaration du 7 avril 1747, & employées ci-devant dans les états des tailles des domaines & bois, des fermes & gabelles ;

3°. Et de toutes autres augmentations de gages, rentes & charges annuelles dont le produit est au-dessus du denier vingt, & qui étoient ci-devant employées dans tels états que ce soit,

Seront, en conformité des décrets de l'Assemblée nationale, des 15 octobre 1790 & 2 avril dernier, remboursés dans la présente année sur le pied de leurs capitaux originaires, & des fonds de la caisse de l'extraordinaire.

II. Lesdits propriétaires seront tenus de justifier, pour obtenir ledit remboursement, qu'ils possédoient lesdites taxations ou augmentations de gages séparément des offices auxquels elles avoient été originairement affectées, ou qu'elles ne sont pas entrées dans l'évaluation de leurs offices.

III. Celles desdites rentes, augmentations de gages & taxations qui appartenoient collectivement aux compagnies, corps de judicature, greniers à sel & autres, comme faisant partie de l'actif desdites compagnies, qui a été déclaré appartenir à la nation, en compensation de

ce qu'elle s'est chargée de leurs dettes par l'article III
du titre II des décrets des 2 & 6 septembre dernier, sont
exceptées du remboursement ordonné par le premier article ; mais elles seront éteintes à compter de l'époque
de laquelle le dernier paiement des arrérages en a été fait.

IV. Les arrérages desdites augmentations de gages,
taxations, rentes & charges annuelles dont le produit
est au-dessus du denier vingt, & dont les remboursement
& extinction sont décrétés par les articles précédens, seront définitivement rejetés, à compter du premier janvier dernier, de tous états par les trésoriers & payeurs
qui les acquittoient ci-devant, à la diligence de l'administration du trésor public, qui, dans un mois de ce jour,
sera tenue d'adresser l'état desdites radiations au comité
central de liquidation, pour en être rendu compte à
l'Assemblée nationale.

V. Les propriétaires des objets ci-dessus déclarés susceptibles d'être remboursés, donneront devant-notaires de
Paris, quittance de remboursement du capital originaire,
ensemble de la portion d'arrérages échus pendant la présente année, à compter du premier janvier dernier,
jusqu'aux jour & date de la quittance de remboursement, à
la déduction des impositions auxquelles lesdites rentes peuvent être assujetties, entre les mains du commissaire du
Roi, directeur général de la liquidation, qui leur délivrera
en échange une reconnoissance définitive de liquidation,
remboursable à la caisse de l'extraordinaire, sur le mandat
de l'administrateur provisoire de ladite caisse. Ils joindront à ladite quittance le certificat du rejet des arrérages à compter du premier janvier dernier, les quittances de finance & titres nouveaux relatifs à leur propriété, certificat du conservateur des finances ; & pour
constater leurs qualités & propriétés individuelles, un
simple extrait de l'immatricule dans les registres des trésoriers ou payeurs qui acquittoient lesdits objets.

VI. A l'égard desdites augmentations de gages, taxations & rentes au-dessus du denier vingt, dont il avoit été
signé quittance de remboursement en vertu de l'arrêt du
conseil dudit jour 31 octobre 1787, dont les arrérages
avoient été rejetés par les payeurs avant la suppression

de 1788 , & dont le remboursement n'a pas été effectué , elles seront remboursées aux propriétaires , de la
manière ci-dessus expliquée sur lesdites anciennes quittances
de remboursement , & il leur sera tenu compte des intérêts
à raison du denier vingt du capital , & déduction faite des
impositions auxquelles lesdites rentes peuvent être assujetties depuis l'époque dudit rejet jusqu'à leur remboursement effectif , sans qu'ils soient assujettis à d'autres formalités nouvelles que de rapporter un certificat du payeur
que le rétablissement n'a pas eu lieu.

Mandons, &c. *Signé* LOUIS. *Et plus bas,* M. L. F.
Duport. Et scellées du sceau de l'Etat.

---

*Loi relative à différentes parties de bois , situés dans l'étendue
de la maîtrise particulière des eaux & forêts de Sedan.*

Donnée à Paris, le 13 mai 1791.

LOUIS , par la grace de Dieu ; & par la loi constitutionnelle de l'état , Roi des Français : à tous présens &
à venir , salut. L'Assemblée nationale a décrété , & nous
voulons & ordonnons ce qui suit :

Décret de l'Assemblée nationale , du 5 mai 1791.

L'Assemblée nationale , après avoir entendu le rapport
qui lui a été fait par son comité des domaines , décrete ce
qui suit :

L'Affectation faite au profit du sieur Jean-Antoine Raulin
de Flize, par arrêts du conseil des 26 juillet 1785 & 28 mars
1786 , de différentes parties de bois situés dans l'étendue
de la maîtrise particuliere des eaux & forêts de Sedan ,
est & demeure révoquée pour les années pendant lesquelles
elle devoit encore avoir lieu ; en conséquence, les bois
compris dans ladite affectation, seront à l'avenir administrés
& vendus ainsi que les autres bois nationaux , & pour le
compte de la nation.

Mandons, &c. *Signé* LOUIS. *Et plus bas,* M. L. F.
Duport. Et scellées du sceau de l'Etat.

LOI relative à la circonscription des paroisses de Dijon.

Donnée à Paris, le 15 mai 1791.

LOUIS, par la grace de Dieu, & par la loi constitutionnelle de l'Etat, Roi des Français : à tous présens & à venir ; salut. L'Assemblée nationale a décrété, & nous voulons & ordonnons ce qui suit.

Décret de l'Assemblée nationale, du 4 mai 1791.

L'Assemblée nationale décrete ce qui suit :

ARTICLE PREMIER.

Les sept paroisses de la ville & faubourgs de Dijon, avec tout leur territoire, sont & demeurent réduites à quatre.

II. Les paroisses conservées sont ;

1°. La paroisse cathédrale, qui sera établie dans l'église de Saint-Etienne.

2°. La seconde paroisse sera établie dans l'église de Saint Benigne.

3°. La troisieme paroisse sera établie dans l'église be Saint Michel.

4°. La quatrieme paroisse sera établie dans l'église de Notre-Dame.

III. Il sera conservé deux oratoires pour le soulagement des paroissiens desdites paroisses, l'un dans l'église de Saint-Nicolas, le second dans la chapelle des ci-devant religieuses Bernardines, lesquelles seront desservies par les vicaires de l'évêque.

IV. Le territoire de chacune desdites paroisses sera circonscrit & déterminé, conformément au procès-verbal du directoire du département de la Côte-d'or, & au plan qui y est annexé.

Mandons, &c. *Signé* LOUIS. *Et plus bas,* M. L. F. *Duport.* Et scellées du sceau de l'Etat.

LOI relative à la circonscription des paroisses de Saint-Omer, Arras, Cambrai, Lille & Coutances.

Donnée à Paris, le 15 mai 1791.

LOUIS, par la grace de Dieu , & par la loi constitutionnelle de l'Etat, Roi des Français : à tout présens & à venir; salut. L'Assemblée nationale a décrété , & nous voulons & ordonnons ce qui suit.

Décret de l'Assemblée nationale , du 4 mai 1791.

L'Assemblée nationale , ouï le rapport qui lui a été fait par son comité ecclésiastique.

1°. De l'arrêté du directoire du département du Pas-de-Calais , du 29 avril dernier sur les délibérations du directoire du district & du conseil général de la commune de Saint-Omer , des 19 du même mois & premier février précédent , concernant la circonscription des paroisses de cette ville , & de l'avis donné par l'évêque de ce département.

2°. De l'arrêté du directoire du même département, du 19 avril dernier, sur les délibérations du directoire du district & de la municipalité Arras des 25 & 27 du même mois, concernant la circonscription des paroisses de cette ville , & de l'avis d'*Honoré Spitalier*, prêtre, vicaire de l'évêque de ce département , spécialement fondé de ses pouvoirs ;

3°. De l'arrêté du directoire du département du Nord , du 28 avril dernier, sur les délibérations du directoire du district & de la municipalité de Cambrai, des 17 avril 1791 , & 17 décembre 1790 , concernant la circonscription des paroisses de ladite ville , & de l'avis donné par l'évêque de ce département , le 22 du mois dernier.

4°. De l'arrêté du directoire du même département , du 11 avril dernier , sur les délibérations du directoire du district & de la municipalité de Lille , concernant la circonscription des paroisses de cette ville , & de l'avis donné par l'évêque de ce département , le 23 du même mois ;

5°. De l'arrêté du directoire du département de la Manche du du 23 du mois dernier , sur les délibérations du directoire du district & de la municipalité de Coutances, concernant la circonscription des paroisses de cette ville , & de l'avis donné le même jour par l'évêque de ce département, décrète :

ARTICLE PREMIER.

Département du Pas-de-Calais , ville & faubourgs de Saint-Omer.

Il y aura , pour la ville & faubourgs de Saint-Omer, quatre paroisses ; savoir , la paroisse cathédrale, qui sera desservie dans l'église & sous l'invocation de Saint-Omer; celle de Saint-Bertin , qui sera desservie dans l'église ci-devant abbatiale de ce nom, enfin celles de Saint-Denis & du Saint-Sépulcre, dans les églises ainsi nommées. Elles seront circonscrites ainsi qu'il est expliqué par la délibération du conseil général de la commune, & suivant les lignes de démarcation tracées au plan annexé. Les paroisses de Sainte-Aldegonde , Saint-Jean, Saint-Martin & Sainte Marguerite sont supprimées. La chapelle du faubourg du Haut-pont sera conservée comme succursale de la paroisse de Saint-Bertin, pour les habitans des faubourgs de l'Isel & du Haut-pont.

Ville d'Arras.

II. Il n'y aura , pour la ville & les faubourgs d'Arras, que quatre paroisses ; savoir, celle de Notre-Dame , qui sera desservie dans l'église ci-devant cathédrale ; celle de Saint-Vaast, qui sera desservie dans l'église ci-devant abbatiale, actuellement en reconstruction , & provisoirement dans l'église de la Madeleine ; celle de Saint-Géry, qui sera transférée dans l'église de Saint-Nicolas ; & celle de Sainte-Croix, qui sera desservie dans l'église de ce nom. Elles seront circonscrites ainsi qu'il est expliqué dans l'arrêté susdaté du directoire du district d'Arras.

III. Les églises de Saint-Sauveur, de Saint-Nicolas & de Sainte-Catherine , seront conservées comme succursales des paroisses dont elles dépendent, & leurs arrondissement

Partie X.

Q

feront tels qu'il fe trouvent indiqués par la délibération fufdatée du directoire du diftrict d'Arras.

Département du Nord, ville & faubourgs de Cambrai.

IV. Il y aura pour la ville de Cambrai & fes faubourgs, trois paroiffes; favoir, la paroiffe cathédrale, ou de Notre-Dame, qui fera deffervie dans l'églife ci-devant métropolitaine; celle du Saint-Sépulcre, dans l'églife ci-devant abbatiale de ce nom; & celle de Saint-Géry, dans l'églife ainfi nommée. Elles feront circonfcrites fuivant les lignes de démarcation indiquées par la délibération fufdatée du directoire du diftrict, & tracées fur le plan annexé. Les autres paroiffes de Cambray font fupprimées. La chapelle de Saint-Druon dans le faubourg du Saint-Sépulcre, eft confervée comme oratoire de la paroiffe du Saint-Sépulcre.

Ville de Lille.

V. Il y aura dans la ville de Lille, *intrà muros*, fix paroiffes, fous les noms & dans les églifes de Saint-Sauveur, Saint-Maurice, Saint-Étienne, Sainte-Catherine, Saint-André & la Madeleine. Elles feront circonfcrites fuivant les lignes de démarcation indiquées par la délibération fufdatée du directoire du diftrict de Lille, & tracées fur le plan annexé. La paroiffe de Saint-Pierre eft fupprimée.

Département de la Manche; ville de Coutances.

VI. Il n'y aura pour la ville Coutances, que la paroiffe cathédrale, qui fera deffervie dans l'églife cathédrale fous l'invocation de Notre Dame, & qui fera circonfcrite ainfi qu'il eft expliqué dans l'arrêté fufdaté du directoire du département de la Manche. Les églifes ci-devant paroiffiales de Saint Pierre & de Saint-Nicolas feront confervées provifoirement comme oratoires.

VII. Les curés des paroiffes auxquelles font attachés les oratoires dénommées au préfent décret, enverront refpectivement, les dimanches & fêtes, un vicaire y célébrer la messe & faire les instructions spirituelles , sans pouvoir y exercer les fonctions curiales.

Mandons , &c. *Signé* LOUIS. *Et plus bas* , M. L. F. *Duport.* Et scellées du sceau de l'Etat.

Loi relative aux biens-meubles & immeubles , dépenduns des églises paroissiales ou succursales qui sont ou seront supprimées.

Donnée à Paris , le 15 mai 1791.

LOUIS , par la grace de Dieu , & par la loi constitutionnelle de l'Etat, Roi des Français : à tous présens & à venir ; salut. L'Assemblée nationale a décrété , & nous voulons & ordonnons ce qui suit :

Décret de l'Assemblée nationale , du 6 mai 1791.

L'Assemblée nationale , ouï le rapport de ses comités ecclésiastique & d'aliénation, sur la destination & l'emploi des édifices , emplacemens & autres immeubles réels , ainsi que des biens-meubles dépendans des églises paroissiales ou succursales qui sont ou seront supprimées en exécution de la loi du 24 août 1790 , décrète :

ARTICLE PREMIER.

Les églises & sacristies , parvis , tours & clochers des paroisses ou succursales supprimées , à l'exception des terrains & édifices qui auront été conservés pour oratoires ou chapelles de secours, par décret de l'Assemblée nationale , seront vendus , après le décret de suppression de la paroisse ou succursale , dans la même forme & aux mêmes conditions que les biens nationaux.

II. Les sommes qui se trouveront dues par les fabriques ou communautés de propriétaires ou d'habitans , pour constructions & réparations desdites églises supprimées , de leurs sacristies , parvis, tours & clochers , ainsi que le montant des dépenses qui seront jugées nécessaires par les corps administratifs , sous l'inspection & la surveillance du

Roi , pour rendre les églises des paroisses & succursales nouvellement circonscrites , propres à leur nouvelle destination , & pour y faire les réparations manquantes à l'époque du décret de circonscription , seront acquittées par la caisse de l'extraordinaire , après avoir été liquidées dans la forme prescrite par le titre premier du décret des 8 , 12 & 14 avril dernier.

III. Les cimetieres desdites paroisses & succursales supprimées , seront également vendus dans la même forme & aux mêmes conditions que les biens nationaux.

IV. Les sommes qui se trouveront dues par les fabriques ou communautés de propriétaires ou d'habitans , pour achat ou clôture , soit des cimetieres desdites églises supprimées , soit des cimetieres jugés nécessaires par les corps administratifs , sous l'inspection & la surveillance du Roi , pour les paroisses & succursales nouvellement circonscrites , seront acquittées par la caisse de l'extraordinaire , après avoir été liquidées comme il est dit en l'article II.

V. Les presbyteres & bâtimens qui servoient à loger les personnes employées au service desdites églises supprimées , ou changées en simples oratoires , sont déclarés biens nationaux , à la charge de l'usufruit réservé par l'article VII de la loi du 23 octobre dernier , à des curés de paroisses supprimées.

VI. Les sommes qui se trouveront dues par les communautés de propriétaires ou d'habitans , pour achat , construction ou réparation des bâtimens & presbyteres mentionnés en l'article précédent , & celles qui seroient dues pour achat , construction on grosses réparations de semblables édifices , jugés nécessaires en la forme exprimée aux articles II & IV ci-dessus , à raison des églises nouvellement circonscrites , seront acquittées par la caisse de l'extraordinaire , après avoir été liquidées comme il est dit au même article II.

VII. Tous les autres biens , meubles ou immeubles de fabrique desdites églises supprimées , passeront avec leurs charges à l'église paroissiale ou succursale établie ou conſervée, & dans l'arrondiſſement de laquelle ſe trouvera l'égliſe dont leſdits biens dépendoient avant la ſuppreſſion.

VIII. Il ne ſera rien payé au tréſor public, à raiſon des terrains & édifices de même nature que ceux mentionnés en l'article premier ci-deſſus, & provenant des chapitres & communautés eccléſiaſtiques, ſéculieres ou régulieres, ſupprimées en vertu de la loi du 24 août dernier, qui ſont ou ſeront conſacrés au culte par décret de l'Aſſemblé nationale, pour ſervir de nouvelle égliſe paroiſſiale ou ſuccurſale, ou d'oratoire public ; mais il ſera diſpoſé comme de biens nationaux, des terrains & édifices de l'ancienne égliſe, aux charges preſcrites par l'article II du préſent décret.

IX. Les ventes preſcrites par l'article premier ci-deſſus, ne pourront être effectuées qu'après avoir pris les précautions qu'exige le reſpect dû aux égliſes & aux ſépultures.

Les cimetieres ne pourront être mis dans le commerce qu'après dix années, à compter depuis les dernieres inhumations.

Mandons, &c. *Signé* LOUIS. *Et plus bas,* M. L. F. *Duport.* Et ſcellées du ſceau de l'Etat.

Loi relative à l'exécution de celle du 29 octobre 1790, qui a ſuspendu la conſtruction du palais de juſtice, commencé à Aix.

Donnée à Paris, le 15 mai 1791.

LOUIS, par la grace de Dieu, & par la loi conſtitutionnelle de l'Etat, Roi des Français : à tous préſens & à venir, ſalut. L'Aſſemblée nationale a décrété, & nous voulons & ordonnons ce qui ſuit :

Décret de l'Aſſemblée nationale, du 7 mai 1791.

L'Aſſemblée nationale, après avoir entendu le rapport de ſon comité des finances, décrete ce qui ſuit :

ARTICLE PREMIER.

Le Roi fera prié de donner des ordres pour la prompte exécution de la loi du 29 octobre 1790, qui a fupendu la conftruction du Palais de juftice, commencé à Aix, en ce qui concerne l'envoi au comité des finances, des comptes, états & devis dont la remife doit lui être faite aux termes des articles III & IV de ladite loi.

II. Les experts qui procéderont aux toifés & autres opérations néceffaires pour les comptes & eftimations ordonnés par lefdits articles III & IV, feront choifis en nombre égal par le directoire du département des bouches du Rhône, & par les entrepreneurs de la conftruction.

III. Le directoire du département des bouches du Rhône fera inceffamment la vérification des fonds qui reftent dans la caiffe du tréforier de la ci-devant Provence, provenus des fommes levées pour ladite conftruction, & de ceux qui font dans la caiffe du domaine & qui y avoient été deftinées.

IV. Les fous-entrepreneurs, fourniffeurs & ouvriers auxquels il eft dû par les entrepreneurs, & qui défireront recevoir des à-comptes, fe pourvoiront vers le directoire du département des bouches du Rhône, lequel après avoir communiqué leurs pétitions aux entrepreneurs de la conftruction & pris leurs avis, délivreront auxdits fous-entrepreneurs, fourniffeurs & ouvriers, des mandats à valoir jufqu'à concurrence des fommes dont les tréforiers de la ci-devant Provence, & le receveur des domaines auront été reconnus reliquataires.

V. L'Affemblée nationale fe réferve, après le compte définitif qui lui fera rendu par fon comité des finances, de régler la forme dans laquelle la créance des entrepreneurs & autres relatives à ladite conftruction, feront liquidées & acquittées; & cependant décrete que par provifion, il fera furfis à toutes pourfuites judiciaires de la part des fous-

entrepreneurs, fourniffeurs & ouvriers, vis-à-vis des entrepreneurs.

Mandons, &c. *Signé* LOUIS. *Et plus bas,* M. L. F.
Duport. Et fcellées du fceau de l'Etat.

---

*LOI relative à la tranflation du corps de Voltaire dans
l'églife paroiffiale de Romilly.*

Donnée à Paris, le 15 mai 1791.

LOUIS, par la grace de Dieu, & par la loi conftitutionnelle de l'Etat, Roi des Français: à tous préfens &
à venir, falut. L'Affemblée nationale a décrété, & nous
voulons & ordonnons ce qui fuit :

DECRET *de l'Affemblée nationale, du* 8 *mai* 1791.

L'Affemblée nationale décrete que le corps de Marie-
François Arrouet de Voltaire fera transféré de l'églife
de l'abbaye de Scellieres, dans l'églife paroiffiale de Romilly, fous la furveillance de la municipalité dudit lieu
de Romilly, qui fera chargée de veiller à la confervation
de ce dépôt, jufqu'à ce qu'il ait été ftatué par l'Affemblée
fur la pétition de ce jour, qui eft renvoyée au comité
de conftitution.

Mandons, &c. *Signé* LOUIS. *Et plus bas,* M. L. F.
Duport. Et fcellées du fceau de l'Etat.

---

*LOI relative aux fieurs Boifchut & autres, qui ont dénoncé
la fabrication de faux affignats.*

Donnée à Paris, le 15 mai 1791.

LOUIS, par la grace de Dieu, & par la loi conftitutionnelle de l'Etat, Roi des Français : à tous préfens
& à venir ; falut. L'Affemblée nationale a décrété, &
nous voulons & ordonnons ce qui fuit :

Décret de l'Assemblée nationale, du 5 mai 1791.

L'Assemblée nationale, ouï le rapport de son comité des pensions, & considérant l'importance du service que les ci-après nommés ont rendu à la chose publique, en dénonçant la fabrication de faux assignats que l'on tentoit de faire, & dont on avoit essayé de les rendre complices : décrete que sur la somme de deux millions dont il a dû être fait fonds au trésor public, par la loi du 22 août 1790, pour être employée en gratifications en faveur des citoyens qui auront bien mérité de l'état, il sera payé au sieur Boischut & au sieur Corchaud, à chacun la somme de vingt-cinq mille livres, aux sieurs Chrétien & Parein, à chacun la somme de douze mille livres ; au sieur Laborde la somme de trois mille livres, plus, la somme de six cents livres pour chacune des deux personnes dont il s'est fait assister lors de l'arrestation des trois particuliers qui avoient été dénoncés ; au sieur Cholat, la somme de deux mille quatre cents livres ; & qu'en outre il sera remis aux sieurs Boischut, Corchaud, Chrétien & Parein, la somme de deux mille quatre cents livres, pour le dédommagement des frais que leur ont occasionnés les opérations relatives à la dénonciation dont il s'agit.

Mandons, &c. *Signé* LOUIS. *Et plus bas,* M. L. F. *Duport.* Et scellées du sceau de l'Etat.

LOI *relative aux bâtimens nécessaires aux directoires des districts de Nogent-sur-Seine, de Lavaur, de Commercy & de Nantua.*

Donnée à Paris, le 15 mai 1791.

LOUIS, par la grace de Dieu, & par la loi constitutionnelle de l'Etat, Roi des Français : à tous présens & à venir ; salut. L'Assemblée nationale a décrété, & nous voulons & ordonnons ce qui suit :

Décret de l'Assemblée nationale, du 9 mai 1791.

L'Assemblée nationale, ouï le rapport de son comité d'emplacement, autorise 1°. le directoire du district de Nogent-sur-Seine, département de l'Aube, à acquérir aux frais des administrés, & dans les formes prescrites par les décrets de l'Assemblée nationale pour la vente des biens nationaux, la maison des Capucins de cette ville, pour y placer le corps administratif du district & le tribunal. Autorise également le directoire du district à faire procéder, dans les formes prescrites & accoutumées, à l'adjudication au rabais des réparations, & aux arrangemens intérieurs qui seront jugés nécessaires, sur le devis estimatif qui en a été dressé par le sieur Darletot, le 21 mars dernier, pour être le montant de ladite adjudication au rabais, supporté par les administrés.

2°. Autorise le district de Lavaur, département du Tarn, à louer, à dire d'experts, aux frais des administrés, la maison des Cordeliers de la ville de Lavaur, pour s'y placer, & le prix du loyer être versé dans la caisse du district.

Excepte de la présente permission de louer, le jardin qui sera loué ou vendu séparément, & le prix du loyer ou de la vente également versé à la caisse du district.

3°. Autorise le directoire du district de Commercy, département de la Meuse, à louer, pour deux années seulement, à dire d'experts, aux frais des administrés, pour y placer le corps administratif du district, l'aile au nord, & partie de celle à l'orient de la maison des Bénédictins de Commercy, située faubourg du Breuil, ainsi que le tout est désigné au plan qui sera joint à la minute du présent décret.

4°. Autorise le directoire du district de Nantua, département de l'Ain, à louer, à dire d'experts, aux frais des administrés, la maison du ci-devant prieur de Nantua, pour y placer le corps administratif du district, le tribunal du district, celui du juge de paix & le bureau de conciliation.

L'autorise à faire faire à ladite maison les réparations & arrangemens intérieurs nécessaires, à l'adjudication, au rabais desquels il sera procédé sur le devis estimatif qui en a été dressé par le sieur Leclerc, architecte, le 10 avril

dernier , pour être le montant de ladite adjudication sup=
porté par les administrés.

Mandons , &c. *Signé* LOUIS. *Et plus bas* . M. L. F.
Duport. Et scellées du sceau de l'Etat.

---

*LOI portant que le logement des évêques est à la charge de la
nation.*

Donnée à Paris , le 15 mai 1791.

LOUIS , par la grace de Dieu , & par la loi constitutionnelle de l'Etat, Roi des Français : à tous présens &
à venir ; salut. L'Assemblée nationale a décrété , & nous
voulons & ordonnons ce qui suit :

Décret de l'Assemblée nationale , du 9 mai 1791.

L'Assemblée nationale , ouï le rapport de son comité
d'emplacement , déclare que le logement des évêques est à
la charge de la nation.

Mandons , &c. *Signé* LOUIS. *Et plus bas M. L. F.
Duport.* Et scellées du sceau de l'Etat.

---

*LOI relative à la régie de l'enregistrement & du timbre , & à
celle des douanes.*

Donnée à Paris , le 15 mai 1791.

LOUIS , par la grace de Dieu , & par la loi constitutionnelle de l'Etat , Roi des Français ; à tous présens
& à venir ; salut. L'Assemblée nationale a décrété , &
nous voulons & ordonnons ce qui suit :

Décr et de l'Assemblée nationale , des 8 & 9 mai 1791.

L'Assemblée nationale décrete ce qui suit :

ARTICLE PREMIER.

Les taxes d'enregiftrement & de timbre, d'une part, celles des traites, de l'autre, feront perçues par deux régies intéreffées, l'une fous le titre de *Régie de l'enregif-trement & du timbre*, l'autre fous le titre de *Régie des douanes.*

II. L'adminiftration centrale de chaque régie fera établie à Paris.

III. Il fera déterminé par un décret particulier, des modes d'admiffion aux emplois & d'avancement pour chaque régie.

Les régiffeurs généraux, dans chaque régie, feront choifis & nommés par le Roi, entre les employés du grade immédiatement inférieur, ayant au moins cinq années d'exercice dans le grade.

Les employés du grade immédiatement inférieur à celui de régiffeur, feront choifis & nommés par le Roi entre trois fujets qui feront préfentés au miniftre des contributions publiques par les régiffeurs généraux, fuivant l'ordre d'avancement qui fera prefcrit.

Les prépofés inférieurs feront nommés par la régie.

IV. Les régiffeurs généraux ne pourront être deftitués que par le Roi, fur l'avis des chefs de la régie dont ils feront membres ; il en fera de même des prépofés immédiats des fermiers ; les autres employés pourront être deftitués par une délibération des régiffeurs.

V. Immédiatement après la nomination des régiffeurs généraux, le Roi en donnera connoiffance au corps légif-latif ; le miniftre des contributions publiques donnera connoiffance de celle des prépofés en chef dans les départemens, aux directoires des corps adminiftratifs dans le territoire defquels les prépofés devront exercer leurs fonctions.

Les régiffeurs généraux donneront, tant aux directoires defdits corps adminiftratifs que des municipalités, l'état des employés inférieurs qui exerceront dans leur territoire.

VI. Tous les membres des régies feront ferment de remplir avec fidélité les fonctions qui leur auront été départies ; favoir, les régiffeurs généraux devant le tribunal dans l'arrondiffement duquel fe trouvera fitué l'hôtel de la régie, & les autres prépofés devant les juges de diftrict de leur réfidence.

VII. Les produits des recettes des différentes régies feront verfés dans les caiffes de diftrict, aux termes & fuivant le mode qui feront réglés par le décret d'organifation de chacune de ces régies.

VIII. Tout receveur de l'une ou l'autre régie adreffera au receveur de diftrict, avec les fonds qu'il lui fera paffer, un état de fa recette brute, des frais de perception qui auront été & dû être prélevés fur les produits, & de la fomme effective verfée à la caiffe du diftrict ; il enverra en même temps un double certifié de ces états au directoire du diftrict, & à la municipalité de la réfidence.

IX. Les directoires de diftrict feront tenus de vérifier & faire vérifier par les municipalités, les caiffes & regiftres des différentes régies. Les directoires des départemens pourront auffi faire ou faire faire ces vérifications quand ils le jugeront à propos.

X. Les receveurs de diftrict fourniront un fupplément de cautionnement proportionnel au produit préfumé de leur recette, d'après les déclarations des régiffeurs généraux.

XI. Les produits des régies qui feront verfés à la caiffe du receveur de diftrict, feront ajoutés à la maffe générale de fes autres recettes, & fa remife fixée fur le tout conformément à l'article XIV du décret du 22 novembre dernier.

Mandons, &c. *Signé* LOUIS. *Et plus bas*, M. L. F. **Duport**. Et fcellées du fceau de l'Etat.

Loi relative à la suppression de la compagnie de la prévôté de l'hôtel, & à sa recréation sous le titre de gendarmerie nationale.

Donnée à Paris, le 15 mai 1791.

Louis, par la grace de Dieu, & par la loi constitutionnelle de l'Etat, Roi des Français : à tous présens & à venir, salut. L'Assemblée nationale a décrété, & nous voulons & ordonnons ce qui suit :

Décret de l'Assemblée nationale, du 10 mai 1791.

L'Assemblée nationale, ayant ouï le rapport de ses comités de constitution & militaire réunis, sur la compagnie de la prévôté de l'hôtel, décrète ce qui suit :

SECTION PREMIERE.

TITRE PREMIER.

Suppression & nouvelle création.

ARTICLE PREMIER.

La compagnié de la prévôté de l'hôtel est & demeurera supprimée : mais elle est recréée sous le titre de gendarmerie nationale.

II. Ce nouveau corps participera aux grades, distinctions & récompenses établies pour la gendarmerie nationale, ainsi qu'à tous les avantages accordés par les décrets des 22, 23, 24 décembre 1790, & 16 janvier 1791.

III. Ceux des officiers & gardes qui vont être recréés par cette nouvelle organisation, seront con-

TITRE II.

Composition & formation.

ARTICLE PREMIER.

Ce nouveau corps sera composé d'un lieutenant-colonel, de deux capitaines, six lieutenans, six maréchaux-des-logis, douze brigadiers & soixante-douze gendarmes faisant ensemble quatre-vingt-dix-neuf hommes, formés en deux compagnies.

II. Chaque compagnie sera composée de trois maréchaux-des-logis, six brigadiers, trente-six gendarmes, & commandée par un capitaine & trois lieutenans.

III. Chaque compagnie sera partagée en trois brigades, composées d'un maréchal-des-logis, de deux brigadiers, de douze gendarmes, & sera commandée par un lieutenant, sous l'autorité du capitaine.

IV. Le lieutenant-colonel commandera les deux compagnies, mais il sera sous l'autorité du colonel de la gendarmerie nationale, servant au département de Paris.

V. Il sera attaché à cette troupe, un secrétaire greffier.

TITRE III.

Admission, rang & avancement.

ARTICLE PREMIER.

Au moment de la formation actuelle, ce corps sera formé du fonds des officiers, sous-officiers & gardes de la prévôté de l'hôtel supprimés par le présent décret.

II. Les officiers du même grade prendront rang entr'eux de la date de leurs brevets ou commissions signés du Roi & contre-signés par le ministre de la guerre; dans le cas d'une même date, la préférence seroit accordée à celui qui auroit le plus d'années de service.

III. Ceux des officiers & gardes qui vont se trouver réformés par cette nouvelle organisation, serot con-

servés comme surnuméraires , avec droit au remplacement,
& avec le même traitement que les autres gedarmmes ou
officiers du même grade.

IV. Pour recruter ces deux nouvelles compagnies , par
la suite il n'y sera admis , après l'extinction des surnuméraires , aucun gendarme qui n'ait trente ans accomplis ,
qui ne sache lire & écrire , qui ne soit en activité dans
l'une des compagnies de la gendarmerie nationale , &
qui n'y ait servi au moins trois années avec distinction.

V. Lorsqu'il vaquera une place de gendarme dans ce
nouveau corps , chaque département dans chacune des
vingt-huit divisions de la gendarmerie nationale fournira
successivement pour la remplir , un sujet qui réunisse les
conditions prescrites par l'article précédent.

VI. Le colonel de la division de la gendarmerie nationale , qui devra fournir un sujet , en présentera trois de sa
division au directoire du département dont ce sera le tour ,
lequel en choisira un qui sera pourvu par le Roi.

VII. Ce nouveau corps roulera sur lui-même pour son
avancement.

VIII. Pour remplir une place vacante de brigadier, chacun
des six maréchaux-des-logis se réunira avec les deux brigadiers de sa brigade, pour choisir de concert un gendarme. La
liste des six qui auront été ainsi choisis , sera remise au capitaine dans la compagnie duquel l'emploi sera vacant ; ce
capitaine réduira la liste à deux parmi lesquels le lieutenant-colonel nommera le nouveau brigadier.

IX. Pour remplir une place de maréchal-des-logis , les
six maréchaux-des-logis se concerteront pour proposer ensemble quatre brigadiers ; cette liste réduite à deux par
le capitaine dans la compagnie duquel l'emploi aura vac-
qué , sera présentée par lui au lieutenant-colonel qui nommera parmi les deux , le nouveau maréchal-des-logis.

X. Sur deux places vacantes de lieutenant, l'une sera
donnée au plus ancien maréchal-des-logis; l'autre le sera, par
le choix , à l'un des six maréchaux-des-logis ayant au moins

deux années d'exercice dans ce grade. L'ancienneté aura le premier tour.

XI. Lorsqu'il s'agira de donner par le choix une place de lieutenant, tous les officiers des deux compagnies & le lieutenant-colonel nommeront, à la majorité absolue des suffrages, trois maréchaux-des-logis. Cette liste sera présentée par le colonel de la division de gendarmerie nationale servant dans le département de Paris, au directoire de ce département, lequel en nommera un qui sera pourvu par le Roi.

XII. Les lieutenans parviendront suivant leur ancienneté, à l'emploi de capitaine.

XIII. Les capitaines parviendront suivant leur ancienneté, à l'emploi de lieutenant-colonel.

XIV. Au moment de la présente organisation, le Roi fera délivrer aux officiers, sous-officiers de gendarmes, qui composeront le corps, & par la suite à ceux qui auront été promus de la maniere qui vient d'être expliquée, une nouvelle commission, suivant leurs grades respectifs.

XV. Le lieutenant-colonel concourra avec les officiers du même grade dans la gendarmerie nationale & aux mêmes conditions, pour parvenir à l'emploi de colonel, soit par ancienneté, soit par le choix du Roi.

XVI. Le secrétaire-greffier sera nommé par le directoire du département de Paris.

TITRE IV.

Ordre intérieur.

ARTICLE PREMIER.

Toutes les commissions des officiers & gendarmes, seront scellées sans frais.

II. Celles du lieutenant-colonel, des capitaines & lieutenans, seront adressées au directoire du département de Paris

Paris, devant lequel ils prêteront le serment prescrit par la loi ; après quoi le colonel de la division de la gendarmerie nationale servant au département de Paris, fera reconnoître le lieutenant colonel, & celui-ci fera reconnoître les autres officiers dans leurs grades respectifs.

III. Le lieutenant-colonel recevra le même serment des maréchaux-des-logis, des brigadiers & des gendarmes.

IV. Les sermens seront prêtés sans aucuns frais, & enregistrés de même dans le directoire du département de Paris, & dans le secrétariat du corps.

V. Aucune destitution ne pourra être prononcée que selon la forme & de la maniere établie pour l'armée : les régles de la discipline seront les mêmes que celles des troupes de ligne.

VI. Le conseil d'administration sera composé du lieutenant-colonel, des deux capitaines, du plus ancien lieutenant, du plus ancien maréchal-des-logis, du plus ancien brigadier, & des deux plus anciens gendarmes.

VII. L'uniforme des officiers, sous officiers & gendarmes nationaux composant ce nouveau corps, sera en tout semblable à celui de la gendarmerie nationale, en y ajoutant la distinction que portent les grenadiers de cavalerie.

TITRE V.

Traitement.

ARTICLE PREMIER.

Les appointemens de ce corps seront payés au complet & par mois sur les fonds publics dans le département de Paris, d'après les mandats donnés par le directoire de ce département, & en conséquence des états qu'il recevra du ministre ayant la correspondance des départemens.

II. A compter du 15 du présent mois, les appointemens & solde des officiers, sous-officiers, gendarmes nationaux

Partie X.

R

de ce nouveau corps , demeureront fixés de la manière suivante ; savoir :

Au lieutenant-colonel. . . . . 5000l.
A chaque capitaine. 3500
A chaque lieutenant. 2300
A chaque maréchal des-logis 1250
A chaque brigadier. 1100
A chaque grenadier gendarme. 910
Au secrétaire greffier 900

Il sera alloué deux cents liv. au secrétaire-greffier , pour menus frais & dépense du secrétariat.

III. Moyennant ces appointemens , les officiers , sous-officiers & gendarmes , seront chargés de leur habillement & petit équipement ; il ne leur sera fait d'autres retenues que celles qui seront arrêtées par le conseil d'administration.

IV. L'armement pour le service des sous-officiers & gendarmes , sera fourni & entretenu par les magasins nationaux.

V. Le casernement des sous-officiers & gendarmes sera fourni en nature par le département de Paris , & déterminé par le directoire , sur l'avis du lieutenant colonel ou du commandant.

VI. Le conseil d'administration réglera tous les ans le compte qui sera rendu par le lieutenant-colonel : 1°. des avances que les circonstances auront pu rendre nécessaires , & qui devront être remboursées par retenue sur sa solde ; 2°. du bénéfice obtenu sur le paiement au complet.

VII. Le compte arrêté par le conseil d'administration sera présenté , chaque année , à la révision du directoire du département de Paris ; & si l'une , ou les deux compagnies demandent l'examen de la comptabilité , il ne sera fait qu'en présence du directoire du département.

SECTION SECONDE.

Fonctions des deux nouvelles compagnies de gendarmes nationaux.

TITRE PREMIER.

Fonctions près du corps législatif.

ARTICLE PREMIER.

Ce nouveau corps continuera auprès de l'Assemblée nationale, & des législatures suivantes, les fonctions remplies depuis le mois de 1789 par la ci-devant compagnie de la prévôté de l'hôtel.

II. Ces officiers, sous-officiers, & gendarmes, maintiendront l'ordre & la police dans les issues & aux portes de la salle du corps législatif, concurremment avec les gardes nationales, & ils sont autorisés à repousser par la force toute violence ou voie de fait qui seroient employées contre eux, dans les fonctions qu'ils exercent au nom de la loi.

III. Lorsque les décrets seront portés à la sanction, un officier, un sous-officier, & quatre gendarmes nationaux accompagneront le président du corps législatif, ou les commissaires qui seront nommés à cet effet.

IV. Dans toutes les cérémonies publiques où le corps législatif assistera, soit en entier, soit par députation, les officiers, sous-officiers & gendarmes nationaux de ce nouveau corps, soit en totalité, soit en détachement suivant les circonstances, précéderont & termineront la marche.

R ij

TITRE II.

Fonctions auprès de la haute-cour nationale, du tribunal de cassation & du ministre de la justice.

ARTICLE PREMIER.

Ce corps continuera de fournir un officier & deux gendarmes auprès du ministre de la justice, pour l'honneur & la sûreté du sceau de l'Etat.

II. Il fera, auprès de la haute cour nationale & auprès du tribunal de cassation, le service que les compagnies ci-devant connues sous le nom de robe-courte, & aujourd'hui incorporées dans la gendarmerie nationale, font auprès des tribunaux de justice, séant à Paris.

III. Il prêtera toute main-forte dont il sera requis légalement.

IV. Les différens services confiés par les articles précédens aux gendarmes nationaux, seront faits distinctement par ces deux compagnies, suivant l'ordre habituel du service militaire.

Mandons, &c. *Signé* LOUIS. *Et plus bas,* M. L. F. Duport. Et scellées du sceau de l'Etat.

Loi relative aux sommes à avancer par le trésor public aux quatre-vingt-trois départemens, pour subvenir à la dépense des tribunaux & à celle de l'administration.

Donnée à Paris, le 15 mai 1791.

LOUIS, par la grace de Dieu, & par la loi constitutionnelle de l'Etat, Roi des Français : à tous présens & à venir ; salut. L'Assemblée nationale a décrété, & nous voulons & ordonnons ce qui suit :

Décret de l'Assemblée nationale, du 9 mai 1791.

L'Assemblée nationale deſirant mettre les directoires de département à portée de ſubvenir à la dépenſe des tribunaux & aux dépenſes d'adminiſtration, en attendant que ſur le produit des ſous pour livre additionnels réparris au marc la livre des impoſitions de 1791, ils aient à leur diſpoſition les fonds néceſſaires pour faire acquitter ces dépenſes miſes à leur charge, a décrété & décrete ce qui ſuit :

ARTICLE PREMIER.

Le tréſor public fera remettre aux ordres des directoires des quatre-vingt-trois départemens, l'avance de la ſomme de deux millions huit cent dix-huit mille deux cent ſoixante-quinze l., pour ſubvenir à la dépenſe des tribunaux pour le trimeſtre de janvier 1791.

II. Le tréſor public fera également remettre aux ordres deſdits directoires, la ſomme de deux millions ſix cent quatre-vingt-ſix mille ſix cent vingt-cinq livres, pour ſubvenir aux dépenſes d'adminiſtration pour le même trimeſtre de 1791.

III. L'une & l'autre ſommes ſeront partagées entre les départemens, conformément aux états de diſtribution remis au comité des finances.

IV. Dans le courant de juin prochain, le tréſor public fera les mêmes avances pour ſubvenir aux mêmes dépenſes des tribunaux & d'adminiſtration, pour le trimeſtre d'avril 1791.

V. Le receveur du diſtrict renfermant le chef-lieu du département, fournira au tréſor public un récépiſſé de la totalité de la ſomme qui aura été envoyée au directoire du département pour l'une & l'autre dépenſes ; & la diſtribution de cette ſomme ſera faite enſuite en proportion des beſoins de chaque diſtrict & de chacun des corps adminiſtratifs des départemens.

VI. Ce récépiſſé ſera viſé par les administrateurs du directoire de département, lesquels, par l'arrêté mis au bas de ce récépiſſé, prendront l'engagement de faire remplacer au tréſor national, ſur le produit des ſous pour livre additionnels à impoſer au marc la livre des contributions de 1791, & opéreront en effet ce remplacement en 1791, comme ſi les rôles avoient été faits aux époques ordinaires.

Mandons, &c. Signé LOUIS. *Et plus bas*, M. L. F. *Duport*. Et ſcellées du ſceau de l'Etat.

Loi qui fixe le mode de remboursement des charges d'avocats aux conseils.

Donnée à Paris, le 15 mai 1791.

LOUIS, par la grace de Dieu, & par la loi conſtitutionnelle de l'Etat, Roi des Français : à tous préſens & à venir ; ſalut. L'Aſſemblée nationale a décrété, & nous voulons & ordonnons ce qui ſuit :

Décret de l'Aſſemblée nationale, du 7 mai 1791.]

L'Aſſemblée nationale décrete que les avocats aux conſeils ſeront rembourſés ſur le pied du dernier contrat d'acquiſition de chaque titulaire, & néanmoins que ceux dont les prix des contrats ſont inférieurs à vingt mille livres, recevront cette derniere ſomme en rembourſement : décrete en outre que tous ceux dont le prix des contrats excedent vingt mille livres, ſeront aſſujettis à la déduction d'un huitieme ſur le montant de leur rembourſement, pour raiſon des recouvremens préſumés compris dans les ventes qui leur ont été faites.

Mandons, &c. Signé LOUIS. *Et plus bas*, M. L. F. *Duport*. Et ſcellées du ſceau de l'Etat.

Loi relative à la distribution d'une somme de 62,550 livres, aux personnes précédemment comprises dans les états de secours affectés sur la loterie royale, sur le Port-Louis, & sur les fermes générales.

Donnée à Paris , le 15 mai 1791.

LOUIS , par la grace de Dieu , & par la loi constitution-nelle de l'Etat, Roi des Français : à tous présens & à venir; salut. L'Assemblée nationale a décrété , & nous voulons & ordonnons ce qui suit :

Décret de l'Assemblée nationale , du 5 mai 1791.

L'Assemblée nationale, ouï le rapport de son comité des pensions, qui a rendu compte du rapport & des vérifi-cations faites par le directeur général de la liquidation, décrete que sur les fonds destinés à cet objet par la loi du 25 février dernier , il sera payé la somme de *soixante-deux mille cinq cent cinquante livres* aux personnes com-prises dans l'état annexé au présent décret, & suivant la répartition portée audit état; lesquels paiemens seront faits au tresor public , à bureau ouvert , huitaine après la sanction du présent décret , & sur un simple certificat de vie des personnes employées en l'état.

Mandons, &c. *Signé* LOUIS. *Et plus bas,* M. L. F. *Duport.* Et scellées du sceau de l'état.

LOI relative au corps de la marine.

Donnée à Paris , le 15 mai 1791.

LOUIS, par la grace de Dieu , & par la loi constitu-tionnelle de l'Etat, Roi des Français ; à tous présens & à venir; salut. L'Assemblée nationale a décrété , & nous voulons & ordonnons ce qui suit :

Décret de l'Assemblée nationale, des 22 avril & 1er. mai 1791.

L'Assemblée nationale décrete ce qui suit :

ARTICLE PREMIER.

Pour l'exécution des précédens décrets, le corps de la marine est supprimé, & le mode de nomination pour la recréation de la marine sera fait, pour cette fois seulement, de la maniere suivante :

II. Le corps de la marine françoise, entretenu par l'état major, sera composé de 3 Amiraux. 9 Vice-amiraux. 18 Contre-amiraux. 180 Capitaines de vaisseaux. 800 Lieutenans. 200 Enseignes. 50 Maîtres d'équipages entretenus. 60 Maîtres canonniers entretenus. 36 Maîtres charpentiers. 36 Maîtres calfats. 18 Maîtres voiliers.

III. Le nombre des enseignes non entretenus ne sera point fixé.

IV. Le nombre des aspirans entretenus de la marine, sera fixé à trois cents.

V. Tous les officiers de la marine rouleront entre eux sans aucune distinction de département.

VI. La charge d'amiral de France est supprimée; & néanmoins les passeports, congés & autres expéditions qui sont actuellement signés par M. de Penthievre, & qui seront signés en sa qualité d'amiral jusqu'au jour de la sanction, vaudront jusqu'au premier janvier 1792.

VII. Tous les grades non énoncés dans la précédente composition, & toutes les distinctions d'escadres actuellement existantes, sont supprimés, ainsi que les états-majors qui y sont attachés. Les fonctions attribuées à ces états-majors, seront exercées provisoirement par l'état-major de la marine dans chaque port.

VIII. Les amiraux, vice-amiraux & contre-amiraux

seront choisis par le Roi , parmi les officiers généraux actuellement existans.

Les officiers généraux non compris dans cette promotion , conserveront leurs titres actuels & leurs appointemens.

Le tiers des places de contre-amiraux sera laissé vacant, pour être rempli au choix du Roi par les officiers actuellement capitaines de vaisseaux.

IX. Les cent quatre-vingt capitaines de vaisseaux seront choisis parmi les capitaines de vaisseaux actuels , les capitaines de vaisseaux & directeurs de ports, les majors de vaisseaux , les officiers de ports ayant rang de majors , les lieutenans de vaisseaux plus anciens dans ce grade que quelques-uns des majors de vaisseaux des dernières promotions, & tous les officiers des classes qui seront dans le cas de concourir à cette formation, d'après le décret sur les classes, ils seront choisis par le Roi.

Le Roi pourra accorder quatre de ces places à des marins des autres grades qui auroient rendu à l'état , pendant la guerre , des services distingués , restés sans récompense.

Les choix seront faits sans égard à l'ancienneté, & devront porter sur les sujets le plus en état de servir.

X. Les officiers promus aux grades d'officiers généraux ou de capitaines de vaisseaux , conserveront le rang qu'ils avoient entre eux ; & quant aux officiers des classes qui seront compris dans la nomination , on ne comptera que pour moitié le temps qu'ils auront servi dans les classes.

Les directeurs des ports & officiers de ports, ayant rang de major , prendront rang de l'époque de leur brevet de directeur ou de major.

XI. Les lieutenans seront choisis parmi les lieutenans , lieutenans de port & sous-lieutenans actuels.

XII. Les lieutenans prendront rang les premiers , & conserveront entre eux celui qu'ils avoient.

Les lieutenans de port prendront rang parmi les lieutenans , de la date de leur brevet.

« A l'exception de ceux » qui ont été élevés au grade » de lieutenans depuis le 4 » août 1789, lesquels ne » prendront rang que par » ancienneté de leurs ser- » vices ; ainsi que les sous- » lieutenans. »

XIII. Les sous-lieutenans qui completteront ce grade, seront nommés suivant le rang de leur ancienneté, qui sera déterminé par le temps de leur navigation sur les vaisseaux de l'état, & celui de leur activité de service dans les arsenaux en qualité de sous-lieutenans, enseignes, lieutenans de frégates, capitaines de flûtes, gardes ou élèves aspirans volontaires de la marine & premiers maîtres; on leur comptera de plus le temps de commandement des bâtimens armés en course, & pour moitié celui de commandement des bâtimens particuliers au long cours.

XIV. Pourront aussi concourir à cette formation, les officiers des classes qui sont dans le cas énoncé par l'article XIV du décret sur les classes conformément à la disposition de cet article.

XV. Le grade de sous-lieutenant est supprimé. La moitié des places d'enseignes entretenus, sera donnée aux sous-lieutenans qui ne sont point portés au grade de lieutenant, en exceptant ceux attachés au corps de canonniers matelots qui conserveront leurs postes, & ceux qui n'ont point servi depuis qu'ils ont été faits sous-lieutenans; sur l'autre moitié restante, dix places seront réservées pour les maîtres entretenus, & le reste sera rempli au premier concours qui aura lieu incessamment.

XVI. Les sous-lieutenans actuels non compris dans la formation, conserveront les deux tiers de leurs appointemens, jusqu'au moment où ils rentreront en activité: il leur sera réservé un quart des places vacantes à l'avenir, d'enseignes entretenus, qui leur seront données sans concours & à l'ancienneté.

XVII. Le brevet d'enseignes de vaisseaux non entretenus sera donné en ce moment à tous les capitaines de navires reçus pour le long cours.

XVIII. A l'époque de l'établissement des écoles publiques, les colléges de marine de Vannes & d'Alais seront supprimés.

XIX. Le titre d'aspirant entretenu sera donné aux élèves & volontaires actuels qui n'ont pas completté

les trois années de navigation ; ne seront réputés volontaires que ceux qui ont servi ou servent en cette qualité
sur les vaisseaux de l'état. Le surplus des places sera donné
au concours qui aura lieu incessamment.

XX. Les élèves qui se retireront d'après la disposition
de l'article précédent ayant quatre années de navigation,
conserveront la moitié de leurs appointemens jusqu'à ce
qu'ils soient parvenus au grade d'enseignes entretenus.
Cette demi-solde ne pourra néanmoins être payée pendant plus de trois ans.

XXI. Les capitaines & majors de vaisseaux qui ne voudront pas continuer leur service, ou qui ne seront pas
compris dans la nouvelle formation, auront pour retraite,
dans ce moment-ci seulement, les deux tiers des appointemens dont ils jouissoient, qui leur seront payés provisoirement sur les fonds de la marine, à moins que leurs
services, d'après les régles fixées par le décret du 3 août
dernier, ne leur donnent droit à un traitement plus considérable ; & ceux qui auront dix ans de service dans leur
grade, obtiendront en retraite le grade supérieur : pour
completter les dix ans, on comptera pour moitié le temps
fait dans le grade inférieur. Ils seront tenus de déclarer
qu'ils veulent leur retraite, dans les quatre mois qui suivront la sanction du présent décret ; & les officiers maintenant aux colonies, auront également quatre mois pour
se décider, qui ne compteront que de l'époque de leur
retour.

XXII. Le grade & le titre de pilote sont supprimés.

XXIII. Les maîtres pilotes actuellement entretenus auront le grade d'enseigne, & conserveront les appointemens
dont ils jouissent, jusqu'à ce qu'ils soient faits enseignes
entretenus.

XXIV. Les maîtres pilotes non entretenus auront le
titre & le brevet d'enseigne non entretenu, & seront admis au concours sans égard à l'âge.

XXV. Tous les pilotes qui n'auront pas été faits enseignes appelés dans la suite au service de l'état, y seront

appelés en qualité de timonniers ou chefs de timonnerie, d'une paye égale à celle dont ils jouissoient à l'époque de leur suppression.

XXVI. Les officiers de la marine continueront de remplir leurs fonctions & de recevoir leurs appointemens actuels, jusqu'à l'époque de la formation nouvelle du corps de la marine.

Mandons, &c. *Signé* LOUIS. *Et plus bas,* M. L. F. *Duport. Et scellées du sceau de l'Etat.*

Loi explicative du décret du 17 février dernier, relatif aux receveurs généraux des finances & impositions, & qui régle les bases de liquidation de plusieurs offices de même nature, non compris dans les précédens décrets.

Donnée à Paris, le 15 mai 1791.

LOUIS, par la grace de Dieu, & par la loi constitutionnelle de l'Etat, Roi des Français : à tous présens & à venir ; salut. L'Assemblée nationale a décrété, & nous voulons & ordonnons ce qui suit.

Décret de l'Assemblée nationale, du 4 mai 1791.

PREMIER DÉCRET.

L'Assemblée nationale voulant prévenir toute difficulté sur le sens & l'exécution de son décret du 17 février dernier, relatif aux receveurs des finances & impositions, & fixer en même temps les bases de liquidation de plusieurs offices de même nature, qui ne se trouvent pas nominativement compris dans les dispositions de ses décrets précédens, décrete :

ARTICLE PREMIER.

Les receveurs particuliers des finances & impositions en

titre d'office , qui ont rendu compte aux receveurs généraux dans la forme prescrite par leur édit de création de
l'année 1782 , cesseront d'être réputés comptables ; en
conséquence ils seront liquidés définitivement dans l'ordre
de leur enregistrement , & ils pourront , en attendant ,
obtenir des reconnoissances provisoires pour moitié de
leurs finances ou cautionnemens , en rapportant le compte
final de leur dernier exercice , arrêté quitte par le receveur
général du même exercice , & visé par l'ordonnateur du
trésor public.

II. Ceux desdits receveurs qui réunissent les deux
offices dans la même élection , pourront faire liquider séparément la finance de l'office créé pour l'un des deux exercices , en rapportant le compte final arrêté comme ci-
dessus , pour la derniere année de l'exercice dont ils voudront être déchargés , sans qu'ils soient tenus d'attendre
la fin de l'autre exercice.

III. A l'égard de ceux desdits officiers qui , créés pour
les exercices pairs , sont chargés par les précédens décrets
de continuer celui de 1790 , l'article XII du décret du 7
novembre dernier sera exécuté ; en conséquence , ils ne
pourront obtenir de reconnoissance provisoire , ni l'employer en acquisition de domaines nationaux que pour
moitié , à la charge que l'autre moitié du prix sera payée
comptant , & que la totalité des immeubles acquis restera
spécialement affectée à la sûreté de leur manutention , jusqu'après l'apurement de leurs comptes.

IV. Quant aux divers receveurs des impositions , receveurs des décimes & droits accessoires , dans les pays où
ils existoient en titre d'office , & tous autres percepteurs
publics qui ne comptoient pas aux receveurs généraux des
finances , ils ne pourront être liquidés définitivement qu'en
rapportant la quittance ou décharge légale de leur exercice ,
dans les formes établies pour leur comptabilité respective.

V. Et néanmoins ceux desdits officiers qui , avant
d'avoir présenté leurs états au vrai , voudront acquérir des
domaines nationaux , pourront , aux termes de l'art. XII
du décret du 7 novembre dernier , obtenir une reconnoissance provisoire , en remplissant toutes les conditions

prefcrites par ledit article XII du décret fus-daté, & fuivant les difpofitions de l'article III du préfent décret.

VI. Lefdits receveurs des décimes en titre d'office, les receveurs des fouages, & tous autres officiers de finance comptables, non difpenfés de l'évaluation prefcrite par l'édit de 1771, feront, aux termes de l'article premier du décret du 14 novembre 1790, liquidés comme les receveurs généraux & particuliers des finances, fuivant les régles établies pour les offices de judicature.

SECOND DÉCRET.

L'Affemblée nationale defirant fixer toute incertitude fur les réclamations des particuliers qui ayant acquis de quelques officiers de la maifon du Roi des commiffions dont le prix n'a pas été verfé au tréfor public, fe préfentent néanmoins pour en obtenir le rembourfement au bureau général des liquidations, décrete que les fommes payées àdes officiers de la maifon du Roi, tels que les premiers médecins, chirurgiens de fa majefté, & autres pour brevets de commiffions étrangeres au fervice du Roi & de fa maifon, & qui s'exerçoient dans les diverfes parties du royaume, ne donneront ouverture à aucune demande à la charge de l'état.

Mandons, &c. *Signé* Louis. *Et plus bas*, *M. L. F. Duport.* Et fcellées du fceau de l'Etat.

Loi relative à différentes liquidations d'offices, montant enfemble à 38,720,001 *livres* 9 *fous* 6 *deniers.*

Donnée à Paris, le 15 mai 1791.

Louis, par la grace de Dieu, & par la loi conftitutionnelle de l'Etat, Roi des Français : à tous préfens & à venir, falut. L'Affemblée nationale a décrété, & nous voulons & ordonnons ce qui fuit :

Décret de l'Assemblée nationale, du 8 mai 1791.

L'Assemblée nationale, après avoir entendu le rapport de son comité des liquidations, qui lui a rendu compte du résultat des opérations du commissaire du Roi dont l'état est annexé au présent décret.

Décrete que, conformément audit résultat, il sera payé par la caisse de l'extraordinaire la somme de trente-huit millions sept cent vingt mille une livre neuf sous six deniers, à l'effet de quoi les reconnoissances de liquidation seront expédiées aux officiers liquidés, en satisfaisant par eux aux formalités prescrites par ses précédens décrets.

Décrete en outre, vu l'état des erreurs de calcul & omissions qui se sont glissées dans les rapports décrétés les 5 & 28 février & 17 mars derniers, montant en total au préjudice de la nation, à soixante-dix-sept mille soixante-douze livres un sou sept deniers, & au préjudice des titulaires, à treize mille huit cent trente-cinq livres dix sous cinq deniers, que le commissaire du Roi est autorisé à rectifier lesdites erreurs, conformément aux états dont le double demeurera annexé au présent décret.

Mandons, &c. *Signé* LOUIS. *Et plus bas,* M. L. F. *Duport.* Et scellées du sceau de l'Etat.

Loi relative aux gardes nationales qui étoient ci-devant employées dans les troupes de ligne comme soldats ou officiers.

Données à Paris, le 15 mai 1791.

Louis, par la grace de Dieu, & par la loi constitutionnelle de l'Etat, Roi des Français : à tous présens & à venir ; salut. L'Assemblée nationale a décrété, & nous voulons & ordonnons ce qui suit :

Décret de l'Assemblée nationale, du 9 mai 1791.

L'Assemblée nationale, ouï le rapport de son comité militaire, décrete que les gardes nationales qui ont été fous-officiers ou foldats dans les troupes de ligne, feront fufceptibles, au moment de cette nouvelle organifation, d'obtenir des places dans la gendarmerie nationale, quoiqu'ils aient obtenu leur congé depuis plus de trois ans ; & que ceux qui auront eu dans les troupes de ligne le grade de capitaine, ou qui auront fervi plus de dix années comme officiers dans un grade inférieur, feront, au moment de cette nouvelle formation, fufceptibles d'être employés dans le nombre des aides-de-camp fixé par les précédens décrets.

Mandons ; &c. *Signé* Louis. *Et plus bas, M. L. F. Duport.* Et fcellées du fceau de l'Etat.

Loi relative au traitement des curés fupprimés.

Donnée à Paris, le 15 mai 1791.

Louis, par la grace de Dieu, & par la loi conftitutionnelle de l'Etat, Roi des Français : falut. L'Affemblée nationale a décrété, & nous voulons & ordonnons ce qui fuit :

Décret de l'Affemblée nationale, du 12 avril 1791.

L'Affemblée nationale décrete ce qui fuit :

ARTICLE PREMIER.

Le traitement accordé par les articles VI & VII du décret du 18 octobre 1790, dans les cas portés par lefdits articles, ne doit & ne peut être fixé que fur les revenus dont jouiffoient les curés fupprimés avant la fixation du traitement accordé au clergé futur, par le décret du 24 août 1790.

II. Dans la fixation du revenu des curés fupprimés, ne fera pas compris le cafuel qu'ils percevoient avant la fuppreffion.

III.

III. Néanmoins l'article X du titre premier du décret du 24 juillet 1790, sera exécuté vis-à-vis lesdits curés supprimés; en conséquence, même dans le cas où ils ne voudroient accepter des places de vicaires, leur traitement n'éprouvera aucune réduction, lorsque leurs revenus n'excéderont pas mille livres, sans qu'ils puissent prétendre cette somme lorsque leurs anciens revenus ne l'atteignoient pas, mais seulement la somme de huit cents livres, quelque modique qu'ait été leur précédent revenu, ou quand ils n'en auroient eu d'autre que le casuel.

IV. Dans le cas où ils accepteroient des places de vicaires, leur traitement, quelque modique qu'ait été leur revenu, ne pourra être au-dessous de la somme de douze cents livres.

V. Ils jouiront pareillement, en conséquence, dudit article, de l'excédant de la totalité du revenu qu'ils avoient, à condition toutefois, que la totalité de leur traitement ne pourra excéder le *maximum* de six mille livres, quel qu'ait été leur revenu, dans le cas où ils auroient accepté des places de vicaires; & dans le cas où ils préféreroient de n'exercer aucune fonction, le *maximum* de leur pension, quel qu'ait été leur revenu, sera de deux mille quatre cents livres, aux termes de l'article VI du décret du 18 octobre 1790.

VI. Les curés réguliers supprimés auront la faculté de prendre le traitement qui leur est accordé par le présent décret, ou la pension qui a été réglée pour les ci-devant religieux de leur maison ou congrégation.

VII. Ne sont compris dans les dispositions de l'art. V, ceux qui ayant obtenu des pensions de retraite sur des bénéfices dont ils étoient titulaires, autres que des cures, accepteroient des places de vicaires des évêques ou curés, ou qui seroient pourvus de cures; ils conserveront les portions de leurs pensions qui leur sont conservées par les précédens décrets, dans le cas où ils accepteroient des fonctions ecclésiastiques, & les réuniront aux traitemens attachés à ces fonctions.

Partie X.   S

VIII. Les difpofitions du préfent décret ne font applicables qu'aux curés qui ont prêté le ferment preſcrit par les décrets de l'Aſſemblée nationale.

Mandons, &c. *Signé* LOUIS. *Et plus bas,* M. L. F. *Duport.* Et ſcellées du ſceau de l'Etat.

Loi relative à la circonſcription des paroiſſes dépendantes du département du Gard.

Donnée à Paris, le 15 mai 1791.

LOUIS, par la grace de Dieu, & par la loi conftitutionnelle de l'Etat, Roi des Français ; à tous préfens & à venir ; ſalut. L'Aſſemblée nationale a décrété, & nous voulons & ordonnons ce qui ſuit :

Décret de l'Aſſemblée nationale, du 5 mai 1791.

L'Aſſemblée nationale, ouï le rapport de ſon comité eccléſiaſtique, autoriſe & décrete la circonſcription nouvelle des paroiſſes du département du Gard, conformément aux délibérations priſes par le directoire de ce département, les 11 mars, premier, 5 & 7 avril 1791, ſur l'avis des directoires des diſtricts dans l'étendue deſquels elles ſont ſituées ; circonſcription approuvée par l'évêque du département, & dont le détail ſuit :

Diſtrict & ville de Nîmes.

La ville de Nîmes aura trois paroiſſes, la premiere dans l'égliſe épiſcopale, ſous l'invocation de Saint-Caſtor ; elle aura pour ſuccurſale l'égliſe de Saint-Charles, qui ſera deſſervie par deux vicaires, & où l'office ſera célébré pour les habitans du quartier de la bourgade.

La ſeconde paroiſſe ſera établie dans l'égliſe des Récollets, ſous l'invocation de Saint-Paul, & ſera deſſervie par un curé & trois vicaires ; elle aura pour ſuccurſale l'égliſe de Saint-Céſaire, deſſervie par un vicaire, pour les habitans de Saint-Céſaire.

La troisieme paroisse sera établie dans l'église des capucins, sous l'invocation de Saint-Denys, & aura un curé & deux vicaires; elle aura pour succursale l'église des Carmes, qui sera desservie par deux vicaires, & où l'office sera célébré pour les habitans de l'ancienne annexe de St.-Baudille, & l'église de Courbessac, desservie par un vicaire, pour les habitans de Courbessac.

Les limites des trois paroisses seront au surplus conformes à l'arrêté du directoire du département du Gard.

Rouillargues formera une paroisse desservie par un curé & un vicaire, & aura pour succursales Caissargues, Garoas & Rodilhan, qui auront chacune un vicaire.

Marguerites formera une paroisse desservie par un curé & un vicaire.

Bezousse formera une paroisse desservie par un curé, & aura pour succursales Saint-Gervasi, Pouls & Cabrieres, avec chacune un vicaire.

Manduels formera une paroisse desservie par un curé & un vicaire; elle aura pour succursale Redessau, & un vicaire.

Milhaud formera une paroisse desservie par un curé & un vicaire; elle aura pour succursales Langlade & Caveirac, avec chacune un vicaire.

Bernis formera une paroisse desservie par un curé; elle aura pour succursales Vehand, Veistreict & Aubord, avec chacune un vicaire.

Vauvert formera une paroisse desservie par un curé & deux vicaires.

Générac formera une paroisse desservie par un curé & un vicaire; elle aura pour succursale Beauvoisin, avec un vicaire.

Saint-Gilles formera une paroisse desservie par un curé & quatre vicaires; l'un des quatre vicaires ira les dimanches & fêtes dire la messe à Estages.

Aimargues formera une paroisse desservie par un curé & un vicaire; elle aura pour succursales Saint-Laurent d'Aignze, le Caisar, avec chacune un vicaire.

Aigues-mortes formera une paroisse desservie par un curé & deux vicaires.

District de Beaucaire.

Villeneuve. La paroisse de ce lieu sera transférée dans

l'église ci-devant collégiale ; elle sera desservie par un curé & trois vicaires ; elle aura pour succursales l'Isle de la Barthatasse & les Angles, avec chacune un vicaire.

Tavel formera une paroisse desservie par un curé & un vicaire.

Roch-fort formera une paroisse desservie par un curé & un vicaire.

Saze formera une paroisse desservie par un curé & un vicaire.

Azamon formera une paroisse desservie par un curé & deux vicaires ; elle aura pour succursale Thézers avec un vicaire.

Comps formera une paroisse desservie par un curé.

Domazan formera une paroisse desservie par un curé ; elle aura pour succursale Estelargues, avec un vicaire.

L'isle de Vallabregues formera une paroisse desservie par un curé & un vicaire.

Montfrin formera une paroisse desservie par un curé & deux vicaires ; elle aura pour succursale Meynes, avec un vicaire.

Sernac formera une paroisse desservie par un curé & un vicaire ; elle aura pour succursales le Denon & St. Bonnet, avec chacune un vicaire.

Fourgnes formera une paroisse desservie par un curé & un vicaire.

Bellegarde formera une paroisse desservie par un curé & un vicaire.

Jonquieres & Saint-Vincent formeront une seule paroisse qui sera desservie, savoir Jonquieres par un curé, & Saint-Vincent par un vicaire.

Beaucaire formera deux paroisses. La premiere sera établie dans l'église de Notre-Dame de Pommiers, & desservie par un curé & trois vicaires, dont l'un sera chargé de dire la messe les dimanches & fêtes à la chapelle de Saint-Paul, pour les maisons & les fermes d'une partie de la campagne.

La seconde paroisse sera établie dans l'église des Cordeliers ; elle sera desservie par un curé & trois vicaires, dont l'un résidera à Sanjan, pour cette partie du territoire de Beaucaire.

Les limites de ces deux paroisses seront conformes à l'arrêté du directoire du département du Gard.

District de Sommières.

La ville de Sommières n'aura qu'une seule paroisse, à laquelle sera réunie celle de Saint-Amand, située dans le faubourg de ladite ville. La paroisse de Sommières sera desservie par un curé & trois vicaires; elle aura pour succursales Villevielle & Pondres, avec un vicaire résidant à Villevielle.

Aujargues formera, avec Junas & Gavernes, une paroisse desservie par un curé & un vicaire qui dira la messe à Junas; elle aura pour succursales Fontanès, avec un vicaire, & Souvignargues & Saint-Etienne Descates, avec un vicaire qui résidera à Souvignargues.

Salinelles formera avec Montredon une paroisse desservie par un curé; elle aura pour succursales Aspères, avec un vicaire, & Legues & Saint-Clément, avec un vicaire qui résidera à Legues.

Aigues-vives formera, avec Mus, une paroisse desservie par un curé & un vicaire qui dira la messe à Mus.

Aubaix formera une paroisse desservie par un curé & un vicaire.

Grand Gallargues formera une paroisse desservie par un curé & un vicaire.

Vergeze formera avec Codognan une paroisse desservie par un curé & un vicaire, lequel résidera à Codognan.

Calvisson formera, avec Cintens & Bisac, une paroisse desservie par un curé & un vicaire.

Congeniès continuera de former une paroisse desservie par un curé.

Saint-Côme formera, avec Marvejols & Clarensac, une paroisse desservie par un curé résidant à Saint-Côme, & aura pour succursale Clarensac, où résidera un vicaire.

Nages & Solorgues, Boissières & Saint-Dionisi formeront une paroisse desservie par un curé qui résidera à Nages.

Quissac formera, avec Saint-Jean de Lognes, une paroisse desservie par un curé résidant à Quissac.

Corconne formera avec Brouzet & Lione une paroisse desservie par un curé résidant à Corconne, & un vicaire qui résidera à Brouzet.

Camies, Clairan, Bragassargues & Saint-Théodorit formeront une seule paroisse desservie par un curé résidant à Camies, & un vicaire à Saint-Théodorit.

Ortoux formera, avec Sérignac, Rauzet, Quillan & Vic le fefcq, une paroiffe deffervie par un curé réfidant à Ortoux, & un vicaire pour Vic-le-fefcq & Quillan.

Crefpian formera avec Montmirat une paroiffe deffervie par un curé qui réfidera à Crefpian.

Moulezan formera avec Montagnac une paroiffe deffervie par un curé réfidant à Moulezan.

Saint-Mamet formera avec Parignargues une paroiffe deffervie par un curé & un vicaire, lequel réfidera à Parignargues.

Fons formera, avec Gajan & Saint-Bauzely, une feule paroiffe deffervie par un curé & un vicaire qui réfidera à Gajan.

Diftrict du Pont-Saint-Efprit.

La ville de Pont Saint-Efprit formera une paroiffe deffervie par un curé & trois vicaires; elle aura pour fuccurfales Venejan & Saint-Alexandre, avec chacune un vicaire.

Saint-Paulet formera une paroiffe deffervie par un curé & un vicaire; elle aura pour fuccurfales Carfan, St.-Julien de Peyrolas & Aignèfe, avec chacune un vicaire.

Cornillon formera une paroiffe deffervie par un curé; elle aura pour fuccurfales Goudargues, Saint-André de Roque-pertuis & Montclus, avec chacune un vicaire.

Iffirac formera une paroiffe deffervie par un curé; elle aura pour fuccurfales Saint-Chriftol-de-Rodières, Salazac, Laval & le Garn, avec chacune un vicaire.

Saint-Michel-d'Euzet formera une paroiffe deffervie par un curé; elle aura deux fuccurfales la Roque, & Saint-Laurent-de-Carnols, avec chacune un vicaire.

Barjac formera une paroiffe deffervie par un curé & un vicaire; elle aura pour fuccurfales Saint-Privat-de-Champclot & Avejan, avec chacune un vicaire.

Chufclan formera une paroiffe deffervie par un curé; elle aura pour fuccurfale Saint-Etienne-du-Sors, avec un vicaire.

Bagnols formera une paroiffe deffervie par un curé & trois vicaires; elle aura cinq fuccurfales, Saint-Gervais, Sabran & Carmes, Colombier, Saint-Julien-de-Piftens & Saint-Nazaire, avec chacune un vicaire.

Roquemaure formera une paroiffe deffervie par un curé

& trois vicaires , dont un dira la messe à Truel ; elle aura pour succursale Sauveterre , où un vicaire résidera.

Laudun formera une paroisse desservie par un curé & un vicaire ; elle aura deux succursales, Orsan & Codolet, avec chacune un vicaire.

Saint-Laurent-des-arbres formera une paroisse desservie par un curé & un vicaire ; elle aura trois succursales qui auront chacune un vicaire ; savoir , Lirac , Saint-Geniès , & Montfaucon.

District du Vigan.

Le Vigan formera une paroisse desservie par un curé & deux vicaires , dont un dira la messe les dimanches & fêtes dans l'église des capucins ; elle aura deux succursales, Avèse & Maudagont , avec chacune un vicaire.

Dourbies formera une paroisse desservie par un curé & un vicaire ; elle aura pour succursales Trèves & St.-Pierre-de-Reven , avec chacune un vicaire.

Lannejols formera une paroisse desservie par un curé : elle aura pour succursale St.-Sauveur des Pourcils , avec un vicaire.

Sumene formera une paroisse desservie par un curé & deux vicaires ; elle aura deux succursales, Roqueduc & Saint-Martial, avec chacune un vicaire.

Aulas formera une paroisse desservie par un curé & un vicaire , & aura quatre succursales, Breau , Arre , Bez & Mollière , avec chacune un vicaire.

Valleraugue formera une paroisse desservie par un curé & un vicaire ; elle aura pour succursale Ardalliers , avec un vicaire.

Notre-Dame-de-bonheur formera une paroisse desservie par un curé.

Saint-André-de-Majencoules formera une paroisse desservie par un curé & un vicaire ; elle aura pour succursale Notre-Dame-de-Rouviere, avec un vicaire.

Alzou formera une paroisse desservie par un curé & un vicaire ; elle aura cinq succursales ; savoir, Arrigas , Aumessas , Blandas , Luc & Campestre , à Campestre & Vissec , avec chacune un vicaire.

Saint-Laurent formera une paroisse desservie par un curé & un vicaire ; elle aura pour succursales Mont-

dardier, Pommiers, Rogues & Saint-Brisson, avec chacune un vicaire.

Diſtriƈt de Saint-Hypolite.

Sauve formera une paroiſſe deſſervie par un curé & un
vicaire.

Canaule formera une paroiſſe, dont Saint-Marzaire,
Logrian, Saint-Jean-de-Crieulon, Puchedron, Savignar-
gues, Largentières, Canniac de Floriau, Maſſillargues &
Atnech feront partie; elle ſera deſſervie par un curé & deux
vicaires, dont un fera ſa réſidence à Logrian.

Saint-Hypolite formera une paroiſſe deſſervie par un
curé & deux vicaires; elle aura pour ſuccurſales Con-
queirac, Seyrac, Aguzan, avec un vicaire pour ces
trois endroits; Cros & la Cadière avec chacune un vicaire, & Céſas & Cambo qui n'auront à eux deux qu'un
ſeul vicaire.

Pompignan formera une paroiſſe deſſervie par un curé &
un vicaire.

Saint-Roman formera une paroiſſe deſſervie par un curé
& un vicaire.

La Salle formera avec Saint-Bonnet une ſeule paroiſſe,
deſſervie par un curé & un vicaire; elle aura pour ſuccurſales, Colognac, Sainte-Croix de-Caderle, Soudor-
gues & Thoiras, leſquelles auront chacune un vicaire.

Saint-Martin-de-Corconac formera avec Peyroles, une
ſeule paroiſſe deſſervie par un curé; elle aura pour ſuccurſale Saumane, avec un vicaire.

Monoblet formera avec Freſſac, une paroiſſe qui ſera
deſſervie par un curé & un vicaire; elle aura pour ſuccurſales Saint-Félix & Vabres, avec un vicaire qui réſidera
à Saint-Félix.

Durfort formera, avec Saint-Martin-de-Caſſenac, une
paroiſſe qui ſera deſſervie par un curé.

Saint-André de Valborgne formera une paroiſſe qui ſera
deſſervie par un curé; elle aura pour ſuccurſale St.-Marcel
de Fontfouillouſe, avec un vicaire.

Diſtriƈt d'Alais.

Alais formera une paroiſſe, à laquelle feront unies celles

de Saint-Etienne-d'Alensac , Saint-Martin-d'Arènes & Saint-Jean-du-Pin ; elle sera desservie par un curé & cinq Vicaires , & aura pour succursale Saint-Christol, avec un vicaire.

Vezenobre formera une paroisse à laquelle sera unie celle de Deaux ; elle sera desservie par un curé & un vicaire ; elle aura pour succursales , savoir ; Saint-Hypolite-de-Caton , Martignargues , Saint-Etienne-de-Lons , qui auront pour eux trois un seul vicaire ; Mejanes-lès-Alais , Monteils, Monts qui auront également un vicaire pour eux trois , & Saint-Hilaire de Bretinas qui aura un vicaire.

Saint-Martin de Valgagne , Saint-Alban & Saint-Julien de Valgagne formeront une seule paroisse qui sera desservie par un curé résidant à Saint-Martin , & un vicaire qui résidera à Saint-Julien ; elle aura pour succursale Cendras-le-Puech , avec un vicaire.

Salindres , Servas , Saint-Privat-le-vieux formeront une paroisse desservie par un curé.

Rousson formera une paroisse desservie par un curé.

Notre-dame-de-Laval , Saint Audéol de Trouillas & le Maisdieu , formeront une paroisse qui sera desservie par un curé résidant à Laval ; cette paroisse aura pour succursales Saint-Vincent de Salles & la Mélouse , qui auront chacune un vicaire.

Saint-Paul de la Côte formera une paroisse desservie par un curé ; elle aura pour succursale Soustelle , avec un vicaire.

Sainte-Cécile Dandorge formera une paroisse desservie par un curé ; elle aura pour succursale Blannaves , avec un vicaire.

Anduze , avec Boisset & partie de la cure de Ganjac , formera une seule paroisse qui sera desservie par un curé & deux vicaires ; elle aura pour succursale Saint-Baudite de Tornac , avec un vicaire , Générargues & Saint Sébastien , avec un vicaire qui résidera à Générargues , & Bagards avec un vicaire.

Ribaute , avec partie de la paroisse de Ganjac & de Vermeil , formera une paroisse desservie par un curé.

Le Dignan formera une paroisse dont Saint-Benoit de Chéiran fera partie ; elle sera desservie par un curé , & aura pour succursale Aigremont avec un vicaire.

Lézan formera une paroisse desservie par un curé, à laquelle sera unie celle de Cardet ; elle aura pour succursale Saint-Jean de Serres, avec un vicaire.

Cassagnoles, avec les villages de Massanes & Marvejols, formera une paroisse desservie par un curé.

Genouilhac formera une paroisse desservie par un curé & un vicaire ; elle aura pour succursale Concoules, avec un vicaire.

Chamborigaud, avec le hameau de la Riberette & tout ce qui est en-deçà, formera une paroisse desservie par un curé.

Sénéchas formera une paroisse desservie par un curé ; elle aura pour succursale le Chambon & un vicaire.

Aujeac formera une paroisse desservie par un curé ; elle aura deux succursales, Bonnevaux & Bordezac, avec chacune un vicaire.

Matous formera une paroisse desservie par un curé ; elle aura pour succursale Ponteils, avec un vicaire.

Saint-Ambroise avec Saint-Brés formera une paroisse desservie par un curé & un vicaire ; elle aura pour succursales Courri & Meyrannes, avec chacune un vicaire.

Portès formera une paroisse desservie par un curé ; elle aura pour succursale Pierrensale, avec un vicaire.

Saint-Jean de Valerisele formera une paroisse desservie par un curé & un vicaire.

Saint-Florant formera une paroisse desservie par un curé & un vicaire.

Robiac formera une paroisse desservie par un curé.

Saint-Jean du Gard formera une paroisse desservie par un curé & un vicaire.

Mialet formera une paroisse desservie par un curé ; Corbès fera partie de cette paroisse & aura un vicaire.

Mandons, &c. *Signé* Louis. *Et plus bas*, M. L. F. *Duport*. Et scellées du sceau de l'État.

Loi relative à diverses fondations faites par feu M. Cochet de Saint-Valier.

Donnée à Paris, le 15 mai 1791.

LOUIS , par la grace de Dieu , & par la loi constitutionnelle de l'Etat, Roi des Français : à tous présens & à venir ; salut. L'Assemblée nationale a décrété , & nous voulons & ordonnons ce qui suit :

Décret de l'Assemblée nationale , du 5 mai 1791.

Sur le compte qui a été rendu à l'Assemblée nationale , par son comité des pensions de plusieurs fondations faites par feu M. Cochet de Saint-Valier , pour différens objets, notamment pour gratifications & pensions alimentaires à des personnes pauvres , desquelles fondations l'administration avoit été confiée par ledit sieur Cochet de Saint-Valier , au premier président & au procureur-général du ci-devant parlement de Paris , l'Assemblée décrete :

1°. Que la perception des revenus & rentes attachés auxdites fondations sera faite par le receveur de la municipalité de Paris , sous l'inspection du département de Paris , au secrétaire duquel département tous les titres & actes relatifs auxdites fondations seront remis sans délai par tous administrateurs , dépositaires & autres qui s'en trouveroient chargés.

2°. Les gratifications & pensions alimentaires seront payées , aux termes accoutumés , aux personnes employées dans les états de distribution actuellement existans. Tout autre emploi des fonds dépendans desdites fondations sera suspendu , & les sommes qui y étoient destinées demeureront, par forme de sequestre , entre les mains du receveur de la municipalité.

3°. Les dispositions contenues aux deux précédens articles seront exécutées seulement à titre provisoire , nonobstant toutes oppositions faites ou à faire , & jusqu'à ce

que , fur le compte qui lui en fera rendu , l'Affemblée ait
ftatué définitivement fur les fondations dont il s'agit.

Mandons , &c. *Signé* LOUIS. *Et plus bas,* M. L. F.
Duport. Et fcellées du fceau de l'État.

---

*Loi relative à l'exportation des bois nécessaires au chauffage des
troupes en garnifon à Monaco , & à l'exportation des charbons de bois de la vallée de Cherery & de Lellex.*

Donnée à Paris, le 15 mai 1791.

LOUIS, par la grace de Dieu, & par la foi conftitutionnelle de l'État , Roi des Français : à tous préfens
& à venir ; falut. L'Affemblée nationale a décrété, &
nous voulons & ordonnons ce qui fuit :

Décret de l'Affemblée nationale , du 10 mai 1791.

L'Affemblée nationale décrete ce qui fuit :

ARTICLE PREMIER.

Les bois néceffaires au chauffage des troupes en garnifon
à Monaco , & de la maifon du prince de Monaco , pourront continuer d'être exportés du royaume à Monaco ,
par le croc de Cagnes ; mais feulement jufqu'à la concurrence de quatre mille quintaux par année.

II. Les charbons de bois de la vallée de Cherery & de
Lellex , diftrict de Gex , département de l'Ain , continueront également d'être exportés à l'étranger , en payant
par char à quatre roues , 40 fous , & par charrette à
deux roues , 30 fous.

Mandons , &c. *Signé* LOUIS. *Et plus bas,* M. L. F.
Duport. Et fcellées du fceau de l'État.

Loi relative à l'exécution de celle du 29 octobre 1790, qui a suspendu la construction du palais de justice, commencé à Aix.

Donnée à Paris, le 15 mai 1791.

Louis, par la grace de Dieu, & par la loi constitution-nelle de l'Etat, Roi des Français : à tous présens & à venir; salut. L'Assemblée nationale a décrété, & nous voulons & ordonnons ce qui suit :

Décret de l'Assemblée nationale, du 7 mai 1791.

L'Assemblée nationale, après avoir entendu le rapport de son comité des finances, décrete ce qui suit :

ARTICLE PREMIER.

Le Roi sera prié de donner des ordres pour la prompte exécution de la loi du 29 octobre 1790, qui a suspendu la construction du palais de justice, commencée à Aix, en ce qui concerne l'envoi au comité des finances, des comptes, états & devis dont la remise doit lui être faite aux termes des articles III & IV de ladite loi.

II. Les experts qui procéderont aux toises & autres opérations nécessaires pour les comptes & estimations ordonnés par lesdits articles III & IV, seront choisis en nombre égal par le directoire du département des bouches du Rhône, & par les entrepreneurs de la construction.

III Le directoire du département des bouches du Rhône fera incessamment la vérification des fonds qui restent dans la caisse du trésorier de la ci-devant Provence, provenus des sommes levées pour ladite construction, & de ceux qui sont dans la caisse du domaine & qui y avoient été destinés.

IV. Les sous-entrepreneurs, fournisseurs & ouvriers auxquels il est dû par les entrepreneurs, & qui desireront recevoir des à-comptes, se pourvoiront vers le directoire du département des bouches du Rhône, lequel, après avoir communiqué leurs pétitions aux entrepreneurs de la construction & pris leurs avis, délivrera auxdits sous-entrepreneurs, fournisseurs & ouvriers des mandats à valoir jusqu'à concurrence des sommes dont les trésoriers de la ci-devant Provence, & le receveur des domaines auront été reconnus reliquataires.

Mandons, &c., *Signé* LOUIS. *Et plus bas*, M. L. F. *Duport*. Et scellées du sceau de l'Etat.

LOI *relative à la vente ou échange des assignats.*

Donnée à Paris, le 20 mai 1791.

LOUIS, par la grace de Dieu, & par la loi constitutionnelle de l'Etat, Roi des Français : à tous présens & à venir; salut. L'Assemblée nationale a décrété, & nous voulons & ordonnons ce qui suit :

Décret de l'Assemblée nationale, du 17 mai 1791.

L'Assemblée nationale décrete que le pouvoir exécutif donnera les ordres les plus précis & les plus prompts pour que tous ses agens, les corps administratifs & municipaux, protégent d'une maniere efficace, & par tous les moyens que la loi a mis en leur pouvoir, toutes les especes de commerce, échange & circulation, & notamment la vente ou échange des assignats contre le numéraire d'or ou d'argent, dont la libre circulation est essentielle à la prospérité de l'empire.

Mandons, &c. *Signé* LOUIS. *Et plus bas*, M. L. F. *Duport*. Et scellées du sceau de l'Etat.

Loi portant suppression de la caisse de Sceaux & de Poissi, à compter du 15 juin prochain.

Donnée à Paris, le 20 mai 1791.

Louis, par la grace de Dieu, & par la loi constitutionnelle de l'Etat, Roi des Français : à tous présens & à venir ; salut. L'Assemblée nationale a décrété, & nous voulons & ordonnons ce qui suit :

Décret de l'Assemblée nationale, du 13 mai 1791.

L'Assemblée nationale décrete que l'établissement connu sous le nom *de caisse de Poissi & de Sceaux*, sera supprimé à compter du 15 juin prochain. Le bail qui avoit été passé aux administrateurs de cette caisse au profit du trésor national, sera résilié à compter du même jour.

Mandons , &c. *Signé* LOUIS. *Et plus bas*, M. L. F. *Duport.* Et scellées du sceau de l'Etat.

Loi relative à la ci-devant maréchaussée du Clermontois.

Donnée à Paris, le 20 mai 1791.

Louis, par la grace de Dieu, & par la loi constitutionnelle de l'Etat, Roi des Français : à tous présens & à venir ; salut. L'Assemblée nationale a décrété, & nous voulons & ordonnons ce qui suit :

Décret de l'Assemblée nationale, du 14 mai 1791.

L'Assemblée nationale, après avoir entendu son comité militaire, décrete ce qui suit :

ARTICLE PREMIER.

Conformément aux dispositions du décret du 24 décembre 1790, la division de la gendarmerie nationale

qui portoit ci-devant le nom de maréchauffée du Clermontois, fera payée, à compter du premier janvier, 1791,
par le tréfor public, fur le même pied que les brigades
de gendarmerie nationale du département de la Meufe.

II. Le fieur Beaugeois, commandant la divifion de
gendarmerie nationale ci-devant connue fous le nom de
maréchauffée du Clermontois, a droit d'être incorporé
avec le grade de lieutenant lors de la nouvelle organifation de ce corps, & les appointemens du grade de
lieutenant lui feront payés, à compter du premier janvier 1791.

Mandons, &c. *Signé* LOUIS. *Et plus bas,* M. L. F.
Duport. Et fcellées du fceau de l'Etat.

---

*LOI relative à la fabrication d'une monnoie de cuivre, pour
faciliter l'échange des petits affignats.*

Donnée à Paris, le 20 mai 1791.

LOUIS, par la grace de Dieu, & par la loi conftitutionnelle de l'Etat, Roi des Français: à tous préfens & à venir;
falut. L'Affemblée nationale a décrété, & nous voulons &
ordonnons ce qui fuit:

Décret de l'Affemblée nationale, du 17 mai 1791.

L'Affemblée nationale décrete ce qui fuit:

ARTICLE PREMIER.

Le Roi fera prié de donner les ordres les plus prompts,
pour faire fabriquer dans les différens hôtels des monnoies, la quantité de monnoie de cuivre fuffifante pour
fatisfaire aux befoins du royaume, & faciliter l'échange
des petits affignats.

II. Cette fabrication fe fera à la taille décrétée le 11
janvier de cette année avec les empreintes qui font
en

en usage, jusqu'à ce que celles qui ont été décrétées le 9 avril dernier, soient en état de servir.

III. Le ministre chargé de l'exécution des ordres du Roi, rendra compte tous les quinze jours à l'Assemblée nationale, des progrès & de l'état de la fabrication.

IV. Le Roi sera également prié de prendre provisoirement les mesures convenables pour hâter l'exécution du présent décret, & prévenir les abus qui pourroient résulter du défaut actuel d'organisation des monnoies.

Mandons, &c. *Signé* LOUIS & *plus bas*, M. L. F. *Duport.* Et scellées du sceau de l'Etat.

LOI relative aux officiers de marine.

Donnée à Paris, le 20 mai 1791.

LOUIS, par la grace de Dieu, & par la loi constitutionnelle de l'Etat, Roi des Français : à tous présens & à venir ; salut. L'Assemblée nationale a décrété, & nous voulons & ordonnons ce qui suit :

Décret de l'Assemblée nationale, du 12 mai 1791.

L'Assemblée nationale ouï le rapport de son comité de la marine, relativement à la correspondance qui doit exister entre les grades du service de mer & de celui de terre, a décrété & décrete ce qui suit :

ARTICLE PREMIER.

Les officiers de la marine jouiront des mêmes honneurs & prérogatives que les officiers de l'armée de terre dont les grades seront correspondans, ainsi qu'il sera expliqué dans les articles suivans.

II. Le grade d'amiral correspondra à celui de maréchal de France.

Partie X.

T

III. Le grade de vice-amiral correfpondra à celui de lieutenant général.

IV. Le grade de contre-amiral correfpondra à celui de
maréchal-de-camp.

V. Le grade de capitaine de vaiffeaux correfpondra à
celui de colonel.

VI. Les deux cents premiers lieutenans de vaiffeaux auront le grade de lieutenant-colonel, & correfpondront
avec ceux de terre.

VII. Les autres lieutenans auront le grade de capitaine;
& néanmoins ceux qui auront maintenant le grade ou le
rang de major, prendront rang immédiatement après les
lieutenans-colonels, & avant tous les capitaines.

VIII. Les enfeignes entretenus & non entretenus auront
le grade & le rang de lieutenant.

Mandons, &c. *Signé* **LOUIS**. *Et plus bas*, *M. L. F.
Duport*. Et fcellées du fceau de l'Etat.

---

*Loi relative à la circonfcription des paroiffes de Clermont,
département du Puy-de-Dôme, de Joffelin, de Quimperlé & de Tulles.*

Donnée à Paris, le 20 mai 1791.

LOUIS, par la grace de Dieu, & par la loi conftitutionnelle de l'Etat, Roi des Français : à tous préfens
& à venir ; falut. L'Affemblée nationale a décrété, &
nous voulons & ordonnons ce qui fuit :

Décret de l'Affemblée nationale, du 13 mai 1791.

L'Affemblée nationale, fur le rapport de fon comité
eccléfiaftique & d'après l'arrêté,

1°. Du directoire du département des bouches - du - Rhône, qui, après l'avis du directoire du district de Marseille, sur une délibération du conseil général de la commune de la Ciotat, & du gré de tous les paroissiers ; le tout fait de concert avec l'évêque dudit département, a déclaré que l'église ou chapelle matérielle de Font-Sainte, dans le territoire & canton de la Ciotat, sera conservée avec le logement presbytéral accessoire, pour former désormais un oratoire où le curé de la Ciotat enverra, les jours de fêtes & dimanches, un vicaire pour y dire la messe & faire au peuple les instructions nécessaires, ainsi qu'il est porté par l'article XVIII du titre Ier. de la constitution civile du clergé ;

2°. De l'arrêté pris, le 4 de ce mois, par le directoire du département du Puy-de-Dôme, sur la délibération du directoire du district & du conseil général de la commune de Clermont, concernant la circonscription des paroisses de cette ville, & de l'avis de l'évêque de ce département.

3°. De l'arrêté pris, le 9 avril dernier, par le directoire du département du Morbihan, sur les délibérations du directoire du district & de la municipalité de Josselin, concernant la circonscription des paroisses de cette ville, & de l'avis donné, le 9 mai, par Charles le Masse, évêque de ce département.

4°. De l'arrêté pris, le 20 avril dernier, par le directoire du département de Finistère, sur la délibération du directoire du district de Quimperlé, du 26 mars précédent, concernant la circonscription des paroisses de ce district &, de l'avis donné par l'évêque de ce département ;

5°. De l'arrêté du directoire du département de la Corrèze, du 27 avril dernier, sur la délibération du directoire du district de Tulles, du 10 mars précédent, concernant la circonscription des paroisses de cette ville, & de l'avis donné, le 2 avril, par Jean-Joseph Brival, évêque de ce département, décrete :

Département du Puy de-Dôme, ville de Clermont.

ARTICLE PREMIER.

Il y aura pour la ville de Clermont, cinq paroisses ; savoir, la paroisse cathédrale, & celles du Port, de Saint-Genest, de Saint-Allyre & de Saint Robert : elles seront

circonfcrites, ainfi qu'il eft expliqué par l'arrêté fufdaté du
directoire du département du Puy-de-Dôme ; les autres
paroiffes de la ville de Clermont font fupprimées.

Département du Morbihan, ville de Joffelin.

II. Les quatre paroiffes de la ville de Joffelin font ré-
duires à une feule, qui fera defservie fous le nom & dans
l'églife de Notre-Dame du Rouxier , & comprendra tout
l'ancien territoire de ces quatre paroiffes.

Département du Finiftère , diftrict de Quimperlé.

III. Il y aura pour la ville de Quimperlé & les campagnes circonvoifines , deux paroiffes , celle de Saint-Colombau & celle de Saint-Michel ; elles feront circonfcrites
ainfi qu'il eft expliqué dans l'arrêté fufdaté du directoire
du département du Finiftère.

IV. Les églifes de Rédéné & de Tremeven font confervées comme fuccurfales de la paroiffe de Saint-Colombau:
& celles de Bellac & de Baye le feront aufli comme fuccurfales de la paroiffe de Saint-Michel : lefdites fuccurfales conferveront chacune leur ancien territoire.

V. Les autres paroiffes du diftrict de Quimperlé feront
réduites aux douze fuivantes ; favoir , les paroiffes de
Cloar , de Moëlan , de Riec , de Nizon , de Melven , de
Nevez , de Saint-Thurieu , de Bannalet , de Exnevel , de
Scaër , de Guerrieu & d'Arzanno ; lefdites églifes feront
circonfcrites ainfi qu'il eft expliqué en l'arrêté fufdaté du
directoire du département.

VI. Les églifes de Pont-à-vent & de Guiligomar feront
confervées comme fuccurfales , la première de Nizon , &
la feconde d'Arzanno ; elles conferveront chacune leur
ancien territoire.

Département de la Corrèze, ville de Tulles.

VII. La paroiffe cathédrale , qui fera defservie dans
l'églife de Saint-Martin , fera la feule paroiffe pour la ville
de Tulles , & pour fa banlieue.

VIII. L'église des Pénitens-blancs, celle de la Visitation & la chapelle d'Alverge seront conservées comme oratoires de ladite paroisse ; l'évêque de Tulles enverra les dimanches & fêtes, un de ses vicaires célébrer la messe dans chacun de ses oratoires, & y faire les instructions spirituelles, sans pouvoir y exercer les fonctions curiales.

Mandons, &c. *Signé* LOUIS. *Et plus bas*, M. L. F. *Duport.* Et scellées du sceau de l'Etat.

Loi relative à la nomination du quatrieme juge du tribunal de district établi en la ville de Thouars, à la place du sieur Monnier.

Donnée à Paris, le 20 mai 1791.

LOUIS, par la grace de Dieu, & par la loi constitutionnelle de l'Etat, Roi des Français : à tous présens & à venir ; salut. L'Assemblée nationale a décrété, & nous voulons & ordonnons ce qui suit :

Décret de l'Assemblée nationale, du 13 mai 1791.

L'Assemblée nationale, après avoir entendu le rapport du comité de constitution ;

Déclare nulles & comme non avenues, la décision du directoire du département des deux Sèvres, ensemble l'élection du sieur Monnier à la place de quatrieme juge du tribunal de district, établi en la ville de Thouars ;

En conséquence, décrete qu'en exécution de la loi du 6 novembre 1790, les électeurs de ce district seront tenus, sur la convocation du procureur-syndic, de se rassembler à l'effet de procéder au remplacement dudit sieur Monnier, & à la nomination du quatrieme juge de ce tribunal, dans la forme déterminée par la loi de l'organisation judiciaire.

Mandons, &c. *Signé* LOUIS. *Et plus bas* M. L. F. *Duport.* Et scellées du sceau de l'Etat.

Loi relative aux emplacemens destinés pour les directoires du département de la Haute-Marne, & pour les districts de de Nancy & Sarguemines.

Donnée à Paris, le 20 mai 1791.

Louis, par la grâce de Dieu, & par la loi constitutionnelle de l'Etat, Roi des Français : à tous présens & à venir ; salut. L'Assemblée nationale a décrété, & nous voulons & ordonnons ce qui suit :

Décret de l'Assemblée nationale, du 14 mai 1791.

L'Assemblée nationale, ouï le rapport de son comité d'emplacement, autorise.

1°. Le directoire du district de Bourmont, département de la haute Marne, à faire faire aux frais des administrés, les réparations & arrangemens intérieurs, à la partie de l'hôtel commun de la ville, destinée à leur établissement.

Décrete à cet effet qu'il sera procédé à l'adjudication au rabais desdites réparations & arrangement intérieurs, sur le devis estimatif qui en a été dressé par le sieur Gauthier, le 20 septembre dernier.

2°. Autorise les corps administratifs du département & du district de Nancy, à continuer à tenir leurs séances dans l'hôtel de la ci-devant intendance & ses dépendances, grevés d'un usage public par le titre de donation de ces bâtimens en faveur de la ci-devant province de Lorraine, & affectés au logement de l'administration de la même ci-devant province, à l'époque de la suppression de son intendance. Autorise également lesdits corps administratifs à faire faire aux frais des administrés, toutes les réparations & arrangemens intérieurs portés aux plans & devis qui sont joints à la minute du présent décret, à charge par lesdites administrations de département & de district, de l'entretien des bâtimens par elles occupés, chacune en ce qui les concerne.

3°. Décrete que la portion de la maison & jardin des capucins de Sarguemines, désignée au plan dressé par le sieur Bouchon architecte, lequel demeurera joint à la minute du présent décret, servira à l'établissement des bu-

reaux de perception & magasin de la régie des droits de
traites, à la charge de la part du régisseur ou percepteur,
de payer annuellement à la caisse du district, la somme de
douze cent onze livres huit sous dix deniers, fixée par le
procès-verbal d'estimation du même sieur Bouchon expert,
en date du 6 avril dernier.

Autorise le directoire du district à faire procéder à l'adjudication au rabais des réparations & arrangemens intérieurs nécessaires à l'établissement de ladite douane, sur
le devis estimatif porté au procès-verbal susdaté ; le montant de laquelle adjudication sera payé par le receveur du
district, après la réception desdits ouvrages.

Décrete en outre que le surplus de ladite maison, jardin
& dépendances non compris dans ledit emplacement de la
douane, seront loués ou vendus, & le prix du loyer ou
de la vente versé dans la caisse du district.

Mandons, &c. *Signé* LOUIS. *Et plus bas*, M. L. F.
Duport. Et scellées du sceau de l'Etat.

---

*Loi portant que les procédures instruites à Aix, Marseille &
Toulon, pour crime de lèze-nation, contre les sieurs Lambarine, Lieutaux, & autres y dénommés, seront regardées
comme non avenues.*

Donnée à Paris, le 21 mai 1791.

LOUIS, par la grace de Dieu, & par la loi constitutionnelle de l'Etat, Roi des Français : à tous présens
& à venir ; salut. L'Assemblée nationale a décrété, &
nous voulons & ordonnons ce qui suit :

Décret de l'Assemblée nationale, du 21 mai 1791.

L'Assemblée nationale, après avoir entendu le rapport
qui lui a été fait par son comité des recherches, en exécution du décret du 15 janvier dernier, des procédures
instruites à Aix, Toulon & Marseille, pour crimes de lèze-
nation, déclare qu'il n'y a pas lieu à accusation contre
les sieurs Lambarine, Lieutaud, Oscure, Challier, Fon-
tane, Amphoux dit Paroy, Camoien, Bourillon, Beyres,

Fornier, Bils, Augustin, Grannet, Anglès pere & fils, Copet, Moutte, Valeix, Brossard, Lambertye, Duvernine, Corvilart, Latour, Taponat, d'Ypres, Savignac, Brullard, Richard, Mignard, Darbeaud, Amielh, de Guiede, Ribot, Martelly, Duveirier, Mazenod, Essantier, Lamarre, Dubreuil, Chambond, Armand, Brunet & Geoffroy, décrete en conséquence que les procédures instruites sur les plaintes des accusateurs publics d'Aix, Marseille & Toulon, sont regardées comme non avenues, & que ceux d'entre les ci-dessus dénommés qui sont prisonniers, seront relaxés des prisons où ils sont détenus, & remis en liberté.

Décrete en outre que le Roi sera prié de donner des ordres pour que les auteurs & instigateurs directs des crimes commis à Aix, le 14 décembre dernier, soient poursuivis.

Décrete que le président se retirera par-devers le Roi, pour le prier de donner les ordres les plus prompts aux commissaires qu'il a envoyés dans le département des Bouches du Rhône, pour l'exécution du présent décret.

Mandons, &c. Signé LOUIS. Et plus bas, M. L. F. Duport. Et scellées du sceau de l'Etat.

Loi relative à la nomination des commissaires chargés de surveiller la fabrication des assignats de cinq livres, décrétés le 6 mai.

Donnée à Paris, le 22 mai 1791.

LOUIS, par la grace de Dieu, & par la loi constitutionnelle de l'Etat, Roi des Français : à tous présens & à venir; salut. L'Assemblée nationale a décrété, & nous voulons & ordonnons ce qui suit:

Décret de l'Assemblée nationale, des 21 & 22 mai 1791.

L'Assemblée nationale, décrete ce qui suit :

ARTICLE PREMIER.

Le Roi sera prié de nommer deux commissaires pour surveiller la fabrication des formes du papier des assignats de cinq livres, décrétés le 6 de ce mois.

L'Assemblée nationale nommera incessamment dans son sein six nouveaux commissaires qui seront adjoints aux anciens, pour s'occuper de la même surveillance conjointement avec les commissaires du Roi.

III. Les commissaires seront tenus de surveiller la fabrication des assignats, à commencer par les opérations préliminaires, successivement jusqu'à leur parfaite confection & leur remise dans la caisse de l'extraordinaire.

IV. Les commissaires de l'Assemblée nationale & ceux du Roi, sont autorisés à arrêter toutes conventions nécessaires pour ladite fabrication, lesquelles seront signées seulement desdits commissaires du Roi & visées par le ministre des contributions publiques, pour une copie rester dans ses bureaux, & l'autre être déposée aux archives nationales.

V. Le papier desdits assignats sera blanc ; ce papier & leur composition seront conformes au modele, qui, après avoir été arrêté & signé par les commissaires de l'Assemblée nationale & du Roi, sera déposé aux archives.

VI. Les assignats seront signés par les mêmes personnes qui ont été précédemment commises pour signer les assignats de différente coupure.

Mandons, &c. Signé LOUIS. *Et plus bas*, M. F. L. *Duport*. Et scellées du sceau de l'Etat.

Loi relative aux moyens d'accélérer la fabrication de la monnoie de cuivre.

Donnée à Paris, le 22 mai 1791.

LOUIS, par la grace de Dieu, & par la loi constitutionnelle de l'Etat, Roi des Français : à tous présens & à venir ; salut. L'Assemblée nationale a décrété, & nous voulons & ordonnons ce qui suit :

Décret de l'Assemblée nationale, du 20 mai 1791.

L'Assemblée nationale, sur le compte qui lui a été

rendu, qu'il existe dans divers hôtels des monnoies &
manufactures du royaume, des flaons tous fabriqués à
la taille anciennement en usage, qui pourroient être employés, jusqu'à ce que ceux qui ont été décrétés le 6 de
ce mois, soient préparés; & voulant hâter la fabrication
des monnoies de cuivre, décrete:

Que le Roi sera prié de donner des ordres pour faire
monnoyer immédiatement avec les anciens coins, les
flaons existans actuellement dans les divers hôtels des monnoies & manufactures du royaume. L'administration des
monnoies rendra compte à l'Assemblée nationale, du
nombre des pieces qui seront fabriquées en conséquence
du présent décret.

Mandons, &c. *Signé* LOUIS. *Et plus bas*, M. L. F.
Duport. Et scellées du sceau de l'état.

---

*Loi relative au droit de pétition, & qui fixe les cas où les ci-
toyens pourront requérir la convocation de la commune.*

Donnée à Paris, le 22 mai 1791.

LOUIS, par la grace de Dieu, & par la loi constitutionnelle de l'Etat, Roi des Français: à tous présens
& à venir; salut. L'Assemblée nationale a décrété, &
nous voulons & ordonnons ce qui suit.

Décret de l'Assemblée nationale, des 10 & 18 mai 1791.

L'Assemblée nationale décrete ce qui suit:

ARTICLE PREMIER.

Le droit de pétition appartient à tout individu & ne
peut être délégué; en conséquence, il ne pourra être
exercé en nom collectif par les corps électoraux, judiciaires, administratifs ni municipaux, par les sections des
communes ni les sociétés des citoyens. Tout pétitionnaire
signera sa pétition; & s'il ne le peut ou ne le sait, il en sera
fait mention nominativement.

II. Les assemblées des communes ne peuvent être ordonnées , provoquées & autorisées que pour les objets d'administration purement municipale , qui regardent les intérêts propres de la commune ; toutes convocations & délibérations des communes & des sections sur d'autres objets , sont nulles & inconstitutionnelles.

III. Dans la ville de Paris , comme dans toutes les autres villes & municipalités du royaume , les citoyens actifs qui , en se conformant aux règles prescrites par les loix , demanderont le rassemblement de la commune ou de leur section , seront tenus de former leur demande par un écrit signé d'eux , & dans lequel sera déterminé , d'une manière précise , l'objet d'intérêt municipal qu'ils veulent soumettre à la délibération de la commune ou de leur section ; & à défaut de cet écrit , le corps municipal ou le président d'une section ne pourront convoquer la section ou la commune.

IV. La commune ni aucune des sections ne pourront délibérer sur aucun objet étranger à celui contenu dans l'écrit d'après lequel leur rassemblement aura été ordonné.

V. Les délibérations des communes ou des sections de communes rassemblées conformément à la loi , seront regardées comme nulles & non avenues , si le procès-verbal ne fait pas mention du nombre des votans.

VI. Dans les villes où la commune se réunit par sections , les assemblées des sections pourront nommer des commissaires pour se rendre à la maison commune , & y comparer & constater les résultats des délibérations prises dans chaque section , sans que les commissaires puissent prendre aucune délibération , ni changer , sous aucun rapport , le résultat de celles prises par chacune des sections.

VI. Si les sections ne se sont pas accordées sur les objets soumis à leur délibération , les commissaires réduiront la proposition sur laquelle il y aura diversité d'opinion , de manière qu'elles puissent délibérer par oui ou par non. La question sera , dans cet état , rapportée aux sections par leurs commissaires , & le dernier résultat sera déterminé par l'avis de la majorité des votans dans les sections.

VIII. Dès que l'objet mis en délibération aura été terminé, les communes ou les sections de commune ne pourront plus rester assemblées, ni s'assembler de nouveau jusqu'à ce qu'un nouvel objet relatif aux intérêts particuliers de la commune, & présenté dans les formes prescrites, n'amene une convocation nouvelle.

IX. Toutes délibérations prises par les communes ou par leurs sections, sur d'autre objets que ceux dont l'espece est déterminée, ou sans avoir observé les formes qui sont prescrites par la présente loi, seront déclarées nulles par les corps municipaux, ou à défaut, par les directoires de département.

X. Les municipalités prononceront sur la régularité & la légitimité des demandes en convocation de communes ou de sections. Les réclamations, s'il y en a, seront portées au directoire de département, qui y statuera, sauf le recours au corps législatif.

XI. Dans les villes & dans chaque municipalité, il sera par les officiers municipaux, désigné des lieux exclusivement destinés à recevoir les affiches des loix & des actes de l'autorité publique. Aucun citoyen ne pourra faire des affiches particulieres dans lesdits lieux, sous peine d'une amende de cent livres, dont la condamnation sera prononcée par voie de police.

XII. Les loix que les municipalités recevront par la voie des administrations de département & de district, seront dans les villes, lues à haute voix par le greffier municipal, à la porte de la maison commune, & dans les bourgs ou villages, à la porte de l'église.

XIII. Aucun citoyen & aucune réunion de citoyens ne pourront rien afficher sous le titre d'arrêtés, de délibérations, ni sous toute autre forme obligatoire & impérative.

XIV. Aucune affiche ne pourra être faite sous un nom collectif ; tous les citoyens qui auront coopéré à une affiche seront tenus de la signer.

XV. La contravention aux deux articles précédens, sera punie d'une amende de cent livres, laquelle ne pourra être modérée, & dont la condamnation sera prononcée par voie de police.

Mandons, &c. *Signé* LOUIS. *Et plus bas*, M. L. F. *Duport*. Et scellées du sceau de l'Etat.

LOI qui exempte du droit de timbre les billets y énoncés.

Donnée à Paris, le 25 mai 1791.

LOUIS, par la grace de Dieu, & par la loi constitutionnelle de l'Etat, Roi des Français : à tous présens & à venir ; salut. L'Assemblée nationale a décrété, & nous voulons & ordonnons ce qui suit :

Décret de l'Assemblée nationale, du 20 mai 1791.

L'Assemblée nationale décrete ce qui suit :
Les billets de vingt-cinq livres & au-dessous, souscrits par des particuliers, échangeables à vue & au pair contre des assignats ou de la monnoie de cuivre, à la volonté du porteur, seront exempts du droit de timbre.

Mandons, &c. *Signé* LOUIS. *Et plus bas*, M. L. F. *Duport*. Et scellées du sceau de l'Etat.

Loi relative à la liquidation de différentes sommes faisant partie de l'arriéré du département de la maison du Roi, & au remboursement de différentes charges & offices.

Donnée à Paris, le 25 mai 1791.

LOUIS, par la grace de Dieu, & par la loi constitutionnelle de l'Etat, Roi des Français : à tous présens & à venir ; salut. L'Assemblée nationale a décrété, & nous voulons & ordonnons ce qui suit :

Décret de l'Assemblée nationale, du 22 mai 1791.

L'Assemblée nationale, ouï le rapport de son comité central de liquidation, qui a rendu compte des vérifications & rapports faits par le directeur général de la liquidation, décrete qu'en conformité de ses précédens décrets sur la liquidation des dettes de l'état, & sur les fonds destinés à l'acquit de ladite detre, il sera payé aux personnes nommées dans l'état annexé audit décret, & pour les causes qui y sont expliquées, avec les intérêts à compter du 16 mai 1791, la somme de six millions cinquante-quatre mille trois cent dix-neuf liv. quinze sous sept deniers ; à la charge, par les unes & par les autres des parties dénommées audit état, de se conformer aux loix de l'Etat, pour leur reconnoissance de liquidation, & leur paiement à la caisse de l'extraordinaire.

Mandons, &c. *Signé* LOUIS. *Et plus bas*, M. L. F. *Duport.* Et scellées du sceau de l'Etat.

Loi relative à la liquidation de différentes sommes faisant partie de l'arriéré du département de la maison du Roi.

Donnée à Paris, le 25 mai 1791.

LOUIS, par la grace de Dieu, & par la loi constitutionnelle de l'Etat, Roi des Français : à tous présens & à venir ; salut. L'Assemblée nationale a décrété, & nous voulons & ordonnons ce qui suit :

Décret de l'Assemblée nationale, du 13 mai 1791.

L'Assemblée nationale, ouï le rapport de son comité central de liquidation, qui a rendu compte des vérifications faites par le directeur général de la liquidation ; décrete qu'en conformité de ses précédens décrets sur le remboursement de la dette de l'Etat, il sera payé, pour les causes déterminées, & aux personnes dénommées dans l'état annexé audit décret, la somme de un million quatre-vingt-neuf mille huit cent trente-une liv. treize sous sept deniers, à la charge par tous les dénommés auxdits états, de se conformer aux loix de l'Etat pour l'obtention des reconnoissances de liquidation & mandats sur la caisse de l'extraordinaire.

Mandons, &c, *Signé* LOUIS. *Et plus bas*, *M. L. F. Duport.* Et scellées du sceau de l'Etat.

LOI relative au papier destiné pour l'impression des assignats.

Donnée à Paris, le 25 mai 1791.

LOUIS, par la grace de Dieu, & par la loi constitutionnelle de l'Etat, Roi des Français : à tous présens & à venir salut. L'Assemblée nationale a décrété, & nous voulons & ordonnons ce qui suit :

Décret de l'Assemblée nationale, du 17 mai 1791.

L'Assemblée nationale décrete ce qui suit :
Il sera procédé à la fabrication actuelle de papier destiné à l'impression des assignats, dans la quantité qui sera déterminée par le comité des finances, sans néanmoins que ledit papier puisse être remis à l'imprimeur & réduit en assignats, sans un décret formel de l'Assemblée.

Mandons, &c. *Signé* LOUIS. *Et plus bas*, *M. L. F. Duport.* Et scellées du sceau de l'Etat.

---

*Loi concernant les maisons de retraite à désigner aux ci-
devant religieux du département du Nord, qui voudront
continuer de vivre en commun.*

Donnée à Paris, le 25 mai 1791.

Louis, par la grace de Dieu, & par la loi constitutionnelle de l'Etat, Roi des Français : à tous présens &
à venir ; salut. L'Assemblée nationale a décrété, & nous
voulons & ordonnons ce qui suit :

Décret de l'Assemblée nationale, des 23 & 25 mai 1791.

L'Assemblée nationale, sur le rapport qui lui a été
fait par son comité ecclésiastique concernant les maisons
de retraite à désigner aux ci-devant religieux du département du Nord, qui voudront continuer à vivre en commun, décrete ce qui suit :

ARTICLE PREMIER.

Des maisons qui dans le département du Nord sont
actuellement habitées par des ci-devant religieux, il ne
sera conservé que celles qui suivent, pour servir de retraite,
savoir :

La ci-devant abbaye de Vicoigne, aux ci-devant Bénédictins de Bergues, Hasnon, Crespin, Saint-Sépulcre
de Cambrai, Haspres, collége de Saint-Vaast de Douai,
& prévôté de Notre-Dame de Valenciennes.

La ci-devant abbaye de Cisoing, aux ci-devant Bénédictins de Machienne, Anchin, Saint-Amand & Saint-
Saulve.

La ci-devant abbaye d'Honnecourt, aux ci-devant Bénédictins d'Honnecourt & Saint-André du Cateau.

La ci-devant abbaye, dite Château l'abbaye, aux ci-
devant Bénédictins d'Haumont, Liessies & Maroilles.

La ci-devant abbaye d'Hasnon, aux ci-devant chanoines
réguliers de Cisoing, Beaurepaire, Fives, Phalempin,
Cantimpré, Saint-Aubert de Cambrai, Saint-Jean de
Valenciennes & Vicoigne.

L

La ci-devant abbaye de Lieſſies aux ci devant Bernardins de Loos & Vaucelles, ci-devant Trinitaires de Douai, Honſchote & Préavin, ci-devant Guillemites de Péen & Walincourt, & ci-devant Croiſiers de Lannoy.

La ci-devant abbaye de Creſpin, aux ci-devant Carmes déchauſſés de Lille & Carmes, tant chauſſés que déchauſſés, de Douai.

La ci-devant abbaye de Phalempin, aux ci-devant Carmes chauſſés de Lille, Valenciennes, Saint-Laurent, Landrecies & Treton.

Le ci-devant monaſtere des Auguſtins d'Hazebrouck, aux ci-devant Auguſtins de Douai, Hazebrouck & la Baſſée, ci-devant Minimes de Lille & Douai, & ci-devant Brigittins d'Armentieres.

Le ci-devant monaſtere de Bonne-eſpérance, aux ci-devant Carmes déchauſſés de Bonne-eſpérance & de Cambrai, & ci-devant Carmes dechauſſés de Valenciennes.

Le ci-devant monaſtere des Carmes de Treton, aux ci-devant Dominicains de Douai, Lille, Valenciennes & Bergues.

Le ci-devant monaſtere des Capucins de Bailleul, aux ci-devant Capucins de Bailleul & Dunkerque.

Le ci-devant monaſtere des Récollets de Caſſel, aux ci-devant Récollets de Caſſel & de Gravelines.

Le ci-devant monaſtere des Récollets d'Etaires, aux ci-devant Récolets d'Etaires, & ci-devant Carmes de Dunkerque.

Le ci-devant monaſtere des Carmes de Saint-Laurent, aux ci-devant Capucins de Nerville & Armentieres.

Le ci-devant monaſtere des Récollets de Loquinol, aux ci-devant Capucins de Maubeuge & Valenciennes.

Le ci-devant monaſtere des Capucins de Condé, aux ci-devant Capucins de Condé, Lille & Douai.

Le ci-devant monaſtere des Récollets d'Honſchotte, aux ci-devant Récollets d'Honſchotte, & ci-devant Capucins de Bourbourg.

La ci-devant abbaye de Vaucelles, aux ci-devant Récollets de Douai, Comines, Fournes, Lille, Tourcoing, Cambrai & Valenciennes.

La ci-devant abbaye d'Haumont, aux ci-devant Récollets de Dunkerque, Aveſnes, Barbançon, Catteau, Bavay, Loquinol, Queſnoi & Bouchain.

Partie X.   V

Quant aux ci-devant Chartreux de Douai & de Valen=
ciennes , ils fe retireront à la Bouthillerie, dans le département du Pas-de-Calais.

II. Tous les ci-devant religieux qui habitent actuellement des abbayes ou monafteres non défignés par l'article précédent , comme maifons de retraite , feront tenus
de les vider dans la quinzaine de la publication du préfent
décret.

III. Il eft enjoint aux corps adminiftratifs de faire exécuter ponctuellement , à l'égard des meubles & effets
exiftans dans lefdites abbayes & monafteres , l'inftruction des comités eccléfiaftiques & d'aliénation, approuvée
par l'Affemblée nationale le 6 novembre 1790, & an-
nexée à la loi du 8 du même mois , fauf néanmoins l'exécution de l'article VIII du titre premier de la loi du 14
octobre précédent.

IV. Si parmi les maifons ci-deffus défignées pour retraite , il s'en trouvoit qui ne puffent pas contenir tous
les ci-devant religieux appelés à les habiter , ceux qui
ne pourroient pas y être reçus, feroient répartis par le
directoire du département du Nord , dans celles defdites
maifons où il y auroit excédent de places.

Mandons, &c. *Signé* Louis. *Et plus bas , M. L. F.
Duport.* Et fcellées du fceau de l'Etat.

Loi additionnelle à celle des beaux emphytéotiques.

Donnée à Paris, le 25 mai 1791.

Louis, par la grace de Dieu , & par la loi conftitutionnelle de l'Etat , Roi des Français: à tous préfens & à venir ; falut. L'Affemblée nationale a décrété, & nous voulons & ordonnons ce qui fuit :

*Extrait du procès-verbal de l'Affemblée nationale , du 21 mai
1791.*

Un membre a obfervé que, le 19 mars, l'Affemblée

nationale avoit décrété sept articles concernant les baux
emphytéotiques, & un huitieme article intitulé *article ad-*
ditionnel; que sur ce dernier article il avoit été proposé une
addition qui avoit été adoptée par l'Assemblée, & se trouve
en effet insérée dans le procès-verbal du 19 mars;

Que le 18 avril sept autres articles concernant aussi les
baux emphytéotiques, ont été décrétés, & qu'il a été statué
par l'Assemblée, que ces quinze articles seroient présentés ensemble à la sanction; que quoique l'article addition-
nel décrété le 19 mars, n'ait éprouvé aucun changement,
l'addition qui avoit alors été décrétée, a été omise, &
dans le procès-verbal du 18 avril, & dans la loi donnée
le 27 avril.

D'après cet exposé, le même membre a demandé que
l'Assemblée veuille bien ordonner que l'on rétablira dans
le procès-verbal du 18 avril & dans la loi du 27 du même
mois, l'addition insérée dans le procès-verbal du 19 mars,
consistant dans les termes qui suivent :

» Et seront tenus les receveurs de district qui auroient
» reçu des sous-fermiers les fermages desdits bénéficiers,
» ou partie d'iceux échus en 1791, d'en remettre le montant
» aux personnes qui ont souscrit lesdits traités, à la charge
» par ces derniers de remplir les obligations qu'ils y
» avoient contractées. »

L'Assemblée l'a ainsi décrété.

Mandons, &c. *Signé* LOUIS. *Et plus bas*, M. L. F.
Duport. Et scellées du sceau de l'Etat.

LOI relative aux rentes appartenant aux pauvres des paroisses.

Donnée à Paris, le 25 mai 1791.

LOUIS, par la grace de Dieu, & par la loi constitutionnelle de l'Etat, Roi des Français: à tous présens & à venir;
salut. L'Assemblée nationale a décrété, & nous voulons &
ordonnons ce qui suit:

Décret de l'Assemblée nationale, du 20 mai 1791.

L'Assemblée nationale décrete ce qui suit :

ARTICLE PREMIER.

Les rentes appartenant aux pauvres des paroisses de Paris, qui étoient payées sur les quittances des curés des paroisses, seront acquittées pour tout ce qui en est échu jusqu'au 1er. janvier 1791, & pour tout ce qui appartenoit aux pauvres des paroisses conservées sur les quittances des curés desdites paroisses. Les parties appartenant aux pauvres des paroisses supprimées, ainsi que les arrérages de toutes les rentes appartenant aux pauvres, qui sont échues, ou qui écherront, à compter du 1er. janvier 1791, seront perçues ainsi qu'il va être dit.

II. La municipalité de Paris nommera sans délai une ou plusieurs personnes pour recevoir la totalité des revenus appartenant aux pauvres dans la ville de Paris, de quelque nature que soient lesdits revenus ; & à mesure que lesdits revenus rentreront, la municipalité en fera, semaine par semaine, la répartition entre les trente-trois paroisses actuellement existantes dans la ville, pour y être distribués par les personnes que la municipalité commettra provisoirement à cet effet ; le tout sous la surveillance de la municipalité.

III. La municipalité présentera, dans le délai d'un mois, un plan définitif pour régler l'administration générale, la perception, la répartition entre les paroisses, & la distribution dans chaque paroisse, des revenus & aumônes fondés en faveur des pauvres des trente-trois paroisses de Paris.

IV. Les administrations, bureaux de charité & autres établissemens, qui ont eu précédemment la gestion desdits revenus, en rendront compte à la municipalité. L'Assemblée déclare ne pas comprendre dans le présent article les curés, pour ce qui regarde les revenus & aumônes qu'ils ont perçus & distribués personnellement.

Mandons, &c. *Signé* LOUIS. *Et plus bas*, M. L. F. *Duport*. Et scellées du sceau de l'État.

TABLE ALPHABÉTIQUE
DES MATIERES.

Contenues dans cette dixieme partie.

A

C.

E.

F.

G.

H.

I.

V.

Fin de la table de la dixième partie.